我国金融机构治理现代化研究

郝臣　等著

南開大學出版社
天　津

图书在版编目(CIP)数据

我国金融机构治理现代化研究 / 郝臣等著. —天津 : 南开大学出版社，2024.11. —ISBN 978-7-310-06646-9

Ⅰ. F832.3

中国国家版本馆 CIP 数据核字第 2024PK7490 号

我国金融机构治理现代化研究

WOGUO JINRONG JIGOU ZHILI XIANDAIHUA YANJIU

南开大学出版社出版发行

出版人：刘文华

地址：天津市南开区卫津路 94 号　　邮政编码：300071

营销部电话：(022)23508339　营销部传真：(022)23508542

https://nkup.nankai.edu.cn

天津泰宇印务有限公司印刷　全国各地新华书店经销

2024 年 11 月第 1 版　　2024 年 11 月第 1 次印刷

230×170 毫米　16 开本　16.75 印张　2 插页　288 千字

定价：88.00 元

如遇图书印装质量问题，请与本社营销部联系调换，电话：(022)23508339

内容简介

金融业治理现代化是金融治理现代化的核心，金融机构治理现代化则是金融业治理现代化的基础。本书以我国金融机构治理现代化为主题展开研究，创新地搭建了现代治理体系框架，并在此基础上围绕我国金融监管机构、金融业务机构、金融服务机构、类金融机构和境外金融机构五大类共 50 余种具体金融机构的治理现代化研究展开梳理与分析。本书既是国内首本金融机构治理现代化领域的学术著作，定义了相关概念并搭建了研究框架体系；也是一本金融机构领域的工具书，梳理总结了千余篇领域内重要参考文献。

作者简介

郝臣（1978—），男，管理学博士，副教授，研究生导师。2007 年获南开大学企业管理专业博士学位，毕业后在南开大学任教至今，现任南开大学亚太公司治理研究中心副主任、南开大学中国公司治理研究院金融机构治理研究室主任、南开大学商学院财务管理系教师，主要研究领域为金融机构治理与公司财务，具体研究方向为保险机构治理。作者先后在《管理世界》《南开管理评论》《中国工业经济》《保险研究》等期刊发表学术论文 100 余篇，在《上海证券报》《董事会》《中国商业保险》等报刊推出思想论文 30 余篇，出版《中国保险公司治理研究》《中国保险机构治理指数研究》《金融机构治理手册》《公司治理手册》《国有控股金融机构治理研究》等学术著作、研究报告、教材、译著等 40 余部，先后主持包括 3 项国家社科基金项目在内的各类国家级和省部级科研项目 10 余项。作者是《中国大百科全书·工商管理卷》公司治理分支副主编、长江学者创新团队和国家精品课《公司治理学》教学团队核心成员、中国保险学会首批智库专家以及中国企业管理研究会理事。其著作入选国家哲学社会科学成果文库，科研成果先后获第八届高等学校科学研究优秀成果奖（人文社会科学）二等奖、第七届高等学校科学研究优秀成果奖（人文社会科学）二等奖、第十八届天津市社会科学优秀成果二等奖和三等奖、第十六届天津市社会科学优秀成果一等奖、第三届中国企业改革与发展研究会优秀成果一等奖和二等奖、第七届中国企业改革与发展研究会优秀成果一等奖、南开大学社会科学优秀成果奖等。此外，先后指导各类研究生 187 人，参与完成的教学成果获国家级教学成果二等奖、天津市教学成果特等奖，个人先后三次获南开大学良师益友相关荣誉称号。

序 言

2022 年 2 月，中央全面深化改革委员会第二十四次会议审议通过了《关于加快建设世界一流企业的指导意见》，进一步明确提出要“加快建设一批产品卓越、品牌卓著、创新领先、治理现代的世界一流企业，在全面建设社会主义现代化国家、实现第二个百年奋斗目标进程中实现更大发展、发挥更大作用”。党的二十大报告指出：“完善中国特色现代企业制度，弘扬企业家精神，加快建设世界一流企业。”治理现代同样也是世界一流金融机构的重要标准。2023 年 10 月 30 日至 31 日在北京举行的中央金融工作会议指出：“金融领域各种矛盾和问题相互交织、相互影响，有的还很突出，经济金融风险隐患仍然较多，金融服务实体经济的质效不高，金融乱象和腐败问题屡禁不止，金融监管和治理能力薄弱。”中央金融工作会议同时强调，“金融是国民经济的血脉，是国家核心竞争力的重要组成部分，要加快建设金融强国，全面加强金融监管，完善金融体制，优化金融服务，防范化解风险，坚定不移走中国特色金融发展之路，推动我国金融高质量发展，为以中国式现代化全面推进强国建设、民族复兴伟业提供有力支撑”。

陈雨露（2023）在《学习时报》发表的文章《深刻理解和把握金融高质量发展》强调，金融安全是国家安全的重要组成部分，金融高质量发展必须以现代治理体系建设提升金融风险防控能力，筑牢金融安全防线。陈雨露（2023）在《红旗文摘》发表的文章《走好中国特色金融发展之路 全面建设社会主义现代化强国》指出，金融是现代经济的血脉，维护金融安全是关系经济社会发展全局的战略性、根本性大事，防止发生极具破坏性的系统性风险是金融工作的永恒主题；对内，建设现代中央银行制度，依靠金融治理现代化来防范实体经济过度波动向系统性金融风险转化；加强国际货币政策协调和金融监管合作，完善反洗钱、反恐怖融资、反逃税组织协调机制，提高抵御外部负面冲击的宏观金融治理能力。该文是国内较早提及“金融治理现代化”一词的重要文献。

完善金融治理体系、提升金融治理能力是中国式现代化的题中应有之义。金融治理（Finance Governance）是指为了实现金融的健康和可持续发展、更好地服务实体经济的目标而做出的关于金融发展的重大事项和问题的前瞻性和应急性的制度安排（郝臣、李艺华、崔光耀、刘琦和王萍，2019；郝臣，2020；郝臣，2023）。金融治理是国家治理体系的重要组成部分，金融治理得好，经济才能发展好。而金融机构治理又是金融治理的基础，金融机构治理现代化十分关键。2023 年 6 月 8 日，国家金融监督管理总局局长李云泽在“第十四届陆家嘴论坛”开幕式上表示，“要引导金融机构牢固树立正确经营观、业绩观和风险观，强化公司治理、转换经营机制、完善管理流程，加快建立中国特色现代金融企业制度”。

本书正是基于上述背景，对我国金融机构治理现代化领域展开系统研究。金融机构治理现代化是金融业治理现代化的基础，金融业治理现代化则是金融治理现代化的核心。作为中国式现代化重要组成部分的金融治理现代化（Modernization of Finance Governance）是指，紧紧依托金融业发展现实背景，坚持党的集中统一领导，以法治为保障，以保护存款人、投保人、基民等广大金融消费者和股东为主导的利益相关者的利益为中心，以实现行业健康发展并最终有效服务于经济与社会发展为目标的中国特色金融治理发展道路。因此，金融治理现代化一定是中国式金融治理现代化。本书首先搭建了现代治理体系框架，进而提出金融治理现代化、金融业治理现代化、金融机构治理现代化研究框架；在上述理论研究的基础上，围绕着我国包括金融监管机构、金融业务机构、金融服务机构、类金融机构、境外金融机构具体五个大类的金融机构治理现代化展开研究。

本书共分为 10 章，54 节内容，总计 20 余万字。第一章为治理现代化体系研究，属于理论基础内容；第二章为金融监管机构治理现代化研究，主要围绕监管机构展开研究；第三章至第六章依次为银行业存款类金融机构治理现代化研究、银行业非存款类金融机构治理现代化研究、保险业金融机构治理现代化研究、证券期货业金融机构治理现代化研究，主要围绕金融业务机构展开研究；第七章为金融服务机构治理现代化研究，主要围绕金融服务机构展开研究；第八章为交易与登记结算类金融机构治理现代化研究，专门针对金融服务机构中的交易与登记结算类金融机构展开研究，是对第七章中第四节和第五节内容的深化；第九章为类金融机构治理现代化研究，主要围绕“7+4”类地方金融组织展开研究；第十章为境外金融机构治理现代化研究，主要围绕境外中央银行类金融机构和我国境外金融机构展开研究。

本书尝试构建了金融机构治理现代化研究的框架体系，并基于该体系对我国金融机构治理现代化研究进行了全面、系统的梳理、总结和展望。本书的主要特点表现为两个方面：第一，研究内容上，围绕构建的框架体系，尝试对我国金融机构类型进行了划分，在此基础上对我国所有具体类型金融机构，包括最新成立的金融监管机构的治理现代化展开研究；第二，研究对象上，紧密围绕我国治理能力现代化和强化金融机构监管的大背景，致力于研究中国式的金融机构治理现代化问题，是国内首本聚焦于金融机构治理现代化领域的学术著作。本书既是一本金融机构治理领域的学术著作，有相关的概念和框架体系；也是一本金融机构领域的工具书，有近千篇领域内重要内容可供读者参考，同时描绘了我国金融机构的完整体系。作者期待本手册的出版能够为我国金融机构治理现代化研究提供借鉴，也能够为我国金融机构提升公司治理水平提供参考！

本书的顺利完成离不开课题组成员的支持，按照姓氏排序依次为安佳琪、陈子淇、姜欣悦、姜语、曹嘉宁、崔嘉芮、丁筱浵、丁毅梦、付明慧、侯佳欣、李惠、李天娇、李晓敏、李震、刘逸恬、马雨凡、秦欣然、王俊杰、王晓彤、王一然、吴琦、夏舒燕、徐悦、闫明伟、杨玉、袁颖、张迪、张雪静和赵昱涵，他们参与了本书部分章节初稿的写作。此外，特别感谢团队成员秦欣然、刘逸恬、曹嘉宁、姜欣悦和姜语，他们承担了本书初稿的排版工作。

感谢国家社科基金项目《我国中小型保险机构治理研究》（项目号：20FGLB037）和天津市哲学社会科学规划基金项目《我国保险公司治理质量研究——基于公司治理评价视角》（项目号：TJGL22-002）对本著作出版的支持！感谢中央高校基本科研业务费专项资金项目（项目号：63232209）的支持！也感谢中国式现代化发展研究院绿色治理与治理现代化研究中心、

南开大学商学院、南开大学中国公司治理研究院著作出版专项计划的支持！最后感谢出版社编辑的专业审校和支持！本书观点如有不妥之处，敬请各位读者批评指正。同时欢迎各位读者就金融机构治理有关问题与作者一道探讨和交流！

郝臣

2023 年 12 月 31 日

于南开园

目 录

第一章　治理现代化体系研究

在推进国家治理体系和治理能力现代化的时代背景下，作为国家治理体系的重要组成部分，金融治理得好，经济才能发展好。而筑牢金融安全防线，加强金融机构治理是国家金融治理体系的重中之重。因此，对我国金融机构治理现代化展开研究具有重要的现实和理论意义。本章从治理现代化着手，首先对现代治理体系进行说明，然后聚焦于金融治理，由宏观、中观到微观层层展开，介绍了金融治理现代化、金融业治理现代化和金融机构治理现代化的相关内容。

第一节　治理现代化研究

本节针对治理的现代化展开研究，分别从现代治理体系的总体说明和具体说明两个方面进行文献梳理。首先，本节通过梳理现代治理体系的多篇文献绘制了现代治理体系框架图；其次，从治理边界、治理内容和治理对象三个维度进行了现代治理体系的具体说明。

一、现代治理体系的总体说明

在 1989 年的《撒哈拉以南非洲：从危机到可持续发展》（Sub-Saharan Africa: From Crisis to Sustainable Growth）报告中世界银行提出了“治理危机”（Crisis of Governance）这一概念，并认为治理就是行使政治权力来管理一个国家的事务，这是世界银行关于“治理”的第一版定义，此时的治理主要局限于国家层面。世界银行 1991 年的《管理发展：治理的视角》（Managing Development: The Governance Dimension）报告认为，治理是一个国家为了促进经济和社会资源的发展而运用的一种管理方式，这是世界银行关于“治理”的第二版定义，这里的治理同样聚焦于国家层面。世界银行在 1992 年的《治理与发展》（Governance and Development）报告和 1994

年的《治理：世界银行的经验》（Governance: The World Bank’s Experience）报告中均沿用了上述定义。

总体而言，治理作为一种持续的过程，通过一系列正式或非正式的重要制度安排，协调各方关切利益，在全球、国家、地区、社会和企业等多类主体的运行、运营过程中，发挥着决定方向的重要作用。随着治理认识和实践的深入，在实务界，在越来越多的理论学科、实践领域关注治理的基础上，现代治理体系的框架也在逐步形成。本章认为，可以从治理边界、治理内容与治理对象这三大维度入手，对现代治理进行分类划分，以便更加清晰地呈现各种各样、纷繁复杂的“治理”，现代治理体系框架如图 1-1 所示。需要说明的是，上述三个维度不是独立的，而是一个有机整体，例如，治理对象维度中的金融机构治理是治理内容维度中的经济治理的重要内容，也是治理边界维度中的国家治理的基础（郝臣和李艺华，2020）。

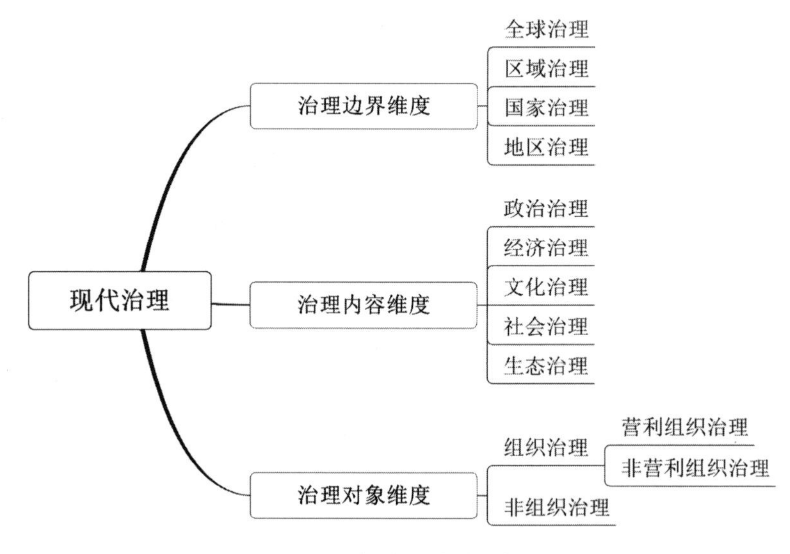

图 1-1　现代治理体系框架图

资料来源：作者整理。

二、现代治理体系的具体说明

（一）治理边界维度

基于治理边界维度，可将治理划分为全球治理、区域治理、国家治理和地区治理。

1. 全球治理现代化

全球治理是全球范围内的治理，强调国际分工和协作，如全球经济治理、全球金融治理和全球气候治理等。中国是全球治理变革的中流砥柱，金融是全球治理的关键抓手。在全球治理议程上，中国正在经历从规则接受者向制定者转变，从被动参与者向主动塑造者转变，从外围协商者向核心决策者转变。传统的全球经济治理体系是由以七国集团为核心的西方发达国家主导的（田慧芳，2016）。秦亚青（2021）认为全球化在挫折中继续发展，全球治理依然是国际社会的重大需求，后霸权世界会出现一个多元的复合治理网络，以多层面、多领域和多主体为基本特征，不断将全球治理体系由垂直拉向扁平。

2. 区域治理现代化

20 世纪后期以来，跨越地域边界的公共问题和公共事务日益增多，区域治理成为国家治理的重要内容。不过，区域治理绝不仅仅是治理范围或空间尺度的放大，更不能满足于对具体的、个别的跨域公共问题的应激式解决，而是意味着流动性不断增强背景下社会治理模式的重大变革（刘兴成，2022）。区域治理强调国家间的治理协作和多边协调治理，是全球治理的重要组成部分。

3. 国家治理现代化

国家治理，即政府如何运用国家权力来管理国家。党的十八届三中全会提出了全面深化改革的总目标，国家治理体系和治理能力现代化是我国新时期的第五个现代化目标，这反映了党和政府从“管理”国家到“治理”国家思维上的跨越（李维安，2013）。党的十九届四中全会通过了推进国家治理体系和治理能力现代化的纲领性文件《中共中央关于坚持和完善中国特色社会主义制度、推进国家治理体系和治理能力现代化若干重大问题的决定》。党的十八届三中全会提出推进国家治理体系和治理能力现代化，这是中国共产党考察世界许多国家现代化进程和总结中国式现代化进程规律作出的全新理论论断和重大战略决策（熊光清和蔡正道，2022）。国家治理是关于一个国家内部的治理，如党的十九届四中全会就总结了我国国家制度和国家治理体系所具有的十三个方面的显著优势。熊光清和蔡正道（2022）的研究表明，推进国家治理体系和治理能力现代化的目的在于，精准防控现代社会发展中的风险，有力维护政治稳定和社会安全，保持社会经济稳定发展与进步，坚决维护国家主权、安全和发展利益。

4. 地区治理现代化

地区治理是关于一个国家内某一地区的治理，京津冀协同发展、长三角一体化发展、粤港澳大湾区建设等重大发展战略均属于地区治理的范畴。耿协峰（2021）提出了互联互通的全球性地区治理。边疆民族地区是国家治理现代化的短板，习近平总书记关于边疆和民族地区治理的重要论述为新时代边疆民族地区治理指引了前进方向（张明波，2022）。

（二）治理内容维度

基于治理内容维度，可以根据中国特色社会主义事业“五位一体”的总体布局将治理划分为政治治理、经济治理、文化治理、社会治理和生态治理等。其中每个方面又可以进一步细分出更多的治理领域。例如，金融治理是经济治理的重要内容，金融发展顶层设计、金融监管、金融与实体经济的关系、金融机构治理等又是金融治理的核心内容。

1. 政治治理现代化

近年来，高管腐败事件的频繁曝光引起了社会各界对腐败问题的广泛关注。腐败治理已经成为世界各国面临的重大难题，我国也始终把反腐倡廉作为一项重要工作。随着中纪委反腐行动的强势开展，明显违反法律的贪污受贿等显性腐败行为有所遏制，但仍然存在着大量游离于法律监督边缘的隐性腐败行为（白智奇、陈艳和王晰，2018；陈骏、林婧华和徐捍军，2018）。罗珊梅和郝玉贵（2019）认为政治治理抑制了管理层权力与隐性腐败之间的正相关关系，且在国有企业更加明显。政治关联关系会使政治治理在国有企业发挥更加明显的监督效应。党的十八大以来的权力约束政策发挥了企业外部监督的功能，提供了执政党政策制度的公司治理作用的经验证据。胡伏秋（2021）认为财务公司要坚持以习近平新时代中国特色社会主义思想为指导，坚持党对金融工作的集中统一领导，坚持金融服务实体经济的宗旨和天职，紧紧抓住公司治理这个“牛鼻子”，持续完善中国特色现代企业制度，把加强党的领导和完善公司治理统一起来。

2. 经济治理现代化

在经济领域，2009 年诺贝尔经济学奖得主奥利弗·威廉姆森（Oliver Williamson）较早提出了“经济治理”（Economic Governance）的概念，在经济发展实践当中也出现了全球经济治理、区域经济治理、地区经济治理、全球金融治理、全球货币治理、全球税收治理、通货膨胀治理、产业链治理、数字经济治理、分享经济治理、金融治理、银行业治理、保险业治理和证券业治理等科学问题。

杨娜（2020）研究表明，在全球经济治理面临新冠肺炎疫情下，全球经济遭受重创、热点地区的经贸投资活动难以摆脱地缘政治因素影响、保守主义和民粹主义抬头等诸多困境的情况，国际社会迫切要求创建更加有效的全球经济治理新机制，使其致力于互利共赢、协同合作，兼顾效率与代表性，由地区层面的制度构建逐步扩展至全球是当前治理机制革新的优先思路。

数字经济的飞速发展对全球经济治理产生了不同于传统经济的重要影响，全球经济治理体系亟须变革以适应时代发展。马述忠和郭继文（2020）指出数字技术、数字贸易、数字金融、数字政务和数字安全在丰富经济业态、提升贸易福利、优化资本配置、促进跨国协作、增强信息防护等方面对全球经济治理带来有利影响，但在拉大数字鸿沟、形成市场垄断、加重金融排斥、威胁政务安全、造成理念分歧等方面也会造成不利影响。

鲁桐（2018）撰写的《OECD公司治理原则》自问世以来，在推动各国建立本国的公司治理规范、制定相关法律法规和加强资本市场监管等方面产生了积极作用。陈伟光和钟列炀（2022）认为随着数字鸿沟、平台垄断和跨境数据流动等问题日益超越传统全球经济治理边界，客观上需要建立一个关于全球数字经济治理的系统分析框架，他们的研究通过对全球数字经济治理的原则、主体、客体、方式、目标以及运行机制进行分析，认为传统治理机制难以适应全球数字经济的快速发展，当前正在形成以区域多边协定为载体、二十国集团（Group of 20，缩写为G20）[①]为中心，并向周边辐射的“联盟—网络”治理结构。

同理，也有诸多学者持相似的变革观点。胡键（2022）指出全球经济治理必然要随着经济全球化的新变化而进行新的变革。全球经济治理变革受诸多因素的制约而举步维艰，如果从全球经济治理的顶层行为问题入手，首先解决全球公共产品的公正性、全球经济治理的持续收益性、行为主体的内部治理与外部治理制度的协调性问题，其他具体的问题便可以迎刃而解。

对于中国而言，刘彬和陈伟光（2022）提出制度型开放是中国融入全球经济，参与全球经济治理及其改革的制度路径。在未来中美长期制度竞争过程中，全球经济治理制度将呈现复杂化趋势，我国需要实行高水平制度型开放，在强调制度改革和兼容性的同时，在各项具体制度和机制中进行广泛竞争与合作。在国际经济治理中，彭阳（2022）提出鉴于国际经济活动不同领域的差异，中国应充实反制国家安全泛化的“工具箱”，灵活运

① 二十国集团（Group of 20，缩写为G20）是由中国、阿根廷、澳大利亚、巴西、加拿大、法国、德国、印度、印度尼西亚、意大利、日本、韩国、墨西哥、俄罗斯、沙特阿拉伯、南非、土耳其、英国、美国以及欧洲联盟等二十方组成的国际经济合作主要论坛。二十国集团人口占全球的2/3，国土面积占全球的约60%，国内生产总值占全球的85%，贸易额占全球的80%。

用贸易领域中的争端解决机制。任保平和李婧瑜（2023）指出为推进我国数字经济治理体系的现代化、促进我国数字经济向好发展，应健全数字经济法治体系、提升智慧监管水平，科学判定垄断行为、强化平台事前监管，明确多元主体权责、推动多方深度参与。

3. 文化治理现代化

肖波和宁蓝玉（2023）指出文化治理是新时代解决文化领域突出问题的重要方法，并认为近30年来的中国文化治理研究历经理论积淀、政策发力、实践融合三个阶段。理论积淀阶段，在葛兰西、福柯、托尼·本尼特的理论基础上，中国学界基本形成“治理文化领域”和“用文化治理”两种研究思路。政策发力阶段，中国以国家、市场、社会为主体打造文化治理体系，对内促进公共文化服务水平的提高，对外增强国家文化软实力。实践融合阶段，乡村文化治理、社区文化治理、民族文化治理、数字文化治理成为文化治理领域的重要议题。

从公共文化治理角度，任贵州和曹海林（2021）提出公共文化以其凝聚价值共识、规范社员行为、化解社会矛盾、构建精神家园的“软治理”功能成为形塑社会合理状态的重要测度指标。新发展阶段，我国公共文化治理被赋予了“共同富裕”这一更为鲜明的奋斗主题和价值标识。公共文化治理作为助推国家治理现代化的“软治理”手段，能够在夯实人民精神生活共同富裕基础、巩固全面建成小康社会成果、全面建设社会主义现代化国家等任务中发挥深沉而持久的作用（王慧莹和田芝健，2022）。

从乡村文化治理角度，任贵州和曹海林（2021）认为乡村文化治理的实施应以公共性建构为实践逻辑，直面变化的人口结构，不断促进公共交往、重塑公共规则、拓展公共空间、革新公共精神。李永萍（2021）以乡村的移风易俗为实践证实了以移风易俗为载体的乡村文化治理不仅直接减轻了农民家庭的经济负担，而且通过对经济精英的积极引导抑制了村庄经济分化转化为社会分层，激活了乡村社会的慈善机制，重塑了村庄公共性。傅才武和李俊辰（2022）指出当代乡村社会经济空间、制度规划空间和公共文化空间的国家行政化的转向构成了当代中国乡村治理的基本趋势，建构了市场环境和数字信息技术环境下乡村文化振兴的政策通道。乡村文化治理需要解决两个关键问题，即乡村文化消散和消极化带来的秩序失衡，乡村社会参与弱化和缺失产生的活力不足（叶鹏飞，2021）。张波和丁晓洋（2022）认为乡村文化治理始终体现公共性是治理的理想状态，然而现实中却真实存在公共议题失语、场域空间萎缩、行政伦理失范、公共精神淡化等公共性缺失困境，乡村文化治理效能大打折扣。在乡村振兴背景下，需通过形成社会组织、整合文化资源、完善民主制度、培育现代政治文化等多种途径，优化乡村文化治理元素和结构，实现乡村文化治理的公共性“再造”。

从城市文化治理角度，宋道雷和郭苏建（2023）指出，党的十八大以来城市文化治理日益受到学界重视。从总体上看，城市文化治理逐渐从政府一元主导向多元主体协同参与的模式转型，城市文化治理的空间实践机制也随之发生变化。政党引领、政府负责、社会参与和市民自治组成多元协同治理网络，推动城市文化治理向基层下沉。大型城市文化基础设施建设逐步成为过去式，城市基层小尺度空间成为城市文化治理的重要领域。多元主体参与城市文化治理，促使城市基层的街区和社区成为满足普通市民需求的文化空间，是城市文化治理向基层下沉的重要实践。

4. 社会治理现代化

郁建兴和樊靓（2022）提出以数字技术赋能社会治理是推进社会治理体系和治理能力现代化的重要趋势。以数据为驱动力，数字技术既可以向政府赋能，促成整体智治的现代政府新形态，也可以向社会赋能，增强多元主体参与社会治理的能力和意愿，促进社会治理共同体的形成。徐顽强（2022）认为去中心化与信息裂变特征持续增强的数字化场景，一方面，增强了社会治理多元参与主体的话语权与共享性，体现出更加扁平化的社会权力配置重塑趋势；另一方面，新空间与新秩序的产生，也继而冲击了原有社会的组织形态与主体角色，识别难、虚拟化、无组织等都成为制造新社会问题的矛盾源头。但与此同时，网络的技术驱动性与普及性使我国社会进入了不同于传统社会的网络社会形态，并对社会治理体系和治理能力现代化提出了新要求。社会治理现代化的路径是法治化，法治化的核心是良法善治（刘艳红，2022）。

对于中国而言，黄晓春（2021）指出在我国完善共建共治共享社会治理制度的改革进程中，党建引领已成为推动多方主体协同共治和提升基层治理体系整体治理能力的重要制度安排。中华人民共和国成立后，中国社会治理经历了 3 次理论与实践的跃迁，形成了当代中国特色社会主义社会治理体系，在维护国家安定团结、促进社会和谐稳定中发挥重要作用，展现出制度优势（张来明和刘理晖，2022）。郭晔（2022）认为中国社会治理现代化道路具有独特的宏观样态，包括“管控—管理—治理”的社会治理转型，“以人民为中心”的社会治理理念，“共建共治共享”的社会治理制度，“三治融合”的社会治理机制，“一轴多元共治”的社会治理体系，“自上而下”与“自下而上”双向互动的社会治理形态。张来明和刘理晖（2022）

提出进入新时代，中国社会治理将在推动公共服务优质共享、基层治理体系现代化和治理数字化变革上持续发展完善。姜晓萍和李敏（2022）的研究尝试将治理韧性置于新时代中国社会治理的特定场域中，揭示了“调适有度”是社会治理韧性的本质，权力限度、结构密度、价值温度与目标精度是识别社会治理韧性的维度坐标。文军和刘雨航（2022）的研究发现，发展环境、发展主体和发展方式等方面的不确定性因素同时增长，对当前的中国社会治理实践产生了冲击，使其遭遇价值、行动、方法和结果等层面的多重困境。对此，需要在树立不确定性思维的基础上，从主体赋能、机制创新、制度创设等维度入手，推动“韧性治理”方式的建构，以此走出新发展阶段中国社会治理的困境，提升治理效能。李建伟和王伟进（2022）指出中国共产党百年治理的成功经验，印证了实现有效社会治理的基本规律，创新发展了马克思主义政治经济学，创立了人类社会治理的文明新形态。新时代推进社会治理现代化，仍需持续推进治理理念、治理制度、治理机制、治理方式和治理能力现代化。

5. 生态治理现代化

生态治理体系和治理能力现代化是生态文明体制改革的目标要求，也是国家治理体系和治理能力现代化的重要组成部分。党的十九届四中全会确立了生态环境治理体系和治理能力现代化的基本原则和目标任务，推动相关理论研究进入全新阶段（孔凡斌、王苓、徐彩瑶和许正松，2022）。

从农村生态环境治理角度，农村生态环境治理是深化生态文明建设的重要内容，是巩固拓展脱贫攻坚成果同乡村振兴有效衔接、全面推进乡村振兴的现实需求。乡村振兴战略是实现农村现代化和可持续发展的重要举措，但是随着经济和社会的快速发展，农村生态环境往往不能与之相协调，以致出现土壤污染、水资源污染、生活垃圾污染等日趋严重的生态环境问题（李桂花和杨雪，2023）。同时，于法稳（2021）指出实施农村生态环境治理中还存在着资金、机制、技术模式、体系及能力、制度等方面的诸多困境。段晓亮和王慧敏（2022）也同样指出当前农村生态环境治理面临农村生态环境治理共同体意识淡薄、农村生态环境治理制度体系不完善、粗放型农业经济发展方式未根本扭转等现实困境。农村生态环境治理理念滞后、内生动力不足以及治理技术和成本较高是造成当前困境的主要成因。新发展阶段实施农村生态环境治理应加强党的全面领导，完善制度体系，建立健全长效机制，注重人才队伍建设，拓宽市场融资渠道。温暖（2021）提出乡村振兴的背景下，农村生态环境治理应该与时俱进，深入学习贯彻习近平总书记关于生态文明建设的重要论述，坚持科学的治理方法，开展系统治理工程。乡村振兴背景下的生态环境治理应构建系统型治理体系，采用多元共治。其中，法律基础治理手段，应健全乡村生态环境保护立法体系和执法体系，强调公众参与。张博和梅莹莹（2023）在梳理相关研究文献主要观点的基础上，对农村生态环境治理政策及其演进进行总结评价，全面分析农村生态环境治理存在的问题及挑战，提出强化农村生态环境治理制度的机制建设、强化农村生态环境治理的宣传教育、强化农村循环经济发展模式的创新、强化环保科技的成果转化及其推广应用等对策建议。

从区域生态环境治理角度，田玉麒和陈果（2020）指出跨域生态环境问题通常发生在不同行政区域之间，兼具了一般环境问题的共性特征，同时表现出自身的独特性，致使传统的属地管理模式效率较低，亟须寻求新的治理方式。协同治理作为新兴的治理模式，契合了跨域生态环境治理的要求，能够发挥协调各方、平衡价值的功能，有助于促进利益相关者的共同理解和内部合法性。社会公众期望生态学研究能够为区域、大陆及全球尺度的生态系统的利用和保护、维持人类社会可持续发展提供科学理论及系统性的解决方案。在此基础上，于贵瑞、杨萌、陈智和张雷明（2021）讨论了中国的大尺度区域安全格局构建及生态环境治理的新思路、战略布局、技术途径与科技支撑体系，为中国安全、健康和美丽的国土空间利用及生态文明建设进步提供理论参考。

对于中国而言，2018 年的“生态文明入宪”进一步充实、完善了我国的环境宪法，为生态环境治理现代化提供了更为充分的宪法依据。然而现有研究忽视了不同国家权力在生态文明建设中的作用及其相互关系，不能对当前中国环境法治中的实践现象提出有效的解释（陈海嵩，2021）。近年来，我国生态环境质量逐步提高，但生态环境治理所面临的形势依旧十分严峻。何雄伟和卢小祁（2022）提出在新发展阶段，生态环境治理模式需要考虑多元化治理主体之间的协同与合作。李全喜（2022）指出新时代以来，习近平生态文明思想诠释了中国成为全球生态文明建设引领者的内在依据。从全球生态治理视域看，习近平生态文明思想具有显著的三维世界贡献。在思维方式上，其实现了和谐整体思维对二元对立思维的超越；在发展理念上，其实现了绿色发展逻辑对资本逻辑的超越；在消费观念上，其实现了绿色消费观念对“反消费主义”观念的超越。

（三）治理对象维度

基于治理对象维度，可将治理划分为组织治理和非组织治理等。组织治理更多着眼于微观层面，如前文提到的金融机构治理、组织治理研究；非组织治理则聚焦于宏观层面，如前文提到的金融治理。对“组织治理”

这一概念进行直接界定的文献较少，更多的是对其中具体类型组织治理的界定；公司治理就是营利组织治理中的重要分支，大量学者对公司治理的含义进行了研究。

1. 营利组织治理现代化

营利组织治理大多数指的就是公司治理，指公司等组织中的重要或者治理制度安排等。在公司治理整体方面，王湘波和曾德明（1999）总结了世界经济发展趋势中公司治理的作用；郑红亮和王凤彬（2000）对公司治理结构的相关研究进行了系统的回顾和综述；赵蒲和孙爱英（2003）将资本结构理论与公司治理理论相结合，充分阐述了两个理论之间的内部联系；姚伟、黄卓和郭磊（2003）在契约理论的基础上对公司治理的最新研究进展进行了述评；陈仕华和郑文全（2010）分析了公司治理领域由企业层面、企业间层面和社会层面构成的新框架；李维安、邱艾超、牛建波和徐业坤（2010）对国际公司治理研究的趋势进行了探索性综述，并对内部治理、外部治理、治理评价等相关研究进行了梳理。

2. 非营利组织治理现代化

非营利组织是指不以营利为目的的组织，它的目标通常是支持或处理个人关心与公众关注的议题或事件。非营利组织所涉及的领域非常广，包括多种如社区、政府、大学等在内的组织机构。它的运作并不是为了产生利益，其是具备组织性、私立性、非利润分配性、自治性、志愿性五个基本特征的组织实体。

对于社区而言，社区非营利组织除了具备社会组织的普遍特性外，至少还包括四个要素：活动范围在社区，服务对象是本社区居民，存在的目的是满足社区居民不断变化的需求，组织成员绝大部分是本社区居民（徐林、许鹿和薛圣凡，2015）。治理理论认为，为了减少公共支出和提高效率，政府把越来越多的公共服务通过购买服务、资助等形式让渡给非营利组织。非营利组织和政府等公共部门建立起伙伴关系，在弱势群体社区建设、政策倡导等方面发挥治理功能（康晓光和韩恒，2005），能够有效应对日益复杂的社会风险和社会问题，并且能够促进公民能力的提升（陈为雷，2013）。非营利组织和政府需要在明确的合作治理的法律政策约束下分工协作，有效地解决委托代理的关系，实现公共利益的最大化（王名和孙伟林，2010）。张潮和张雪（2020）构建了社区非营利组织参与社会治理有效性的理论解释框架，认为社区非营利组织参与社会治理有效性的评价标准包括公共服务、公民参与、社会资本三个维度，而影响因素包括组织能力、组织间网络、地方制度环境三个维度。

对于政府而言，政府治理是非营利组织治理中的一项重要内容，城市治理、社区治理、县域治理、财政治理、预算治理、扶贫治理、食品安全治理、安全生产治理、疫情治理等均属于政府治理领域的范畴，其中疫情治理是指为了实现疫情的有效防控而对相关决策、应对措施和配套保障政策等重大问题作出的前瞻性和应急性的制度安排，是健全国家公共卫生应急管理体系的重中之重（郝臣、李元祯、刘振杰、徐建、王励翔和孟乾坤，2020）。中国特色社会主义进入新时代，党中央更加强调和重视基层治理，党的十九届五中全会通过的《中共中央关于制定国民经济和社会发展第十四个五年规划和二〇三五年远景目标的建议》所部署的“加强和创新社会治理”任务中，绝大多数都与基层治理有关（郝臣和李元祯，2021）。黄晓星和丁少芬（2022）指出在基层社区，政府数据治理采取了不同的数据采集策略，并以自下而上的数据采集机制、自上而下的数据治理执行机制和多元协同的互动机制作为补充。

信息技术的快速迭代和数字化转型促使政府治理模式不断变革。翟云（2022）基于政务信息化和治理现代化的分野剖析了电子政务和数字政府的叙事逻辑，从“大历史”“小历史”两个视角归纳提炼出数字政府是电子政务发展的继承和升华，两者将长期共存于推进国家治理现代化的历史进程中这一结论。王学军和陈友倩（2021）认为数字政府治理的核心价值在于以公众为中心提供高效便捷的公共服务，切实提高公众的获得感和满意度。刘银喜和赵淼（2022）提出了以公共价值创造为关键目标的数字政府治理理论框架，为分析数字政府治理提供了新的理论视角。研究认为数字政府治理创造公共价值的实践路径应落脚于价值建构、价值共创、价值实现三个方面。然而，事物往往都具有两面性，数字政府建设面临的安全风险既表现在技术层面又表现在数字政府自身层面，其原因是科技原始创新能力有待提升、数据规范体系建设有待完善、数字政府治理模式有待健全、运行效率有待提升以及社会公众素养有待提升（任晓刚，2022）。

对于中国而言，姚东旻、崔琳和张鹏远（2021）通过设计各类治理合约，将治理模式转化为目标控制权、激励分配权与检查验收权在政府层级间的配置组合，进而从任务属性的视角对中国政府治理模式的选择机制和转换条件进行分析，所提出的理论模型为研究中国政府治理过程提供了统一框架。现阶段，我国地方政府数字化治理面临困境，具体体现为：建设跨应用场景解决实际问题的能力不足、破解部门分割的效果不佳。于君博和戴鹏飞（2023）在识别数字治理主体异质性的基础上，引入结构化的动态视角，加深了同类研究对中国地方政府数字治理微观情境的理解与把握。

对于大学而言，眭依凡和王改改（2021）指出在大学内部治理体系现代化的实践中必须明确有利于大学善治的治理原则。何为善治？即以自上而下的统治为手段、以就事论事的碎片化行政为特征、以维持组织秩序为目的、利用经验简单管理之模式根本不同，善治是以组织的核心目标为价值选择，注重在组织及其权力构架、资源配置及其管理的合法性、高效率为原则的顶层设计下，追求治理效果的整体性、可持续性、长远性、高质量的管理结构，是使不同利益主体缓解或放弃冲突，并以共同的目标为纽带，以互动合作为方式，旨在追求效率的管理模式。

3. 非组织治理现代化

非组织治理则聚焦于宏观层面，如前文提到的金融治理等。面对新冠肺炎疫情已经造成的冲击和后续可能的风险，我国金融业仍需要对其高度重视。张丽华和李锦涛（2021）就后疫情时代金融治理体系建设提出了几点策略，首先，要完善金融市场建设，防范和化解系统性风险；其次，推进银行业和保险业数字化转型，提升金融服务实体经济能力；最后，加强逆周期宏观政策调控，维持经济平稳增长。

随着治理实践的深入，治理领域围绕治理对象呈现出分支化趋势，例如开始关注组织治理中的金融机构治理问题。金融机构治理按照具体治理对象不同又可以分为银行治理、保险公司治理、证券公司治理、信托公司治理和资产管理公司治理等。当然，保险公司等具体类型金融机构的治理并不是一般治理在保险公司上的简单运用，即“公司治理+保险公司”，而是针对这一特殊行业或类型公司因事制宜的治理，即“保险公司+治理”（郝臣和李元祯，2021）。

第二节　金融治理现代化研究

本节从金融治理现代化角度展开研究，分别从金融治理现代化重要性和金融治理体系现代化框架两个方面进行文献梳理。首先，本节通过梳理金融现代化重要性的多篇文献绘制了金融治理体系框架图；其次，从治理边界和新兴金融领域治理进行了金融治理体系现代化框架的具体说明。

一、金融治理现代化重要性研究

“金融是实体经济的血脉，为实体经济服务是金融的天职，是金融的宗旨，也是防范金融风险的根本举措”“金融活，经济活；金融稳，经济稳”

“经济兴，金融兴；经济强，金融强”“经济是肌体，金融是血脉，两者共生共荣”“金融是国家重要的核心竞争力，金融安全是国家安全的重要组成部分，金融制度是经济社会发展中重要的基础性制度”，以上都是习近平总书记关于金融发展的重要论述，不仅阐明了金融的本质和宗旨，揭示了经济与金融共生共荣的辩证关系，更加明确了金融的重要性。

金融治理（Finance Governance）是指为了实现金融的健康和可持续发展、更好地服务实体经济的目标而作出的关于金融发展的重大事项和问题的前瞻性和应急性的制度安排（郝臣、李艺华、崔光耀、刘琦和王萍，2019）。党的十八大以来，以习近平同志为核心的党中央总揽全局，创造性地提出“推进国家治理体系和治理能力现代化”这一时代课题，并在党的十九届四中全会上发布的《中共中央关于坚持和完善中国特色社会主义制度推进国家治理体系和治理能力现代化若干重大问题的决定》中，提出我国国家治理体系和治理能力是中国特色社会主义制度及其执行能力的集中体现，而金融治理是我国国家治理体系的重要组成部分，要深化金融体制改革、增强金融服务实体经济能力，并对推进国家治理体系和治理能力现代化进行了全面部署，体现了高瞻远瞩的战略眼光和强烈的历史担当。2022 年 2 月 25 日，中共中央政治局会议召开，会议强调“要深入推进金融领域改革，不断提高金融治理体系和治理能力现代化水平”。为了更好地使金融服务实体经济，要不断强化金融风险防控、深化金融改革、促进金融治理体系和治理能力现代化。2017 年 7 月 14 日至 15 日，习近平在第五次全国金融工作会议上指出“要加强金融监管协调、补齐监管短板，设立国务院金融稳定发展委员会，强化人民银行宏观审慎管理和系统性风险防范职责”。2022 年 4 月 6 日，中国人民银行关于《金融稳定法（草案征求意见稿）》公开征求意见，该草案征求意见稿对此前市场关注的金融稳定工作机制、金融稳定保障基金的运作方式等均有明确规定；草案征求意见稿还明确指出，中国人民银行会同有关部门建立覆盖主要金融机构、金融市场、金融基础设施和金融活动的宏观审慎政策框架、治理机制和基本制度，运用宏观审慎政策工具，防范系统性金融风险，形成监管合力。2022 年 4 月 10 日，《中共中央、国务院关于加快建设全国统一大市场的意见》发布，该文件指出要“强化重要金融基础设施建设与统筹监管，统一监管标准，健全准入管理”“加大对资本市场的监督力度，健全权责清晰、分工明确、运行顺畅的监管体系，筑牢防范系统性金融风险安全底线”。由此可见，在防范化解金融风险、维护金融稳定的过程中，需要充分发挥中国人民银行和国务院金融稳定发展委员会等机构的监管职能。

发展和完善金融制度、改革完善金融治理体系、加快推进金融治理体系和治理能力现代化是坚持和完善中国特色社会主义制度、推进国家治理体系和治理能力现代化的必然要求(徐诺金,2020;陆岷峰和周军煜,2021)。何德旭和张雪兰（2023）的研究表明，统筹金融发展与金融安全，以恰当的政府干预与制度约束阻遏宏观金融内生不稳定状态、抑制渐进性改革进程中的结构性套利机会，以内外兼顾、激励相容的“大禹改进”策略设计，构筑中国式现代化道路的金融安全屏障是破解金融发展难题、满足人民群众对多样化金融需求、实现经济金融高质量发展的必由之路，提高我国金融竞争能力、适应国际金融发展趋势需要的必要条件（宋立，2020）。我们要以习近平新时代中国特色社会主义思想为指导,通过完善金融治理体系、提升金融治理能力，健全具有高度适应性、竞争力、普惠性的现代金融体系，有效防范化解金融风险，努力为推进国家治理体系和治理能力现代化贡献金融力量（魏革军，2020；陈四清，2020）。陈四清（2022）认为认真学习贯彻党的二十大精神，更好地以金融力量服务中国式现代化，是国有大型商业银行当前和未来一个时期的首要政治任务。建设中国式现代化是实现中华民族伟大复兴的主线。金融体系现代化是中国式现代化建设中不可或缺的组成部分。习近平总书记提出的“紧紧围绕服务实体经济、防控金融风险、深化金融改革”三位一体架构，是构建中国式现代金融体系的根本遵循（王国刚和赵伟霖，2023）。新时代新征程上的中国金融发展，必须始终坚持把马克思主义基本原理同中国具体实际相结合、同中华优秀传统文化相结合，积极推动经济金融事业发展，有效维护国家安全，为全面建设社会主义现代化国家而不懈奋斗（陈雨露，2023）。

二、金融治理体系现代化框架

（一）基于治理边界

如图 1-2 所示，按照治理边界，金融治理可以划分为全球金融治理（Global Finance Governance）、区域金融治理（Regional Finance Governance）、国家金融治理（National Finance Governance）和地区金融治理（Area Finance Governance）四个层次。从现代治理体系下审视金融治理可以发现，从治理边界维度来说，全球金融治理、区域金融治理、国家金融治理和地区金融治理分别是全球治理、区域治理、国家治理和地区治理的重要内容；从治理内容维度来说，金融治理是经济治理的重要内容，同时也涉及政治治理、文化治理、社会治理和生态治理；从治理对象维度来说，金融治理既有组织治理即金融机构治理内容，也有非组织治理内容。

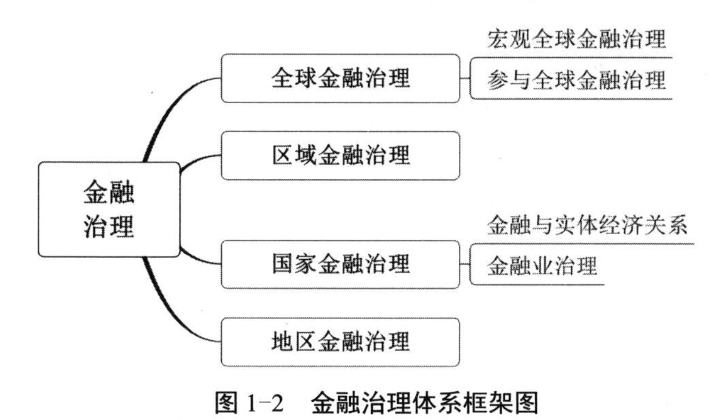

图 1-2　金融治理体系框架图

资料来源：作者整理。

在金融治理体系框架中，全球层次的金融治理即为全球金融治理，全球金融治理是全球经济治理的核心（戴金平和曹方舟，2021），包括宏观视角的全球金融治理和微观视角的一个国家参与全球金融治理两大部分。国家间协作区域层次的金融治理即为区域金融治理，区域金融治理强调国家间的金融治理协作和多边金融协调治理，是全球金融治理的重要组成部分（陈四清，2018）。国家内部层次的金融治理即为国家金融治理，国家金融治理包括金融与实体经济关系和金融业治理两部分；金融业治理按照内容性质不同可以划分为顶层设计、金融监管和金融机构治理三方面，而按照适用行业不同又可分为银行业治理和保险业治理等。国家某一特定地区的金融治理即为地区金融治理。

1.全球金融治理现代化研究

（1）宏观全球金融治理

大部分学者基于全球金融治理特征以及经济和金融发展趋势，总结了全球治理的困境与发展障碍，强调了全球金融治理变革的必要性和紧迫性以及具体变革方向。张礼卿和谭小芬（2016）编写了《全球金融治理报告》，该书在回顾和展望优选经济和金融发展趋势的基础上，从优选、区域和国家层面对优选金融治理领域的重大问题进行了深度分析，具有重要的学术价值和决策参考价值。张发林（2016）重点从组织结构角度分析了全球金融治理网状结构，从规则体制角度分析了全球金融治理体制复合体，并指出目前全球金融治理体系存在的一系列困境，如集体行动中的“搭便车”现象，基于“二十国集团”的半正式关系依然无法将碎片化的金融治理体系黏合起来，建立在“小规模多边主义”基础上的网状结构和体制复合体缺乏国际合法性，以及全球金融治理体系有效性不足等，由此强调了当前全球金融治理体系进行深层次改革的必要性和紧迫性。尚达曼（2020）与来自不同国家的经济金融专家围绕全球金融治理方面的问题进行了一系列高强度的调研、分析、辩论和起草活动，形成了一份题为《让全球金融体系服务未来全球金融治理》的报告。刘力臻（2020）指出全球金融治理面临现行国际货币体系缺少内在稳定机制、全球金融治理机制弱化、全球金融政策协调机制缺失、国际金融风险监管体系不健全、全球金融治理制度性话语权配置失衡等困境，同时面对世界货币双重角色的冲突、经济全球化与各国经济独立发展的冲突、开放经济的内外冲突三大难题，克服全球金融治理的困境、难题及美元本位制的缺陷，推动金融治理向多元化、区域化、系统化、均衡化、权威化、法治化方向发展，将是全球金融治理体系的变革方向。李俊久（2022）研究发现全球金融治理具有典型的非竞争性、非排他性、非分割性特征，其演进和变迁的动力源自私人金融力量的兴起及引发的金融风险以及大国权力格局的变化和重组；且当前的全球金融治理存在着包容赤字、监管俘获、制度非中性、议题泛化、霸权治理、碎片化、集体行动困境、软行为约束等内在缺陷，这些构成了国际金融稳定、市场有效运行、世界经济包容性增长的实质性障碍。

全球金融利益分配与博弈是全球金融治理体系构建的核心，也是现行全球金融治理体系存在治理主体和治理法制碎片化、治理体制缺乏有效的国际协调与合作、国际金融组织的权责机制对发展中国家的不公平与不合理等弊端之根源（李国安，2020），因此部分学者针对这一问题进行了深入研究。蔡伟宏（2015）分析了大国主导下全球金融治理制度的形成机理，并建立了发达国家和发展中国家的博弈模型，指出国家偏好尤其是大国的偏好是决定全球金融治理制度类型的主要变量。王达和高登·博德纳（2020）从市场、制度和技术三个角度分析了全球金融体系面临的严峻挑战，并从大国博弈的角度提出了相关建议，认为主要大国之间的信任与合作是完善全球金融治理的重要支柱，中美两国应当发挥建设性作用并展现出足够的勇气和智慧，在维护美国国债市场稳定、推进中国金融开放以及完善全球数字金融治理等领域发挥引领作用，确保全球金融治理的改善不再重返“危机驱动”的老路。

也有部分学者研究了宏观审慎性金融监管、全球治理合法性以及不同类型（全球、区域、双边）的治理机制重叠等对全球金融治理的影响。张发林（2019）指出，虽然国家和国际金融监管主体就宏观审慎性监管理念和实践达成了基本的观念和实践共识，但仍旧存在诸多分歧和争论，包括政策工具分类多样化、机构设置差异化和挑战、政策执行差异性、有效性整体评估的不足和困难、政策边界模糊及外溢性、大国政策波动及共识弱化，而维系共识和解决分歧是保持制度变迁动力和趋势，进而推动全球金融治理体系持续完善的关键。廖凡（2020）研究了全球金融治理的合法性问题，认为全球金融治理存在三个突出特点，即危机驱动、内在失衡和非正式性，合法性问题与这三个特点紧密相连，表现为“民主赤字”问题、正当程序问题和规则效力问题，并提出未来应当坚定遵循多边主义原则，改革完善既有多边金融治理体系，建立健全新兴国家主导的治理结构和机制，强化相关议题设置能力，并在反思国际规则“软”“硬”之别的基础上，平衡全球金融治理的合法性与实效性。冯永琦和于欣晔（2020）认为在新冠肺炎疫情冲击下，全球金融治理面临着全球化割裂与全球金融治理包容性不足、集体性量化宽松政策再度泛滥、核心大国责任缺失以及国际金融组织效力不足等问题，指出后疫情时代全球金融治理体系的建构要素、建构层面和建构途径，并针对中国在此背景下的策略选择问题进行了深入研究。张中元（2020）研究了良性协同、功能性竞争、建设性合作和恶性破坏等四种不同类型的机制复合体（双边、区域和全球金融治理机制的组合）的问题，通过案例说明了不同类型的治理机制重叠的后果，并指出推动机制复合体内不同治理机制的协调，并促使其朝着减少分歧、增加互动的方向发展，是提高机制复合体治理有效性的关键。因为金融机制复合体中的多层安排具有战略和政治动机，加强全球安排和治理机制的努力不太可能扭转金融治理多边化和区域化的趋势。

（2）参与全球金融治理

全球金融治理是全球治理的重要组成部分，中国作为全球第二大经济体，是国际金融治理的积极推动者和重要贡献者，因此诸多学者研究了全球金融治理改革背景下的中国角色、政策和战略。高志英和王婉婷（2016）总结了“中心—外围”模式下英国治理机制和美国治理机制的主要特征，揭示了当前权力失衡、秩序混乱和调节失效的国际金融治理机制困境，提出中国的“互利共赢”国际金融治理机制的战略选择。熊爱宗和张斌（2016）从国内、国际两个层面提出了中国参与全球金融治理改革的相关建议，从国内层面看，应继续营造良好的国内外政治、外交、经济、社会关系，保持中国经济健康稳定持续发展，为参与全球金融治理夯实国内基础；从国际层面看，应积极联合各种力量采取共同行动推动全球金融治理改革，注意改革方案对相关利益主体的影响，降低守成大国的改革阻力，同时应积极利用 20 国集团等现有的多边治理平台，积极推动全球金融治理的完善。胡海峰和王爱萍（2017）认为中国需从“存量”和“增量”两个层面参与全球金融治理体系改革，一方面，积极推进国际金融机构、国际货币体系、国际监管框架的改革；另一方面，推动建立区域多边金融机构，倡导绿色发展理念，加快人民币国际化进程并优化中资银行海外布局。盛斌和马斌（2018）指出中国在当前全球金融秩序所具有的双重特征，决定了中国在未来全球金融治理改革中的双面角色定位：一方面，应积极推动全球金融治理“存量”改革，为之贡献中国方案；另一方面，应努力推动全球金融治理“增量”改革，倡导以发展为导向的全球金融治理观，为之贡献中国智慧。宋国友（2019）基于国际金融治理困境和改革取向，提出了多层联动、持续推进多个领域的金融治理改革；积极创设新金融机构，同时推动各层次金融机构协同治理；坚定稳妥推进人民币国际化的中国政策。李俊久（2022）指出站在中国的立场，全球金融治理机制的变革应遵循时间、空间、思维、行为四个逻辑。赵骁和金灿荣（2023）认为中国需要在国际合作中发挥领导作用，推动新型国际金融体系的建设，同时在国内加强党对金融工作的领导、遵循总体国家安全观、提升金融安全治理水平，从而统筹国内外金融安全治理，保障国家金融安全，推动构建人类命运共同体。王建雄（2022）以国际金融治理的机制起源与体系形成为逻辑起点，通过研究其面临的制度困境和挑战，分析金融全球化的危险和反全球化运动的冲击；进而聚焦于国际金融治理理念的现代化、国际金融治理规则的现代化以及中国参与国际金融治理现代化的实践；试图从国际金融法理论和国际金融规则设计的视角，深入分析国际金融治理现代化过程中面临的国际法问题。

“如何在全球金融治理体系中增强制度性话语权”也是该研究领域内的热点问题，因为制度性话语权是国际金融秩序的源头和基础，其所体现出来的国家权力的本质，在全球金融治理改革中尤为重要。王立荣和刘力臻（2018）在梳理全球金融治理现实困境的基础上，提出了增强中国在全球金融治理中制度性话语权的五大战略路径，为推进全球金融治理体系的改革与优化，破解发达国家与发展中国家在国际金融制度中的权利、利益不均衡的困境提供了参考方案。张发林（2018）对习近平总书记在2014年所提出的中国方案进行深入研究后指出，在全球金融治理领域，要提出具有现实操作性和国际合法性的“中国方案”至少必须解决以下四个问题：第一，中国如何进入全球金融治理体系的组织核心，并增加“中国方案”的聚集能力和协调能力；第二，中国如何实质性改善与全球金融治理机构的关系，提升制度性金融权力；第三，中国如何加入全球金融治理体制核心目标的制定之中，提升中长期议程制定的能力；第四，中国如何在接受全球金融治理体制具体内容的同时为国际社会贡献中国经验。张发林

(2020)研究了全球金融治理议程设置与中国国际话语权的问题，国际议程设置是国际话语权的重要来源和组成部分，并与其他类型的国际权力相互影响，作者基于分析框架构建的三个案例分析（华盛顿共识、新国际金融结构和宏观审慎性监管），为中国提升全球金融治理议程设置能力提出思考和建议，以助力中国深度融入全球金融治理乃至成为全球治理的真正引领者。

除关于中国参与全球金融治理的研究问题外，部分学者也研究了新兴经济体、非中心国家参与全球金融治理的问题。李国安（2020）指出尽管新兴经济体为全球金融治理秩序的修复进行了一系列有益尝试，但区域性与辅助性的基本定位决定了其无法对现有全球金融治理体系形成实质性挑战；国际社会应树立“共同发展”的全球金融治理理念，凝聚已有治理机构和治理法制的长处，因循国际政治与法律的路径，构建“多元一体”的全球金融治理体系。赵骁和金灿荣（2023）提出非中心国家应该首先进行金融体系改革，破除对新自由主义“华盛顿共识”的迷信并重拾金融主权，其次强化金融监管。

2. 区域金融治理现代化研究

通过对以往研究文献的梳理发现区域金融治理的现代化研究主要基于G20、亚投行和“一带一路”、新兴经济体等视角。

当前，国际金融治理机制正面临新一轮挑战，国际金融监管体系亟待改革，G20为金融体系改革和优化提供了重要平台，因此诸多学者探究了G20视域下的国际金融治理问题。崔志楠和邢悦（2011）对国际金融治理机制从“G7[①]时代”向“G20时代”的转变进行分析和解释，以求丰富学术界关于国际经济制度变迁的研究。丁志杰（2016）分析认为，中国作为第十一次G20峰会的主席国，恢复了国际金融架构工作组，将完善国际金融架构作为杭州峰会议题的重中之重，就全球金融治理改革进行了广泛讨论；2016年8月中国人民银行网站转发文章《二十国集团完善国际金融架构的中国方案》，9月《二十国集团领导人杭州峰会公报》批准《二十国集团迈向更稳定、更有韧性的国际金融架构的议程》等。沈伟（2018）以“权力博弈—规则制定”为研究框架，以二十国集团为切入点，分析了国际金融治理体系的改革和国际经济秩序在全球金融危机之后的演化。徐凡和陈晶（2021）从国际货币政策协调视角出发，比较分析G7与G20在全球金融治

① 七国集团（Group of 7，缩写为G7）是主要工业国家会晤和讨论政策的论坛，成员国包括美国、英国、法国、德国、日本、意大利和加拿大七个发达国家。

理中的协调效应，解读二者的互动模式和矛盾根源，阐述二者在中美摩擦全面升级条件下的现实诉求与动力机制，为准确评估 G7 与 G20 的全球共治立场、推动国际货币体系改革进程、提升新兴经济体全球多边治理国际话语权，以及中国有效制定 G20 战略提供可行性论证提供参考。周茂清和王雁飞（2021）指出市场在一定程度上为国际金融体系建设提供了相应保障，但也存在信息不对称、负外部性等问题，易产生市场失灵；政府适度介入有利于实现国际金融治理现代化，但也易出现政府失灵现象；基于以上挑战和 G20 这一金融体系改革和优化的重要平台，作者对国际金融秩序优化的路径选择提供了相关建议。

自 20 世纪 90 年代末以来，区域金融组织数量不断增加，规模不断扩大，业务内容更加宽泛，开始更多地参与到全球金融治理中，并日渐成为全球金融治理的一个重要行为体。亚投行是我国首次倡导建立的多边区域开发机构，它既是我国"一带一路"倡议的重要组成部分，也是我国积极参与全球金融治理的重要环节和重要举措。可以预见，亚投行之发展在为全球金融治理设立新规范、新标准的同时，也可提高我国在国际事务中的话语权及影响力（王丽华，2016）。顾宾（2015）从资本份额与决策机制、组织与治理结构两方面对亚投行进行了法律解读，他指出，作为国际金融家族的新成员，亚投行继往开来，需借鉴世界银行、国际货币基金组织（IMF）、亚洲开发银行（ADB）、世界贸易组织（WTO）等国际机构的实践经验。郭周明、田云华和王凌峰（2020）认为中国可主导构建"一带一路"国际金融新体制，引领区域金融治理。房飞和王大树（2021）也认为我国可发挥自身优势，与"一带一路"沿线各国和地区共同完善区域金融治理，抵御金融风险。

与以往不同，新兴国家作为一个群体逐渐成为本轮国际金融改革的重要参与者，其中尤以金砖国家为主要代表。宋国友（2013）通过对量化宽松过程中的利益认知、政策取向、主体作用以及制度构建四大核心因素考察的研究表明，面对美国金融危机和欧洲主权债务危机的巨大冲击，美欧日等发达经济体普遍采取了量化宽松的货币政策以刺激本国经济，但新兴经济体目前未能成功地通过全球金融治理这一途径来有效地维护自身的正当经济利益。李巍（2013）认为，金砖机制目前正处于一个摸索期，它能否在 G20 框架下形成一个有凝聚力的制度行为体来参与国际金融治理，彻底改变长期由发达国家垄断国际金融事务的局面，取决于金砖成员国能否继续保持较快经济发展速度，能否形成强大的利益交汇点，以及能否保持该机制的相对封闭性。

3. 国家金融治理现代化研究

学者们大多基于中西方的金融改革发展历程梳理金融治理内涵，总结经济波动或金融乱象原因、剖析影响金融治理的因素、把握治理逻辑和相关原理，进而针对性地提出加快推进我国金融治理体系和治理能力现代化建设。陆岷峰和徐博欢（2018）基于改革开放40年的金融整治经验，总结了金融乱象反复出现的原因，并指出金融乱象虽然形式、内容等有所不同，但整治的原理应基本相当，即始终抓牢金融监管的“牛鼻子”不放松，不断根据金融的新形势、新特点，有针对性地构建确保金融规范运行的有效、长效机制。兰日旭（2019）按时间顺序对新中国成立以来70周年的金融变迁进行了系统的梳理和归纳，并以此角度解读70年来经济波动的内在原因。徐诺金（2020）在总结归纳中国特色社会主义金融治理体系和治理能力的显著优势，并分析和研判当前面临的国内外复杂严峻形势的基础上，提出了在坚持和完善中加快推进我国金融治理体系和治理能力现代化建设的相关建议。董小君和宋玉茹（2021）立足于金融治理内涵，梳理国内外金融治理的沿革发展后，进一步剖析金融治理的影响因素，研究发现，国家经济政策与制度特色、总体经济意识、政府行为、企业与社会组织行为、经济环境以及全球金融治理都是影响我国金融治理水平的重要因素。张晓晶和王庆（2023）通过考察中西方千年金融发展，从国家治理逻辑角度提出了中西方金融大分流的新假说，基于此假说以及近代以来中国为现代化融资所进行的艰难探索和成功实践认为，超越金融大分流所暗含的“从分流到合流”的逻辑，走中国特色金融发展道路，是金融助力现代化的必然之选：既要深刻总结各国金融发展所呈现的规律性认识，又要找准并坚持中国特色，真正做到“以我为主，博采众长”；归根到底，中国特色金融发展的逻辑内嵌于中国式现代化发展的逻辑。陈雨露（2023）基于“技术—经济范式”的理论框架，从数字技术、数据要素、数字产业、数字基础设施、数字化生产方式、数字化生活方式以及数字化社会经济运行方式等方面解构数字经济，辨析了数字经济与实体经济的关系，研究了数字技术促进实体经济效率提升及经济增长的机制。中央金融委员会办公室和中央金融工作委员会（2023）指出中国特色金融发展之路是一条前无古人的开创之路，既遵循现代金融发展的客观规律，更具有适合自身国情的鲜明特色，其基本要义是：坚持党中央对金融工作的集中统一领导，坚持以人民为中心的价值取向，坚持把金融服务实体经济作为根本宗旨，坚持把防控风险作为金融工作的永恒主题，坚持在市场化法治化轨道上推进金融创新发展，坚持深化金融供给侧结构性改革，坚持统筹金融开放和安全，坚持稳中求进工作总基调。这“八个坚持”是管总体、管方向、管根本的，明确了金融工作怎么看、怎么干，既有世界观又有方法论，构成了一个辩证统一的有机整体，必须长期坚持。金融与经济的关系属于国家金融治理的重要内容，董迎秋、海霞、杨丹和陆野（2023）提出在中国式现代化新征程上，保险业应立足负债和投资两端服务实体经济，“以人民为中心”筑牢个人和家庭的风险屏障，通过机制和产品创新发挥社会治理的作用，强化创新科技在核心能力建设中的重要作用，严守风险底线，坚持稳健规范经营，为支持实体经济、促进新发展格局，保障人民生命财产安全、促进社会和谐等提供更有质效的服务，从而实现自身的高质量发展。

此外，2020 年新冠肺炎疫情蔓延全球，我国实体经济和金融市场的运行都遭受重创，因此一些学者开始研究新冠肺炎疫情背景下的国家金融治理问题并提出了相关建议。魏革军（2020）认为金融业应以新冠肺炎疫情应对为契机，深入思考新时期金融治理面临的挑战和短板，不断增强治理体系的适应性和竞争力，即在此影响之下，我国不仅仅应当高度重视国内金融治理体系的改革与完善，防范化解潜在的金融风险，实现中国后疫情时代金融市场的平稳过渡与发展，还应当积极参与后疫情时代的全球金融治理体系的构建，预防国外金融风险倒灌对国内金融市场稳定性造成冲击。杨子晖、陈雨恬和张平淼（2020）针对重大突发公共事件下的宏观经济冲击、金融风险传导与治理应对进行了研究，首先考察重大突发公共卫生事件对我国宏观经济与金融市场 16 个部门、共计 174 个变量的冲击影响；其次，研究全球新冠肺炎疫情事件下，我国金融市场各部门间风险传导关系的动态演变；再次，结合美股 4 次“熔断”等极端风险事件，考察“疫情之下”国际金融风险传导的主要源头与溢出途径；最后，基于风险结构框架进一步探讨了该时期全球资本市场的共振关系，对完善与“重大突发公共事件”相适应的宏观治理应对机制与风险防范对策提出了相关建议。冯永琦和刘韧（2020）研究了新冠肺炎疫情冲击下金融治理动向、应对措施和发展趋势，认为中国金融治理将出现以内生性治理为主向全面治理方向发展、进一步强化金融服务实体经济的治理理念、数字化金融治理要求增强、国内全面金融治理与积极参与国际金融治理深度融合等发展趋势。

4. 地区金融治理现代化研究

自 1978 年改革开放以来，中国各方面都取得了举世瞩目的成就。但由于我国所贯彻的渐进式改革的特定路径，导致了相当长的时期内，市场经济与计划经济、行政干预与市场运作的并存。计划轨和市场轨的相互制约与影响，在地方治理与银行改革方面，突出地表现为地方政府从自身利益出发，利用制度缺陷，不断改变对银行金融资源的争夺方式，由初始的直接行政干预到对银行决策施加影响，再过渡到目前通过逃废银行债务等方式间接争夺银行资源，而中央政府和银行体系则通过不断完善自身的管理体制和健全风险管理机制来抵御地方政府的争夺。双方博弈的结果在不断推进地方金融发展的同时，也带来了层出不穷的乱象。

在此背景下，学者们深入研究地区金融治理乱象的原因并提出了行之有效的政策建议。巴曙松、刘孝红和牛播坤（2005）梳理了我国不同阶段地方治理模式与银行改革的互动及其带来的影响，分析了地方政府争夺银行资源的原因，提出“推进地方政府职能转换、投融资体制改革，改革地方官员政绩的考核方式”“推进金融体制改革，完善银行业内部治理结构和加强外部监管”“拓宽地方政府融资渠道”“完善金融业发展的法制环境”等转型期地方治理如何与银行改革形成良性互动关系的政策建议。刘志伟（2020）则在梳理地方金融多元形态、厘清地方金融本质的基础上提出，要想有效治理地方金融乱象，重新划分中央与地方金融监管权，完成地方金融监管权的纵向划分与垂直性构造、横向集中与平面化构造是必要之举。向静林和艾云（2020）在新制度经济学和社会学治理研究的基础上，从金融治理的三个层次出发，提出了地方政府金融治理的三个维度（技术治理、结构治理和环境治理）的分析框架；进而探讨地方政府在三个维度中的不同行为倾向，分析地方政府在三个维度之间进行治理选择的影响因素及其衍生后果，对深化地方政府金融治理的理论研究和经验研究有深刻的价值和意义。向静林、欧阳璇宇和艾云（2022）还建构了“金融市场演变—治理机制切换—政策执行波动”的三层分析框架，即在三个层次的前后关联、相互影响中才能深入理解金融治理波动，揭示了“地方政府对特定金融领域的治理行为常常会经历默许发展、大力推动、清理整顿、善后处置的复杂过程，呈现明显的波动特征”这一特殊治理波动现象的过程和机制。此外，向静林、邱泽奇和张翔（2019）还讨论了地方金融治理中的风险分担规则不确定问题，即有关金融交易风险由谁分担、如何分担和分担依据等规则在实际运行中为什么难以确定，以解决当代中国地方金融治理中出现的风险分担规则的不确定现象。

（二）新兴金融领域治理

互联网金融、绿色金融、数字普惠金融等，是未来我国金融改革与发展的重要方向，也是金融供给侧改革的重要突破口。因此近些年来，我国大力发展互联网金融、绿色金融和数字普惠金融。事实上，当前我国相关金融治理的发展，特别是市场规模，已经呈现领先世界的态势。然而迅猛发展创造新机遇的同时，也带来了诸多风险隐患和治理难题。

1. 互联网金融治理现代化研究

2013 年以来，中国的互联网金融迅猛发展，但相关的风险事件频繁发生，给金融秩序和社会稳定带来了一定程度的影响，互联网金融治理成为国家金融治理的重要内容。任春华和卢珊（2014）在梳理总结互联网金融内涵及特点的基础上，剖析并细分了互联网金融风险，进一步提出了互联网金融风险的防控、监管、整治和管理的综合对策措施。潘静（2018）指出目前在“政府中心规制”模式下，试图运用“重典治乱”的监管逻辑，虽然在一定程度上可以整治违法行为，但预防与威慑效果不佳，互联网金融亟须新的社会治理范式；社会治理是融合行动者、交易对手方、社会大众、行业组织和政府机构等多元共治者协同约束的一项系统工程，金融风险治理亦然，因此应该在法治框架下构建多元主体协商—博弈—妥协—合作的共同治理平台，以实现有效防范和共同抵制违法行为，积极探索防控金融风险的社会治理之道。向静林（2021）结合金融学和社会学的研究思路，讨论互联网金融风险与政府治理机制转型之间的关系，指出互联网金融给当代中国的政府治理带来了一些基本挑战，构成了政府治理的结构背景，引发和形塑了政府在治理技术、治理体制和治理机制等方面的回应方式和内在困境，因此，政府治理机制亟待转型，需要从制度和技术两个方面进行优化。向静林和艾云（2021）也指出互联网金融的治理困境是金融与技术深度融合带来的新的治理问题，给政府体系既有的组织结构和运行逻辑带来了不少新的挑战，因此未来的政府治理创新研究不仅需要关注政府体系本身的组织结构和运行逻辑，还需要将其与技术化社会的一般特征深度关联起来。

已有研究多将政府作为一个整体进行分析，较少涉及政府治理创新的层级差异问题。由于互联网金融常常是自下而上生长起来的，因此地方金融治理在国家金融治理体系中的重要性有所提升，国家金融治理体制也出现了明确的调适。然而许俊伟（2020）指出，我国目前的政府规制在互联网金融治理方面依然存在政府定位不清晰、央地权力划分不科学、问责机制不健全等尚待完善之处，基于此提出为实现新时代我国互联网金融的有效治理，务必以认清经济国家下的法治政府内涵为基础，建立起央地双层金融规制体制，激励政府官员在概括授权与动态问责的约束下相机抉择、能动有为。向静林和艾云（2021）以互联网金融治理为例，从社会学视角构建了一个分析框架，讨论政府治理创新的层级差异并分析这些差异如何影响不同层级政府的治理创新重点和治理困境。

2. 绿色金融治理现代化研究

大力发展绿色金融不仅是全面贯彻我国推进生态文明建设总体部署的重要组成部分，也是加快我国经济社会绿色转型的重要措施，更是世界经济发展的大趋势（胡梦达和郑浩然，2020）。而将绿色金融提升到绿色治理，推动金融机构绿色治理转型是进一步推动绿色金融，助力绿色发展的关键。李健和窦尔翔（2020）描述并分析了目前中国绿色金融的发展困境，认为困境的本质在于缺乏有效的绿色企业利润加持机制以及信用资源创新机制，基于此，在总结归纳绿色金融治理研究成果的基础上，创新性地提出绿色金融塔福域（TIF）治理模式。王韧（2021）基于2010－2017年中国334家公众公司的微观数据，评估中国绿色政策对绿色金融发挥的治理效应，以及不同类型的绿色政策对绿色金融的治理效应是否具有差异性，并基于此提出了“进一步健全全方位、多层次的绿色金融配套政策体系”“构建全领域、全覆盖的绿色金融监管链条，重点加强对资本市场的绿色金融监管”“注重提高绿色财政资金配置效率和使用效益”三点政策建议。李维安和崔光耀（2023）应用中国上市公司绿色治理指数分析了我国上市金融机构绿色治理的发展现状，并基于分析结果为推进我国上市金融机构绿色治理转型提出相应的对策建议。

3. 普惠金融治理现代化研究

随着以互联网、人工智能、区块链、云计算、大数据为代表的金融科技迅猛发展，尤其是近年来大数据与深度学习不断进化、金融服务模式与产品发生重大变革，全球普惠金融经历了“微型金融→普惠金融→数字普惠金融”的演进与发展。随着金融与科技的融合发展，社会经济的数字化与智能化水平逐步提高，越来越多的国家和地区开始制定支持金融科技发展的战略规划，积极响应数字普惠金融创新与发展，以提升金融竞争力。胡滨和程雪军（2020）指出中国应进一步加大政策支持力度，加强国际金融治理的话语权，构建数字普惠金融的长效监管机制，大力建设数字普惠金融基础设施，进而提高中国金融业的全球竞争力。

2021年的中央一号文件首次明确提出“发展农村数字普惠金融”。显然，作为乡村振兴战略实施的重要推动力量，农村数字普惠金融被寄予厚望。因此，研究我国农村数字普惠金融发展中的风险及其治理对策具有重要的现实意义。张正平和陈杨（2021）总结了我国农村数字普惠金融发展面临的主要风险，并指出了进一步强化我国农村数字普惠金融风险治理的建议。陈熹和张立刚（2021）指出一些地区尝试使用乡村“道德银行”模式将数字普惠金融以制度、行动、认知嵌入的方式融入农村金融信用体系的建设之中，以破解数字普惠金融在我国乡村社会中的“金融排斥”与“门槛效应”，这一模式成功地激发了乡村社会中的内生秩序关系，并且将数字普惠金融作为一种外来制度嵌入乡村治理的互动合作体系，因此，深入推进数字普惠金融战略的实施，有助于创新和改善我国乡村治理模式的现代化转型。周孟亮和李向伟（2022）认为信息不对称问题是普惠金融高质量发展的难点，并指出“普惠金融+社区治理”是我国农村普惠金融高质量发展的新思路。

第三节　金融业治理现代化研究

本节针对金融业治理的现代化展开研究，分别从金融业治理现代化的提出、重要性、主要内容和未来展望等四个方面进行文献梳理。首先，本节研究了中国金融业治理的结构、实质及其在全球治理中的角色和地位；其次，本节从金融市场稳定性、市场效率等多角度研究了金融业治理现代化的重要性；再次，本节针对金融监管和金融业改革两个金融业治理现代化的主要内容进行阐述；最后，本节对金融业治理现代化提出了展望与设想，并从五个角度提出了切实可行的建议。

一、金融业治理现代化的提出

习近平总书记在党的二十大报告中擘画了以中国式现代化全面推进中华民族伟大复兴的宏伟蓝图，发出了为全面建设社会主义现代化国家、全面推进中华民族伟大复兴而团结奋斗的伟大号召。认真学习贯彻党的二十大精神，更好地以金融力量服务中国式现代化，是金融业当前和未来一个时期的首要政治任务（高迎欣，2023）。已有学者针对金融业治理现代化问题展开研究，并较为完整地阐述了金融业治理现代化的整体框架。以下将从金融体系与金融业治理结构、金融业治理的有效性等几个方面分别进行梳理。

在金融体系与金融业治理结构方面，王志凯（2010）认为，金融业治理的实质是促进金融的发展与创新，金融监管的目的是稳定金融产业；中国金融业治理改革的关键，在于明确金融产业治理和监管的目标及把握金融产业治理与监管的环节与手段。陈雨露和马勇（2009）研究了现代金融体系下的中国金融业混业经营的路径、风险与监管体系。陈雨露和马勇（2013）认为，效率性决定金融体系的“活力”，稳定性决定金融体系的“弹性”，而危机控制能力则决定金融体系的“张力”，三大因素相辅相成，共同构成了现代金融体系竞争力的三大核心支柱。战勇（2023）认为，金融是现代经济的血脉，中国式金融现代化是实现以中国式现代化全面推进中华民族伟大复兴的重要内容和必要条件，准确把握中国式金融现代化的基本特征规模巨大、任务繁重。

在金融业治理的有效性方面，魏革军（2020）认为，就金融业治理的能力要求而言，相对于管制高度依赖于权威，金融业治理则更加依赖于专业化，如中央银行就是高度专业化的产物，具有独特的性质和气质，无论是工作人员岗位职责还是工作方式，都需要有较高专业能力作为支撑，以此保障金融业治理的科学性。就治理的有效性要求而言，金融治理中的一个核心问题是信息透明度。无论是最低资本要求、政府监管还是市场约束，都需要相关主体掌握足够的信息，包括市场主体有足够信息作出理性判断，为此需要健全信息披露机制，提高金融市场透明度，抑制非理性治理行为。

关于中国金融业治理在全球金融治理中的角色和地位，张发林（2020）在其专著《全球金融治理与中国》中做了较为详细的研究。他认为，自2008年金融危机以来，全球金融治理体系已然被改革，一个由网状结构和体制复合体组成的新体系逐渐确立，这一新体系表现出一些新特征，如半正式性、小规模多边主义和多元多层次性，同时也存在诸多问题，如合作困境、合法性困境和有效性困境，亟须进一步改革。他指出，就中国而言，在经历了隔绝期（1949－1970年）、接触磨合期（1971－1992年）和加速融入期（1993－2008年）后，中国全面融入了全球金融治理体系之中，逐渐建立了宏观审慎监管政策框架，并通过由内及外的方式融入国际货币体系，推动其改革。但是，中国还不是全球金融治理体系的主导者，中国尚未有足够能力成为全球金融治理的“引领者”，全球金融治理的“中国方案”在走向世界的过程中还须解决一系列难题。

二、金融业治理现代化的重要性研究

金融业（Financial Industry）是提供社会资金融通的重要行业，具有指标性、垄断性、高风险性、效益依赖性和高负债经营性等特点。如今，党和国家高度重视金融业治理体系和治理能力的现代化，强调要以金融事业的高质量发展推进中国式现代化进程。

在金融市场稳定度方面，董小君和宋玉茹（2021）通过实证研究发现，近 13 年来，我国的金融治理水平与金融市场稳定程度整体呈现出波动上升的趋势；自2019年年末以来，我国金融治理水平开始对金融市场稳定程度呈现出显著的正向影响。金融市场的稳定运行是经济社会可持续发展的关键，但我国金融市场、金融制度乃至整个金融体系的发展还未步入完善阶段，因此研究我国的金融治理、金融稳定性问题具有相当的现实意义。在全球经济金融持续调整、经济形势波诡云谲的背景下，维护金融市场稳定、推进金融治理现代化转型、提升金融治理能力，是我国经济高质量发展的重要保障。李妍（2010）则探讨了不同监管要求下金融机构杠杆率的选择，以分析金融监管制度对金融机构行为和金融稳定的影响，研究发现，不断放松金融监管、鼓励金融创新，会导致金融机构过分追求效率，忽视风险控制，从而对金融稳定产生负面影响。

在金融效率方面，陈雨露和马勇（2013）认为，在一国金融体系的发展过程中，只有沿着实体经济需求的路径并能够更好地发挥金融体系功能的金融结构，才会实现金融与实体经济和谐统一、金融效率与金融稳定共同提升的局面，任何超越经济发展阶段或脱离“国家禀赋”特征的金融体系结构都将是不稳定和低效率的。

在我国经济结构和资本市场的客观要求方面，郭树清（2012）指出，中国经济结构严重失衡有着深刻的社会、文化和经济政治体制背景，原因之一是要素市场未能充分发挥其在资源配置中的基础性作用。只有深化金融服务业体系改革、健全和完善我国金融业治理和服务体系，打破劳动力、土地、资本等要素市场长期存在的体制性障碍，才能显著提高资源配置的效率。

三、金融业治理现代化的主要内容

（一）金融监管现代化研究

习近平在《求是》2023 年第 8 期发表文章《加快构建新发展格局 把握未来发展主动权》，提出要“深化财政金融体制改革，完善现代财税金融体制，健全现代预算制度、优化税制结构、完善财政转移支付体系，建设现代中央银行制度、完善现代金融监管、建强金融稳定保障体系，健全资本市场功能、发挥现代资本市场积极作用”。金融监管是金融业治理的重要内容，以下将从管理体制与模式、主要内容、法规和制度环境、新兴领域的金融监管等几个方面对金融监管的相关研究进行梳理。

在金融监管的管理体制与模式方面，杨纪东（1992）在整理国际金融监管时提及，应参照巴塞尔协议并根据我国金融机构现状，实行必要的管理措施，保证各金融机构经营的稳定性。王自力（2000）初步探讨了我国现行金融监管体制的模式与缺陷，并提出要建立健全包括行业自律和社会监管在内的多层面全方位金融监管网络。温长庆（2020）认为，中国金融监管主框架可以借鉴美国的“伞形+双峰”模式，立法上把央行设定为对金融控股公司实施直接监管并向下统筹协调监管的“伞尖”机构，兼顾宏观审慎监管，与此同时，把国务院金融稳定发展委员会改造为独立内设于央行的微观审慎监管机构。

在金融监管的主要内容方面，曾志耕（2012）主要从防范金融风险、完善监管规制、加强金融立法、规范金融创新等方面对金融监管的主要内容进行了梳理。郑超愚、蔡浩仪和徐忠（2000）认为，信息非对称和利益集团会对金融市场和消费者利益产生负面影响，特别指出不同集团间的竞争未必给消费者带来好处，因此继续推行透明度建设、逐步放开市场准入管制应成为金融监管的关键内容。

对于金融监管的法规和制度环境，李青原、陈世来和陈昊（2022）对近年来我国发布的金融监管新规进行了梳理，研究发现“资管新规”对持有短期和长期金融资产的企业都发挥了积极的实体经济效应，但主要体现在短期金融资产配置较多的企业。李成、马国校和李佳（2009）通过结合博弈论的相关理论研究发现，金融监管各方在博弈过程中存在“搭便车”现象；金融监管合作与否的收益初始状态设置，在一定程度上决定了监管主体的策略选择，而优化金融监管协调的制度环境是提高监管协调效率的根本途径。因此，需要创新金融监管协调机制制度环境，形成监管协调的乘数效应，促进金融监管协调进入高效率状态。

在金融监管的有效性方面，刘志洋、马亚娜和岳琳琳（2022）研究发现，在经济个体投资收益和产出能够满足其消费需求的情况下，当经济体处于繁荣期时，实施宏观审慎监管来控制信贷增速，有助于缓解财富分配不平等问题；而当经济体处于衰退期时，宽松导向的宏观审慎监管可能出现为了“效率”而牺牲“公平”的问题。中国人民银行朔州市中心支行课题组（2002）认为，金融监管的质量受到信息约束、交易环境与费用和监管工具的影响。具体而言，由于正确的监管依赖于监管当局所获取的信息，而信息约束限制了监管效率，因此导致了监管存在盲目性的可能，也提升了审计与检查的必要性；在交易制度上，由于目前监管体系造成的监管信息内部沟通不畅通，导致监管交易成本过于高昂，在交易方式上，监管手段的单一和刚性造成了监管效果不尽理想；而对于监管工具，监管人员质量与数量会影响监管工具是否被充分使用，而经济转轨造成的政府干预和企业逃废债务行为则超出了金融监管的有效范围。吕可夫、于明洋、阮永平和郑凯（2021）基于2004－2018年沪深交易所处罚公告数据，探讨了一线金融监管的治理效应及其作用机制。实证研究发现：由于沪深交易所天然的信息优势和治理效应，一线金融监管提升了上市公司的信息披露质量和内部治理水平；机制检验表明，一线金融监管还具有外溢效应：可通过引发媒体和投资者的普遍关注形成有效的监管合力，从而实现共同维护资本市场秩序的目的；2017 年修订的《证券交易所管理办法》进一步强化了一线金融监管效果。

近年来，金融科技、数字金融监管等新兴领域蓬勃发展，对金融监管提出了新的要求，金融监管的现代化治理水平亟须提升。张扬（2022）将中国的监管科技运用水平与英美等国进行了比较研究，研究发现，2016 年以来，以监管科技为首的金融科技创新应用的快速发展，导致金融科技监管呈现出越来越不同于传统金融监管的特征，被视为是修正认知并影响监管实践的重要力量。其中，英国强化了监管科技即金融科技监管的认知，继续探索有别于传统监管的监管工具与监管科技创新。美国开始重视金融科技的特殊性，在功能监管的框架下创新金融科技监管。中国则强调对金融科技的宏观审慎监管，探索金融科技基础设施对监管的赋能。张晓燕、党莹莹和姬家豪（2022）通过研究发现，传统金融监管在面临具有创造性破坏特点的金融科技时，明显陷入了“刚性制度陷阱”，因此，需要提高金融科技与金融监管的匹配，践行动态监管理念。邱国栋和任博（2023）以科技赋能为抓手，基于犯罪经济理论逻辑，针对供应链金融中的合谋掩饰行为治理问题开展问卷调查实证研究。研究发现：金融科技能够显著抑制合谋倾向，金融科技迭代升级对合谋行为治理具有长期效能。郑磊（2022）对去中心化金融的风险防范和监管进行初步讨论，并提出了要构建符合数字金融特点的监管体系。戚聿东和刘欢欢（2022）研究发现，在适应性监管理念逐渐受到认可的背景下，监管沙盒作为适应性监管的实践形式，能够为市场各类主体带来经验密集型的收益：通过真实世界的试验结果降低技术不确定性，基于有效的信息交互减少信息不对称性，有效化解监管者与被监管者、新进入者与后进入者之间的矛盾，在控制风险的基础上最大限度地推动创新。因此，监管沙盒不仅是一项创新工具，更是推动监管转型由理论走向实际的重要依托。

学者们也加强了对新兴和特殊金融监管领域的关注，研究范围包括区块链金融、绿色金融、互联网金融等。李诗林（2023）对于地方政府融资平台公司的金融风险监控进行探讨，认为这些融资平台公司的投资回收周期长，存在明显的资金期限错配，容易引起风险的集中爆发并产生连锁反应，是我国当前金融体系中重要的潜在金融风险来源。因此，应加强与地方政府及各级财政部门的协调与信息沟通，建立对地方融资平台公司的金融风险监控体系，从而在整体上监控全国地方融资平台公司的风险状况。沈伟（2022）认为，区块链金融深度融合数字、数据和技术，改变了传统金融业的业态，出现了更多“区块链+”的场景和场域，应当实行多中心化的功能型监管，建立以原则监管和智慧监管为主要模式的监管体制，并以专项法律促进行业自律、自我规制。王韧（2021）评估了中国绿色政策对绿色金融发挥的治理效应，研究结果表明，总体上来看中国的绿色政策提高了绿色金融的治理效果，但中国绿色金融的整体治理水平依然偏低；监管领域的绿色政策和财政领域的绿色政策对绿色金融的治理效应有一定差异；监管方银行信贷的绿色监管政策对提高绿色金融治理起到了一定效果，但在资本市场的绿色监管政策不足，使得绿色金融的治理效应偏低；财政领域的绿色政策对绿色金融的治理效应也不显著。因此，决策部门应进一步完善绿色金融政策配套体系和绿色金融监管链条，逐步提高绿色财政资金配置效率和使用效益，进而不断优化绿色金融治理效应。李东荣（2016）认为，要按照“明确分类、精准发力，综合施策、全面覆盖，立足当前、重在长效，多方参与、共治共享”的基本原则，从做好企业内控、用好用活风险治理的行业自律机制，加大社会监督力度等方面着手，构建一个包括企业内控、行业自律、政府监管、社会监督在内的常态化、全覆盖、立体式风险治理体系。杨东（2016）认为，传统上我国金融行业的监管主要采取准入式监管，监管机构重点关注金融机构能否满足特定的准入条件，对于不同类型的金融业务设立特定的准入门槛，不满足特定条件则不能从事特定类型的金融服务。而互联网金融具有浓重的“技术驱动”色彩，模糊了传统金融下直接金融和间接金融的区分，并呈现出多元化、混业化、场景化、生态化的趋势，基于分业监管格局下的“准入监管”的传统金融监管思路，已不能完全适应互联网金融的监管需要。因此，要革新金融监管理念，建立以技术驱动型监管代替传统金融监管的思路。

田宏杰（2023）以制度经济学、管理学、社会学、行政法学等学科交融的研究范式，对金融全球化的系统内涵、两面效应以及与金融风险的防范和金融监管的辩证关系进行了经验研究和国别考察，对金融监管的历史演进、功能定位、善治原则，尤其是对中国金融监管制度的变迁和运行状况等进行了系统实证研究和全新审视诠释，进而提出全球化视野下的中国金融监管体系重构，主张既应当秉持以金融稳定为基石、以提升金融业竞争力为核心的新型监管理念，施行开放式合理保护金融战略，又应当进行监管组织制度创新和监管运行机制变革，通过构建政府监管—市场约束—

行业自律的公私合作监管体制，充分发挥控权与激励并重的金融监管机能，在推动中国金融业高质量发展的同时，实现中国金融监管现代化。

（二）金融业治理现代化改革

金融业治理的现代化改革，有利于推进金融业治理体系和治理能力的现代化。有关金融业现代化改革的研究，学者主要从我国金融业改革历程的回顾、金融监管的现代化改革、新兴领域的金融业现代化改革等方面展开，以下将详细展开论述。

在我国金融业治理现代化改革的历程方面，《中国金融》期刊编辑部（2014）回顾了新中国成立以来我国金融业治理的历程与成就，认为在我国金融业现代化治理的发展历程中，市场化的金融宏观调控体系不断完善、金融监管有效性日益加强、金融服务的深度和广度不断拓展、统一开放、竞争有序的金融市场体系正在形成，我国的金融机构正在迈入市场化、多元化发展新阶段。吴晓灵（2008）从金融宏观调控、外汇管理与外汇市场、银行业改革与监管、货币市场和金融衍生品市场、资本市场、保险市场、监管协调与金融稳定、金融基础建设八个方面对我国金融体制改革 30 年进行了回顾与展望。郭树清（2012）从我国证监会金融业治理改革的视角出发，认为证监会正在推进新一轮证券行业的改革，而我国产业结构调整、转变发展方式的进程日益深化、利率和汇率市场化改革正在加速深化和财富管理成为全社会的迫切需要等社会现状对金融业治理改革提出了更高的要求。周小川（2015）对我国金融体系在改革开放进程中体制的转变做出了系统科学的论述，从对外贸易、企业改革、社保改革、银行改革、住房改革、金融监管及资本市场等方面介绍了金融体制改革的成就及未来发展。

对于金融监管的现代化改革，李诗林（2023）通过研究梳理，认为我国金融监管体制改革经历了三个发展阶段，分别是：金融监管体系雏形（1983－1992 年），此时中国人民银行不再经营商业银行业务，履行中央银行职能，同时履行对整个金融市场监管的职责；基本金融监管体制形成（1992－2003 年），此阶段形成了以中国人民银行、中国银行业监督管理委员会（即中国银监会）、中国证券监督管理委员会（即中国证监会），以及中国保险监督管理委员会（即中国保监会）组成的“一行三会”的分业监管基本金融监管体系；金融监管体制不断完善（2004－2022 年），此时我国金融监管体制转变为“一委一行两会”金融监管体制，一直持续至此轮金融监管体制改革。

如今，绿色金融改革成为经济社会的热点话题，政府相关部门出台了一系列关于绿色金融和绿色发展的政策文件，有力推动了绿色金融体制改革。赵亚雄、王修华和刘锦华（2023）研究发现，绿色金融改革创新试验区设立后，试点地区的绿色经济效率显著提升。

四、金融业治理现代化的展望研究

金融业治理现代化是金融治理体系框架中国家金融治理的重要内容，优化金融业治理关键是要把握顶层设计、金融监管等几个方面（郝臣、李艺华、崔光耀、刘琦和王萍，2019），本节对金融业治理现代化的未来发展提出的展望和建议如下。

一是推动治理理念现代化，使金融业治理与创新、协调、绿色、开放、共享的新发展理念相协调、相适应。陈雨露（2023）指出，新时代新征程上的中国金融发展，必须全面贯彻新发展理念，为新发展阶段党中央决策部署的重大战略和重要任务提供全方位支持；要以钉钉子精神，紧紧围绕推动高质量发展这个主题，着力在科创金融、绿色金融、普惠金融等重点领域攻坚克难、大胆突破。徐忠（2018）指出，应正确认识金融业综合经营趋势，充分借鉴国际经验，深入总结和把握金融发展的客观规律，明确现代金融体系建设的目标和路径，少走弯路，充分利用我国的后发优势。

二是要以数字化手段提升金融业治理现代化水平，释放科技数据倍增效应，完善金融治理的工具手段，融入数字治理。乔法容（2018）认为，金融监管机构和各类金融机构都应提高科技水平，尤其是掌握现代信息技术，掌握科技金融、互联网金融的最新知识，处理好线上与线下、虚拟经济与实体经济等多重交织的关系。李梦宇（2021）认为，要针对金融行业形成数据协同治理体系，推动建设金融基础设施，完善金融机构数据治理制度体系。在现有的金融业数据分类定级标准基础上，推进重要数据的识别与认定，形成行业重要数据目录；同时，要进一步加强金融基础设施的互联互通，发挥金融基础设施在信息流通、安全保护方面的优势，通过设立数据共享中心或依托现有系统开展金融数据共享的试点，为金融数据治理提供“硬环境”。在金融数据共享试点的基础上，探索形成数据要素市场流通的基础设施，逐步完善数据确权、开放、流通、交易相关制度。陆岷峰和徐博欢（2018）认为，要主动适应监管挑战，大力发展监管科技；具体而言，首先，应设立行业标准，完善法律法规，监管科技在设计与功能实现的过程中需依赖完备、清晰的法律，因此需先建立完善的法律体系；其次，应多方共同参与，加强交流合作，监管科技涉及多方企业共同参与，因此需各方积极、主动地参与到监管科技的发展中，加强交流，解决监管科技运用中遇到的阻碍，确保监管科技的运用；再次，应鼓励科技创新，加大科技投入，金融创新是金融不断发展的动力，监管科技能提高监管的效率，因此有必要加大科技投入，尽快实现监管科技化；最后，应大力培养金融科技专业人才，持续创新发展。

三是要建立现代金融监管体系，加强金融监管政策与经济发展规划的契合度，并积极与货币政策、财政政策、产业政策和区域发展政策等密切配合。陈四清（2020）认为金融业要完善内部现代化治理，优化机构体系、市场体系、产品体系，统筹区域金融业发展。綦相（2015）根据国际金融监管的相关经验提出，应善于捕捉风险的动态变化，以宏观的视野做好监管制度设计，对内注重金融监管与其他宏观政策的协调配合，对外加强跨境监管协调。在做好规则制定的同时，不能忽视传统监管手段，要规制与监管并重，发挥好信息披露和市场约束的作用。董小君和石涛（2022）针对金融风险治理提出了以下建议：要补齐“统一监管”短板，发挥国家金融稳定委员会职能，落实银保监会、证监会的监管职能；要补齐“防范系统性金融风险”短板，利用好人民银行的中央银行功能及组织优势，完善宏观审慎政策和货币政策双支柱宏观调控框架；要补齐“双峰式”监管理念的短板，整合人民银行、银保监会、证监会等金融消费者权益保护功能，在金融监管制度安排上将审慎监管与行为监管区别对待。杨子晖、陈雨恬和张平淼（2020）针对重大公共卫生事件提出，要加强金融协调监管机制，实时监测突发公共事件发生时各行业风险的动态变化，重点监控金融、房地产等主要的风险输出部门，加大对房地产投资信托、房地产债券以及房地产股本等新型金融模式的监管力度，避免风险由关联网络中的薄弱环节向其他部门发生跨部门、跨行业传导，防范系统性金融风险。晏宗新（2007）在其专著《金融业管制与竞争理论研究——兼论中国金融业的管制问题》中指出，微观层面的管制与竞争突出了单个金融机构的监管与金融安全的有效均衡，指出要建立在传统金融体系假设基础上的中国金融业监管体制。在经济全球化背景下，中国金融监管改革包括合理化与高度化两个层面。合理化的前提是提高金融业管理水平，合理化的方向是激励相容。高度化是要顺应混业经营趋势，加强监管的国际合作。

四是要积极推动金融市场双向开放，形成涵盖股票、债券、衍生品及外汇市场的多渠道、多层次开放格局。中国人民银行国际司（2022）指出，要持续完善资本市场双向开放有关规则，扩大沪深港通额度，开通债券通“南向通”和粤港澳大湾区“跨境理财通”，推出“沪伦通”机制并将其拓展至中国与德国、瑞士的互联互通；同时，要对标高标准经贸规则，扩大金融业开放；全面参与《区域全面经济伙伴关系协定》（RCEP）谈判，其中，新金融服务、金融信息首次被转移纳入自贸协定规则；规则提出，金融服务领域将在六年过渡期内由正面清单转为负面清单。陈四清（2018）认为，要完善国家金融治理，健全宏观审慎金融监管，构建合理稳定的制度框架；要改革国际货币体系和国际金融组织治理，为全球货币事务和金融活动开展构建稳定、有韧性的制度框架。郭树清（2012）认为，要进一步强化与国际金融监管机构的信息交流、政策协调和跨境监管合作，共享监管信息，共同对可能产生系统性影响的不稳定因素跟踪预测评估，并加强风险监管及处置工作的协调。

五是要健全重大金融突发事件的应对与治理机制，形成有效应对各种金融风险的制度保障。近年来，我国高度重视重大金融突发事件的应对和治理，为避免银行业机构挤兑和风险传染夯实了制度基础。但是，随着金融体系日益复杂化及其对社会的广泛影响，传统金融突发事件仍可能周期性或间歇性发生，同时，非传统金融突发事件更加突出。魏革军（2020）认为，要建立金融突发事件预警和防范机制、健全流动性支持机制；同时，要加强信息透明度建设。陈植（2022）报道了央行通过建立事前、事中、事后预警机制，助力金融业反诈打赌治理体系的基本形成，从而完善了对金融事件的预警与治理。郭树清（2012）强调要增强整个经济体系和金融体系管理风险的能力，要确保风险可控，必须始终保留必要的监测和控制，建立健全统一的跨境资本流动数据采集、监测、分析和预警体系，构建起比较完善的跨境资金流动统计监测平台；健全跨境资金流动非现场核查机制，加大非现场核查力度，防范大规模跨境资本流动可能带来的不利影响。杨子晖、陈雨恬和张平淼（2020）认为，新冠肺炎疫情等突发公共事件对我国宏观经济与金融市场的冲击影响，有效防范化解系统性金融风险并保障经济平稳运行，已成为影响我国经济发展全局的重大问题。因此，我们必须对此保持高度审慎的态度，在采取措施防止重大突发公共卫生事件影响进一步蔓延的同时，加大宏观调控力度，防止实体经济持续下滑、防控国内外金融风险交叉传导，缓解突发公共事件对我国宏观经济与金融市场造成持续性的冲击。从长期看，要坚持“促消费、扩内需”的基本政策，促进消费扩容提质与潜力释放；要加强对中小企业的金融支持，进一步拓宽直接融资渠道；要综合使用出口信保等政策性工具，防范跨国企业产业链外移风险；要提高资金使用效率与财政赤字率，同时确保财政可持续发展；要加强外汇资产负债管理，避免国际风险外溢冲击。陈雨露（2014）在其专著《全球新型金融危机与中国的外汇储备战略》中研究了在金融危机这一突发事件后，中国应采取怎样的外汇储备战略；通过深入分析新型金融危机与外汇储备的联系机理，提出了一个既符合中国国情、又能适应世界经济格局动态变化的外汇储备管理战略框架。

第四节 金融机构治理现代化研究

金融机构治理是针对从事金融业有关金融服务的机构或部门的治理，其对金融业的稳健发展和经济社会的长远发展具有重要意义。本节聚焦于金融机构治理的现代化研究，从金融机构治理风险管理、金融机构治理质量、国有控股金融机构治理和金融控股公司治理四方面进行整理研究，促进金融机构治理的完善和高质量发展。关于金融控股公司治理结构和治理机制现代化研究的论述，可以简单叙述为以下两点：一是治理结构的现代化研究，主要包括完善治理结构，防范风险的发生；二是治理机制的现代化研究，主要包括完善监管机制，提升公司风险控制意识。

一、金融机构治理风险管理的现代化研究

习近平在《求是》2023年第4期发表文章《当前经济工作的几个重大问题》指出，“要统筹好防范重大金融风险和道德风险，压实各方责任，及时加以处置，防止形成区域性、系统性金融风险”。

已有研究从金融机构治理重要性出发，指出金融机构最根本的风险是治理风险，并强调金融机构建立治理风险预警体系的必要性。李维安（2005）认为，正是由于金融机构自身治理和对业务对象治理的双重问题，如果金融机构治理不善，必将使得其治理风险日积月累，达到阈值并最终以风险事故的形式爆发，从这个意义上来讲，金融机构最大、最根本的风险是治理风险，将着力点放在治理风险，是金融机构治理研究的明确选择和指导各类金融机构改革和发展的主要方向。人民银行乌鲁木齐中心支行课题组（2007）指出金融机构的稳健发展有赖于三个因素：一是良好的公司治理与内控机制；二是高效、透明的外部监管制度；三是有效的市场监督。罗胜和邱艾超（2008）也认为金融机构最根本的风险是治理风险，金融机构脆弱的治理体系以及治理结构、治理行为、治理对象风险的积累是发生金融危机的重要原因；金融机构在完善金融风险预警机制的基础上，应该建立公司治理风险预警机制。李维安（2009）指出金融危机背后深层次的原因是金融机构治理风险的引爆和释放，正是缺乏治理保障的金融创新，最终导致了空前的灾难。李维安和郝臣（2009）认为金融机构的公司治理格外

引人关注；对于我国金融机构来说，因为兼具转轨与发展的双重任务，公司治理问题就显得更为重要。王千（2010）认为金融机构治理风险预警体系建立迫在眉睫；由于中国金融机构治理体系相对薄弱，因此将面对更大的治理风险，这些风险主要来自金融机构股本结构、金融机构内部治理和金融机构外部治理三方面。李维安、王励翔和孟乾坤（2019）认为公司治理是我国金融机构改革的主线，并进一步指出上市金融机构存在的具体治理风险：在金融机构转型风险方面，行政型治理与经济型治理交织；在高管治理风险方面，国有金融机构高管普遍具有“行政人”和“经济人”的两重身份，导致高管追求行政化目标和市场化目标时产生选择困境；在信息披露风险方面，信息披露相关性不足；在合规风险方面，不同治理规则存在落差；在绿色治理风险方面，引领绿色金融的顶层设计缺失。陈忠阳（2006）构建了金融机构现代风险管理框架的技术支柱，结合“巴塞尔新资本协议”，深入分析了现代风险管理对我国的影响和启示。综上可以看出，金融机构治理中的风险管理十分重要，如何进行风险管理更为重要，应从风险本身出发，设置合理的风险预警机制，从而更好地实现金融机构治理的风险管理。陈雨露（2023）指出，要通过完善中国特色现代金融企业制度、健全法人治理、推进金融机构改革、加强金融机构内控体系建设等路径，提升金融机构的风险防控能力。

二、金融机构治理质量的现代化研究

目前，从不同角度重点关注金融机构治理质量优化的研究，这些角度包括内部控制、风险管理、激励约束机制、政府、党组织和董事会职能的发挥等。

从内部治理角度，刘成昆和周晓春（2005）认为内部控制与金融机构的治理相辅相成，健全的内部控制体系必将促进金融机构治理的完善和现代金融企业制度的建立。曹源芳和王家华（2017）发现金融机构在经营风险偏好上存在明显的“羊群效应”，为抑制金融机构经营风险的“羊群效应”并保障金融系统安全，应充分发挥政府审计的“免疫系统”功能，促进政府审计在目标控制、外部监督、审计公告约束与公司治理框架完善等方面作用的发挥，分散金融市场风险，保持金融市场稳定。

从外部治理角度，苏卫东和初昌雄（2012）从逻辑的角度分析了金融机构治理、社会责任与金融稳定之间的内在联系，并探讨了完善金融机构治理、促进金融机构履行社会责任、维护金融稳定的对策建议。郑志刚（2021）认为当前出现的对金融机构从严监管的局面在一定意义上，仅仅是金融机构迈出高质量发展的第一步；未来的目标是金融机构从内部治理缺失和治理依赖监管逐步走向股东权威地位的确立、制衡股权结构的形成和独立董事会运作的合规治理。田雷和孙倩（2021）基于金融企业致力于构建中国特色公司治理机制的共识，提出应重视内审在金融机构治理现代化研究中的作用。陈学彬（2006）对国际上典型的金融机构激励模式进行了比较分析，对我国主要金融机构类型的激励约束机制的现状、问题和改革思路等问题进行了探讨，并分析了建立和完善我国金融机构激励约束机制需要的外部条件。

利益相关者在金融机构治理的现代化研究中发挥的作用也不可忽视。黎四奇（2021）认为金融机构内部治理现代化离不开高管薪酬的治理研究，基于对等的公平从内部控制、薪酬构成、信息披露等维度来思考金融机构高管薪酬制度的变革。陈景东和张蕾（2021）认为，从加强股东股权管理角度完善金融机构公司治理，不仅要限制股权比例、约束股东行为，更要为股东发挥作用塑造良好健全的法律环境，实现股东股权监管框架的市场化与法治化，压实公司治理职能，保障金融机构健康运行。王佳（2019）分析了党组织在法人金融机构治理中存在的问题，探讨了党组织的职责定位和管理机制，以期能够有效发挥党组织的“政治核心作用”。张晓慧（2020）指出要通过夯实股东对金融企业治理的主体责任，从做好“股东”向做“好股东”切实转变，有助于防控金融风险，为更好地迎接金融业开放做好准备。金融治理体系和治理能力的现代化是金融改革开放发展不可或缺的组成部分。王娴和闫琰（2020）认为董事会需要及时、准确、全面地掌握集团内的控制结构、集团内企业及其关联方的信息，以有效管理关联交易、控制风险集中度等。

综上，金融机构治理不仅限于以股东会、董事会、监事会及管理层所构成的治理结构为基础的内部治理，而是公司内外所有利益相关者通过一系列内部机构和外部机制来实施的共同治理。

三、金融控股公司治理的现代化研究

（一）金融控股公司治理结构现代化研究

在金融控股公司治理结构现代化研究方面，王惠凌、蒲勇健和腾进华（2005）认为股东大会拥有最终控制权，董事会拥有实际控制权，经理拥有经营权，监事会拥有监督权。蒋海和叶康为（2014）认为金融控股公司的治理结构一般要规定集团的各个参与者，如股东大会、董事会、高级管理层、监事会和其他利害相关者的权利与义务分配；强化董事、监察人的独立性、专业性和监督责任，明确董事长与经理人之间的委托代理关系，避免“任人唯亲”的现象；明确在决策集团事务时所应遵循的规则和程序；落实管理层问责制度，当管理层发生重大失误或违法行为时，及时问责，达到强化监督的目的。李文沁（2005）认为董事在金融控股公司治理结构中具有非常重要的地位，董事必须是有专业能力的，至少能了解金融控股公司的运作情况，金融服务业有必要制定专门的公司治理指引，并且其规定应比一般企业严格（如独立董监事应达三分之一或半数以上）。芦娜娜（2023）指出复杂的组织结构使监管方不能了解真实的情况并进行有效监管，而金融控股公司正好利用其复杂的结构关系发展关联交易来规避监管。吴均（2021）借鉴发达国家金融控股公司治理结构与风险管控的经验和教训，认为应结合我国的实际，科学调整公司治理结构，有效实施风险管控。姚德权和王帅（2010）对中国产业型金融控股集团发展模式进行了研究，提出改进以治理结构和资本充足为核心的内控机制，完善市场准入和监管模式，强化外部监管。刘晶（2022）认为公司治理结构应当回应公司组织与商事实践的发展变化，遵循商事法律自下而上的变革规律，抛开对所有公司采取一刀切调整的传统路径，对不同类型的公司进行符合其发展方式的差异化规制。在运行初期，胡松（2008）建议金融控股公司的风险管理应以原有风险管理框架为基点，初步建立相对稳定合理的公司治理结构，构建起全面风险管理框架，做好风险管理的前期准备工作。郭闾钰（2022）认为通过完善公司治理结构、建立整体性内控制度、强化风险隔离机制、健全信息披露机制等方式，解决金融控股公司特殊组织形式下所引发的内部风险，具有必要性和科学性。鲁桐（2017）认为，金融控股集团的公司治理涉及金融控股公司（母公司）自身的治理、子公司（重点管控公司）治理和母子公司治理等三个不同层面的制度安排；其中金融控股集团层面的治理在三层治理结构中起关键作用；在经济全球化和金融创新的浪潮中，以美欧为代表的发达国家大型金融机构都在转向金融控股公司。

（二）金融控股公司治理机制现代化研究

学术界对金融控股公司内部治理机制的现代化研究主要体现在以下几个方面。朱民（2004）认为金融控股集团这种组织形态，既有其优势，也有其特殊的风险结构，金融控股集团的规模和本身并不能保证产生效益，只有建立起了相适应的管理和治理体制，建立起有效的公司治理机制和风险防范与管理机制，才能把金融控股集团潜在能力变成赢利。张怡（2019）的研究表明应该建立健全党的领导机制，在保证现有控股的条件下，构建多元化的股权层次，适当引入国有企业、民营企业和外资企业等多种资金来源。金融系统运行中的主要矛盾在于提高运行效率与降低系统风险两大目标之间的对立统一。系统运行效率表现在业务协调成本、信息优势、规模经济和范围经济等方面；系统运行风险表现在竞争限制、风险传递和利益冲突等方面。贾翔夫（2018）提出金融控股公司的发展有利于实现规模经济，但也会导致资金“脱实向虚”、宏观经济风险推升、债务和杠杆水平加大等问题，应当参照国际经验，在法律制定、监管架构设计和关联交易管理等方面对金融控股公司加以监管，还应加强杠杆监管和集中度管理，并重视对外资金融控股公司的制度安排。王康和朱锦强（2021）建议我国金融控股公司监管遵循宏观审慎监管理念，按照全面、持续、穿透的原则，以并表管理为基础，对企业集团投资控股形成的金融控股公司依法准入并实施监管。范云朋和尹振涛（2019）提出了应尽快完善金融控股公司监管体制，明确金融控股公司的立法原则，构建全方位的审慎监管体系，健全金融控股公司的市场化处置机制和破产重组机制，加快推出符合我国国情的金融控股公司监督管理办法等政策建议。温长庆（2020）通过分析我国金融控股公司外部监管和内部管理存在的问题，提出要通过构建新型监管框架、完善监管规则和建立自律监管机制等措施防范风险。刘凤（2022）认为我国对金融控股公司的监管还存在立法层次低、监管范围小、主体不统一、实质控制难判定、数据信息共享与保护平衡难等问题，并有针对性地提出了提高《金融控股公司监督管理试行办法》的立法层次等完善监管的相关建议。唐宜超（2021）认为地方金融控股公司作为独立市场主体，仅依靠地方财政补充资本金明显不现实，其可依据风险防控以及各项业务发展需求，制定资本金补充计划，进一步探索国有金融资产增值部分转增资本的方式，利用留存收益以及发行金融债券等方式，制定完善且多样的资本金补充机制，满足地方财政监管要求，提升风险抵抗能力。面对金融控股公司内在的风险，李文沁（2005）提出应强化金融控股公司的内部控制机制，将评估集团内控机制作为一项重要的监管内容，要以监管机制来控制子公司之间的利益冲突。韩晓宇（2019）认为有很多金融控股集团以非正当的金融关联交易进行利益输送，导致“三跨”传染性风险发生（跨机构、跨市场、跨业态），因此，需要建立内部防火墙进行隔离。吴东霖（2022）认为应利用大数据技术，建立健全被监管对象的行为监管机制，通过收集股东、实际控制人、高管层、日常经营等信息，分析金融控股公司的合规与持续经营能力，实现智能监管和风险预判，提高行为监管有效性。

除了上述提到的内部治理机制现代化研究以外，为了更好地促进金融控股公司的发展，学术界还对金融控股公司的外部治理机制现代化进行了研究。刘晶（2022）指出我国政府部门相继出台、更新了《国务院关于实施金融控股公司准入管理的决定》《金融控股公司财务管理若干规定》等多部规章制度，不断完善针对金融控股集团整体监管的制度规范。王文（2022）认为为了对金融领域乱象进行更好地控制和监管，要求互联网金融控股公司在发展过程中应受到人民银行的统一监管，规范其关联交易和内部交易，促进互联网金融控股公司的稳定发展。杨广（2023）认为鉴于金融控股公司服务实体经济、维护金融市场秩序的重要性，建议人民银行总行直接对金融控股公司母公司进行监管，而所控股机构按照属地原则由人民银行分支机构进行监管。李阳（2023）认为在监管权责方面，应当完善互联网金融新兴业务的有关部门的监管职责，监管机构尤其应当加强对新兴业态的监管，及时进行研究，采取必要的监管措施，既鼓励互联网的金融创新，又要把风险控制在可预期的范围之内。芦娜娜（2023）提出监管制度要与金融发展相适应，从现实情况出发，要完善外部监管体制，首先需要确立分业监管和综合监管相结合的监管体制。在新的监管机制下，阮郁（2020）认为金融控股公司应构建和完善混业经营环境下的自愿性信息披露规则，同时鼓励和支持发展第三方市场评价机构，对市场主体的信息透明度、经营稳健水平、金融消费者保护程度、公司社会责任执行等情况进行市场化的竞争性评价，构建公平合理的信誉激励机制。宋宇（2021）结合当前实际，提出完善监管制度体系，从机构监管模式转变为功能监管模式；健全监管法律体系，出台专门的金融控股公司法；转变监管理念，提升金融控股公司风险控制意识等改进和完善金融控股公司监管的对策。

四、国有控股金融机构治理的现代化研究

在众多金融机构中，国有控股金融机构治理的现代化研究十分必要。李维安和郝臣等（2018）基于我国公司治理系统行政型治理和经济型治理并存特征，搭建了一个国有控股金融机构的二元治理结构分析框架，对我国国有控股金融机构的股东治理、董事会治理、外部治理、治理风险和治理评价进行了研究，同时对银行、证券公司和保险公司三类金融机构的治理进行了探讨。邱艾超（2020）强调在当前多变经济环境和内外部风险叠加影响下，国有金融机构治理能力现代化的重要性不断凸显；国有金融机构应持续完善党组织嵌入董事会的治理机制，持续强化董事会的决策议事和经营监督职能，持续提升董事会的专业能力和履职能力，逐步赋予国有金融机构董事会独立选聘经理层的权力，从而实现治理能力的现代化。徐枫、林志刚和张跃文（2022）则将党组织与国有制结合，提出国有金融机

构应强化党组织在金融机构公司治理中的作用，同时国家应加大力度吸引非国有金融机构实际控制人加入党组织，加强对金融机构党员股东和党员高管的教育和监督。张援（2020）的研究表明，国有新型金融控股公司面临的形势任务进入新时代，党中央、国务院高度重视金融控股公司监管工作，明确要求规范金融综合经营和产融结合，加强金融控股公司统筹监管，加快补齐监管制度短板。徐金麟和王凯（2020）指出，无论是从企业发展的角度看，还是从防范风险的角度看，都需要进一步完善金融控股集团的公司治理。

五、上市金融机构治理现代化研究

对上市金融机构治理状况进行评价，通过检验金融机构治理的有效性来促进现代化研究。郝臣、李维安和王旭（2015）研究发现上市金融机构治理水平与风险承担呈现负相关关系，总体来说，我国上市金融机构治理发挥了有效作用，这也是我国金融机构能够幸免于 2008 年金融危机的根本原因所在。郝臣、崔光耀、李浩波和王励翔（2016）利用中国上市公司治理指数（$CCGI^{NK}$）对 2008－2015 年中国金融机构公司治理水平进行评价，并实证检验了上市金融机构公司治理的有效性；研究发现，上市金融机构的公司治理质量稳步提升且具有一定有效性，其对财务绩效的提升和风险承担的控制具有显著作用，但只有董事会治理维度指数显著地发挥作用，其余治理分指数没有对财务绩效的提升和风险承担的控制发挥显著作用。郝臣、石懿和郑钰镜（2022）利用中国上市公司治理指数对我国上市金融机构治理状况进行总体、比较和具体维度分析；基于分析结果，为提升我国上市金融机构治理质量，从监管机构、上市金融机构和第三方机构三个层面提出相应的对策建议。

第二章　金融监管机构治理现代化研究

金融监管机构是根据法律规定对金融体系进行监督管理的机构。随着2023年金融监管机构改革，我国金融监管体系从“一行两会两局”迈入“一行一总局一会”新格局。本章对我国金融监管机构类型进行划分，并对包括2023年3月新组建的三大金融监管机构（中央金融委、中央金融工作委和国家金融监督管理总局）在内的金融监管机构的治理现代化研究展开梳理。本章涉及的金融监管机构主要包括金融委和中央金融委、中央金融工作委员会、原中国银保监会和国家金融监督管理总局、中国人民银行、中国证监会、国家外汇管理局和地方金融监督管理局。

第一节　金融委和中央金融委治理现代化研究

2023年3月16日中共中央、国务院印发的《党和国家机构改革方案》，决定组建中央金融委员会，不再保留国务院金融稳定发展委员会及其办事机构，将国务院金融稳定发展委员会办公室职责划入中央金融委员会办公室；中央金融委员会是党中央决策议事协调机构。本节首先梳理了国务院金融稳定发展委员会治理现代化研究的相关文献和具体报告；然后介绍了中央金融委员会治理现代化研究相关内容。

一、国务院金融稳定发展委员会治理现代化研究

关于国务院金融稳定发展委员会治理现代化研究的直接相关文献总体较少，主要集中于行业发展的协调机制方面。国务院金融稳定发展委员会第一次全体会议（2017）对国务院金融稳定发展委员会的职责给出了明确答案：金融稳定发展委员会是国务院统筹协调金融稳定和改革发展重大问题的议事协调机构。2021年，根据党中央、国务院决策部署，在国务院金融稳定发展委员会的统筹指挥下，落实国务院金融稳定发展委员会办公

室的具体要求，国务院金融稳定发展委员会办公室地方协调机制在服务实体经济、防控金融风险、支持金融改革等方面发挥了积极作用（刘博，2022）。边永平（2020）认为中美经贸摩擦，我国经济结构性、体制性、周期性问题“三期叠加”，以及新冠肺炎疫情突然暴发带来的短期冲击，都对经济金融稳健运行带来复杂多元的影响和挑战，金融委办公室要求省级层面建立启动地方协调机制，就是对上述问题的适时回应。张承惠（2016）认为委员会应有法定职责并明确工作程序和决策机制，委员会下应成立专职的办公室，配备足够的专职人员对委员会提供支持。邢会强（2018）认为国务院金融稳定发展委员会的设立，有助于加强微观审慎监管与宏观审慎管理之间的协调，但为了使国务院金融稳定发展委员会的协调机制等职权法定化，使之“不因领导人的改变而改变，不因领导人看法和注意力的改变而改变”，落实“全面依法治国”，建议修改《中国人民银行法》，增设国务院金融稳定发展委员会的职权条款，同时制定国务院金融稳定发展委员会条例，细化国务院金融稳定发展委员会的职权、程序、运行机制和问责机制。

二、中央金融委员会治理现代化研究

关于中央金融委员会治理现代化的研究较少。2017 年，习近平总书记在第五次全国金融工作会议上强调，“金融是实体经济的血脉，为实体经济服务是金融的天职，是金融的宗旨，也是防范金融风险的根本举措”。2019 年，习近平总书记在主持中共中央政治局第十三次集体学习并讲话时深刻指出，“要深化对金融本质和规律的认识，立足中国实际，走出中国特色金融发展之路”。中共中央、国务院在《党和国家机构改革方案》中指出，中央金融委员会在国务院金融稳定发展委员会的基础上组建，作为党中央决策议事协调机构，其主要职责是加强党中央对金融工作的集中统一领导，负责金融稳定和发展的顶层设计、统筹协调、整体推进、督促落实，研究审议金融领域重大政策、重大问题等。中央金融委员会下设中央金融委员会办公室，作为中央金融委员会的办事机构列入党中央机构序列，原国务院金融稳定发展委员会办公室的职责由其接管。

第二节　中央金融工作委员会治理现代化研究

中央金融工作委员会的主要职责是：加强党中央对金融工作的集中统一领导，负责金融稳定和发展的顶层设计、统筹协调、整体推进、督促落

实，研究审议金融领域重大政策、重大问题。本节针对中央金融工作委员会治理现代化展开研究，分别论述了中央金融工作委员会历史沿革和中央金融工作委员会治理效能现代化研究两个方面。

一、中央金融工作委员会历史沿革

我国在1998年曾设置中央金融工作委员会，2003年3月中共中央决定将其撤销（刘瑜，2023）。吴晓灵（2008）在《中国金融改革开放大事记》一书中提到，中央金融工作委员会是党中央的派出机关，主要职责是领导金融系统党的建设工作，保证党的路线、方针、政策和党中央及国务院的有关指示、决定在金融系统贯彻落实，协助金融系统中央管理干部的管理工作，监督金融系统的领导干部贯彻执行党的路线、方针、政策，协调各金融机构党委之间和各金融机构党委与地方党委的关系。

二、中央金融工作委员会治理效能现代化研究

关于中央金融工作委员会治理现代化的研究较少。中共中央、国务院在《党和国家机构改革方案》中指出，中央金融工作委员会作为党中央派出机关统一领导金融系统党的工作，指导中央和国家机关工作委员会的金融系统党的政治建设、思想建设、组织建设、作风建设、纪律建设等，同中央金融委员会办公室合署办公。陈雨露（2023）认为，切实把党领导金融工作的制度优势转化为治理效能，要从制度建设和队伍建设两个方面扎实推进，一方面要完善党领导金融工作的体制机制，强化金融管理工作中的系统论和全局观，另一方面各级领导干部要在金融事业发展中自觉提高政治判断力、政治领悟力、政治执行力，在努力提升业务和队伍的科学化、专业化水平上久久为功，真正实现各方面力量协同共进。

第三节　国家金融监督管理总局治理现代化研究

2023年3月16日，中共中央、国务院印发了《党和国家机构改革方案》，决定在中国银行保险监督管理委员会（简称中国银保监会或银保监会）基础上组建国家金融监督管理总局，不再保留中国银行保险监督管理委员会。本节针对原中国银保监会和国家金融监督管理总局治理现代化展开研究。

一、中国银保监会治理现代化研究

中国银监会和中国保监会在 2018 年合并后，产生了更加严格的监管效果，防范监管空白，加强银行和保险公司之间的相互监督。2019 年 1 月 5 日，《银行家》刊发了一篇名为《郭树清：开创银保监会工作新局面》的文章，文章指出 2018 年，中国银保监会的成立是我国金融监管体制和格局的重大调整，标志着我国建立统筹协调金融监管体系迈出了重要一步；12 月 17 日，在中国银保监会正式挂牌八个月后，中国银保监会下辖的 36 个省级银保监局统一挂牌，显示出中国银保监会机构改革取得扎实进展；与此前分业监管时的派出机构体系相比，中国银保监会机构改革的一个重大变化是，除设立省、市两级银保监局外，在大部分县设置建管办，以弥补监管空白，处置基层金融乱象和整治微观风险。郭树清（2019）提出中国银保监会加强自身能力建设，努力打造监管“铁军”，提升金融监管能力，完善改进监管方法和手段，发扬自我革命精神，敢于刮骨疗毒、壮士断腕，持续加大执纪反腐力度，打造一支忠诚、干净、担当的监管干部队伍。梁涛（2020）指出近年来，中国银保监会紧紧把握公司治理监管在银行保险业监管中的核心定位，持续完善公司治理规制，深入整治公司治理乱象，培育公司治理文化。党的十八大以来，以习近平同志为核心的党中央高瞻远瞩、审时度势，对推进金融业公司治理改革做出一系列重大决策和科学部署。

综上，中国银保监会为国务院直属事业单位，其治理存在特殊性。中国银保监会接受国务院的领导，人大法律监督和政协民主监督，严格遵循依法治理，治理层次较分明，治理行为较规范；中国银保监会具备行政型治理的特点，资源配置行政化，人事任命行政化，中国银保监会本部及其派出机构中的工作人员属于机关事业编制；通过政务公开接受群众的监督也是其治理的一大特点。

二、国家金融监督管理总局治理现代化相关研究

关于国家金融监督管理总局治理现代化的研究较少。张立洲（2003）在《走向混业经营之路：金融创新、金融结构与经营体制变迁研究》一书中指出我国金融监管机构要从多元化监管向一元化监管变革，从机构型监管向功能型监管变革，这一历程分为三个阶段，其中在第三阶段要建立一个适应混业经营要求的统一的中央监管机构，基本设想是将原已初具形态的监管协调委员会改革为国家金融监督管理总局，全面负责全国金融监管

工作，并且下设四个分局，包括银行监督管理局、信托监督管理局、证券监督管理局和保险监督管理局，进而实行跨行业、跨市场、跨产品的全面金融监管。这虽然与我国目前的金融监管格局不同，但其较早的设想为金融监管体制变革提出了新思路。

中共中央在2023年3月印发的《党和国家机构改革方案》中指出，国家金融监督管理总局是国务院直属机构，在中国银行保险监督管理委员会基础上组建，统一负责除证券业之外的金融业监管，强化机构监管、行为监管、功能监管、穿透式监管、持续监管，统筹负责金融消费者权益保护，加强风险管理和防范处置，依法查处违法违规行为。此外，国家金融监督管理总局接管中国人民银行对金融控股公司等金融集团的日常监管职责、有关金融消费者保护职责，以及中国证券监督管理委员会的投资者保护职责。

孔德晨（2023）指出，国家金融监督管理总局取代中国银保监会，可以突破原有中国银保监会的“银行”与“保险”的概念，将更多的机构囊括其中，无须再单独设置相关机构。2023年，国家金融监督管理总局党委书记李云泽在国家金融监督管理总局揭牌仪式上致辞时表示，一要始终坚持党中央对金融工作的集中统一领导，旗帜鲜明加强党的政治建设，不断提高政治判断力、政治领悟力、政治执行力，坚定不移走好中国特色金融发展之路；二要不断完善具有中国特色时代特征的金融监管体系、监管规则，全面强化机构监管、行为监管、功能监管、穿透式监管、持续监管，为构建新发展格局，推动高质量发展提供有力支撑和坚强保障；三要全面落实服务实体经济、管控金融风险、深化金融改革三大任务，依法将各类金融活动全部纳入监管，努力消除监管空白和盲区，大力推进央地监管协同，牢牢守住不发生系统性金融风险底线；四要切实转变监管作风，着力打造一支政治过硬、作风过硬、能力过硬的监管铁军（李林鸾，2023）。陈雨露（2023）建议要加强金融监管和金融法律体系建设，依靠制度和法治的力量筑牢金融运行的安全防线，实现常态化、全方位的强监管严监管，推动微观审慎监管和宏观审慎监管协同发力，加强行为监管和综合监管，重点关注技术进步、气候变化等引致的新型金融风险，促进中央和地方金融监管有序协调，依法将各类金融活动全部纳入监管。董少鹏（2023）认为，在金融市场监管上，要适应市场快速发展、融合发展、创新发展的趋势，补上监管机制短板，解决监管空白、监管套利、监管滞后等难题，将有限监管资源用到位，防止交叉监管导致的资源浪费，弥补跨领域、跨市场、跨业态监管的手段不足，解决因监管越位、缺位导致的衍生风险。

第四节　中国人民银行治理现代化研究

中国人民银行是我国的中央银行，是国务院组成部门，为正部级。本节针对中国人民银行治理现代化展开研究，分别论述中国人民银行内部治理现代化和中国人民银行外部治理现代化。

一、中国人民银行内部治理现代化研究

学者们对中国人民银行内部治理的现代化研究文献主要集中在内部审计和风险导向审计。

在内部审计方面，周学东（2012）认为，通过内部审计加强中国人民银行治理的方法主要有：（1）建立以治理为导向的审计模式；（2）深化和完善中国人民银行内部审计的类型；（3）改进审计手段提高央行治理效率。刘慧敏和陈宝卫（2008）认为中央银行内部审计部门通过对人民银行系统内各项业务的审查和评价，监督人民银行内部系统各职能部门、分支机构及其负责人依法履行经济职责和执行财经纪律的情况。程福垒（2016）认为，内部审计作为央行治理的重要机制和手段，能够从央行治理主体架构的四个方面发挥作用：（1）促进政府尊重央行的独立性；（2）发挥鉴证与监督作用，增强央行透明度；（3）发挥问责机制作用，改善内部治理；（4）服务央行内控及风险防范，强化组织内部管理。

实践表明，风险导向审计是内部审计发展的趋势之一，能够实现内部审计职能与中央银行风险管理、组织治理紧密结合。马新彬（2015）认为，当前确立我国中央银行内部审计部门风险导向审计模式具有良好的实践基础和制度环境，该模块包含了目标、流程和组织架构等多维度要求，需要在宏观、中观和微观三个层面渐进推动。林璟（2013）认为风险导向审计强调“风险引导审计”和“审计关注风险”，明确识别风险和判断控制有效性，是促进治理结构形成和有效运行的重要手段，在央行治理中发挥着重要作用。

二、中国人民银行外部治理现代化研究

关于中国人民银行外部治理现代化研究的文献较少，目前只有关于中国人民银行所处外部环境界定的研究。王建国、张安山和高煜（1997）提出，监督中央银行的外部环境主要包括：体制环境、专业银行环境、政府环境、财政环境、社会环境五方面。主要治理途径是：（1）营造外部监管

环境的“硬件”；（2）调动监管对象的积极性；（3）构建监管新格局，增强全社会对监管的关注度；（4）强化全社会对金融监管的法治意识。

综合上述内外部治理研究，本研究认为中国人民银行治理是基于现有监管格局，为了保证中国人民银行明确其职责，制定和执行货币政策，防范和化解金融风险，维护金融稳定所构建的一系列制度安排，主要分为内部治理和外部治理两个方面。

第五节　中国证监会治理现代化研究

中国证券监督管理委员会是国务院直属机构，依照法律、法规和国务院授权，统一监督管理全国证券期货市场，维护证券期货市场秩序，保障其合法运行。本节针对中国证监会治理现代化展开研究，分别论述了中国证监会职能角色与监管效果以及内外部治理现代化。

一、中国证监会职能角色与监管效果

目前有关中国证监会治理的基础研究主要集中在中国证监会的职能作用和角色定位以及中国证监会的监管效果两个方面。

就中国证监会的职能作用和角色定位来看，胡代胜（1995）认为中国证监会正在逐渐发展为我国证券、期货市场权威的集中统一的监管机构，中国证监会的角色获得了它应有的理性定位。高西庆和夏丹（2006）认为中国证监会对于反欺诈一般条款、反欺诈法乃至整个《证券法》（2019 年修订）的解释和发展起了关键作用。王建文（2009）认为中国证监会的主体定位原本就带有独立规制机构的色彩，而强化中国证监会的独立性乃世界各国的普遍趋向，因而我国也应强化中国证监会的独立地位，使其得以拥有区别于一般行政机关的独立职权及运作方式。在全面实行注册制改革后，中国证监会的角色有所改变，胡仕炜（2015）认为中国证监会即使在注册制下也不会仅仅起到登记的作用，反而要发挥更加强大的监管作用，打击可能出现的欺诈违法行为，只不过中国证监会要调整理念与方式，加大事后监管力度，减少没有必要的行政许可，增强市场活力，以应对市场带来的更大的挑战。舒米（2017）认为中国证监会正在进一步下放一线监管权，并将更多人力物力投入投资者保护与乱象严打当中。吕成龙和范良聪（2019）认为随着科创板的推出及制度完善，全面注册制的时代已经越来越近，中国证监会应及时转换其角色定位，从事先监管逐渐向事中、事

后监管转变。兰磊和陈岚（2020）认为在注册制改革的背景下中国证监会要强化市场的力量，就必须让权力下放，同时监管中心转向事后监管，注重对中介机构的培养。徐瑜璐（2020）认为注册制下，证监会监管权力回缩，证券交易所发行审核的权力和权利、市场主体的公司价值判断权利增多。注册制的落地标志着证券市场治理权能从行政控制迈向市场选择，为证券市场“他治”保留必要限度的同时，由“他治”向“自治”渐次过渡。在2020年6月18日的第十二届陆家嘴论坛上，中国证监会主席易会满谈到了未来资本市场改革的系列新举措，其中提到“尊重市场规律，不作行政干预”，这说明了要划清权力和个体的边界，理顺政府和市场的关系。

中国证监会主席易会满（2021）曾表示：“我们将坚定注册制改革方向不动摇，继续坚持稳中求进，坚持系统观念，扎实做好科创板、创业板注册制试点评估，完善注册制全流程全链条的监管监督机制。”在这一背景下，中国证监会的监督职能备受关注。

就中国证监会的监管效果来看，周龙、乔引华和韦佳（2001）认为中国证监会依照法律对证券市场和证券业实施全过程、全方位的监督管理，但由于中国证监会只是国务院直属副部级单位，不是国务院部委或总局级单位，加之现行组织结构的限制，监管的权威和效力无法充分发挥。吴越和马洪雨（2008）认为中国证监会监管权的定位不合理，未将对违法行为的查处定位为其工作的重点，其与证券交易所对证券市场主体直接监管权的重叠行使，不但没有产生有些学者指出的对证券交易所行为产生无形监督压力的积极效果，反而使其陷于本应属于证券交易所监管范围的日常监管，无力及时查处违法行为。吴勋和王彦（2017）认为我国证券市场审计监管趋向全面化和严格化，但仍存在行业监管法规不完善导致的问责机制偏软、处罚力度有限导致违法成本偏低以及处罚存在滞后性等问题，证券执法处罚的时效性与监管效能有待提高。

二、中国证监会内部治理现代化

在内部治理方面，洪艳蓉（2018）认为，我国证券监管治理在独立性和问责性上仍存在着一些显著的缺失和不足，主要表现为：组织性质名不副实及其行政化的治理缺陷、监管目标的政策化与市场发展的政策性波动、公众监督参与形式化、金融监管协调功能有名无实等。

针对以上问题，洪艳蓉（2018）进一步指出要明确证监会的法律地位，强化其内部治理并促使其监管职能去政策化。具体来说，明确证监会金融监管目标的优先次序，将投资者保护放在金融监管的首要位置，处理好金融监管与经济宏观调控、短期经济发展目标之间的关系，实施“成本—效益”约束下的预算安排，引入“成本—效益”分析方法，用于评估证监会进行的主要监管活动所取得的绩效，并要求在决算报告或年度报告中有所体现或做深度分析。

除此之外，内部问责程序在证监会治理中起着至关重要的作用，有学者指出，证监会应考虑尽快制定一套操作性强的问责程序和监管质量评价标准手册，便于监管人员履行职责（赵峰和高明华，2012）。

三、中国证监会外部治理现代化

中国证监会外部治理主要包括外部监督、信息披露等。吕成龙（2017）认为一个拥有广泛法律法规授权且得到有效监督的证监会，能够为应对资本市场监管挑战提供有力支持。郭东（2007）指出社会证券监督有其必要性与应然性，要发挥非营利组织（Non-profit organizations，缩写为 NPO）监管的优势，民间的自发参与是其基础，但国家的介入更是必不可少的“推手”。因此，白玉琴（2007）认为我国证券市场监管治理应在几个方面进行完善，其中建立多层次多功能的法律法规体系和减少政府干预是两大关键途径。李东方（2017）通过对典型国家和地区相关制度的考察，指出证券监管机构行使的证券监管权与政府监管权一脉相承，对中国证券监管机构的法律变革势在必行。具体而言，将中国证监会定性为法定特设监管机构，落实其委员会制度，在经费来源上将注册费用和部分交易费用以及其他费用收入作为证监会的经费来源，减少其对行政拨款的依赖，实现事权和财权相匹配，从而增强证券监管机构的独立性。

赵峰和高明华（2012）借鉴证券监管治理评估的国际经验并加入了独立设计的指标，构建了中国证券监管治理评估指标体系，未来还需要从独立性、责任性、透明度和监管操守四个方面加强监管治理。其中，要加强监管经费的信息披露，证监会应尽可能详尽、及时地披露监管经费的相关信息，便于接受公众监督，优化监管资金的使用，保护投资者权益。

马其家、涂晟和李敏（2015）借鉴巴西的证券监管改革经验，强调了独立性的关键作用，认为我国应该赋予证券监管部门更多的独立性，以加大监管执法力度，并提出积极与其他政府部门和自律组织开展监管合作，以提高监管执法效率。相似地，洪艳蓉（2018）认为，要构建证券监管治理中的独立与问责理念。以独立性和问责制为建制理念，结合监管机构产生的历史和晚近以来行政法改革对这类机构行使公共行政权的观念更新，还可以进一步明确在构建这类专门监管机构时应遵守的一些基本原则。除此之外，在监管视角下，还应建立比例原则下的行业立规权运作机制和完善的行业监督权保障机制，建立有效互动的金融监管协调机制，完善权力制衡理念下必要的金融监管监督。

四、中国证监会治理现代化研究总结

中国证监会的发展受到了社会环境的深刻影响，缪若冰（2020）认为在证券市场发展早期，中国证监会选择了行政先行，有着立法与司法层面的法律影响力，导致证券市场形成了“行政中心主义”；随着证券市场的发展，市场制度环境越来越具有影响力，并迫使中国证监会面临行政－市场双重制度环境下的合法性压力；要解决中国证监会面临的结构性挑战，必须去行政化。因此，中国证监会治理存在特殊性，属于典型的行政型治理，治理层次较分明。

在坚持行政型治理方式基础上，对中国证监会的现代化治理主要分为两部分，分别是内部治理现代化与外部治理现代化。其中，内部治理将通过加强绩效评估、内部问责等方式促进其去政策化进程；外部治理则从更完善的监管视角以及信息披露方面推进其现代化治理进程。

第六节　国家外汇管理局治理现代化研究

国家外汇管理局，是中国人民银行管理的国家局，组建于 1979 年 3 月，总局设于北京。本节针对国家外汇管理局治理现代化展开研究，首先梳理了国家外汇管理局内部审计现代化发展进程的相关文献和学者观点，其次介绍了国家外汇管理局外部治理现代化中关于外部监督和信息披露的相关研究。

一、国家外汇管理局内部审计现代化

目前关于国家外汇管理局治理的研究相对较少，仅有部分学者对外汇局的内部审计进行了研究。

早在 1989 年，加强各级外汇管理局自身建设便被视为一项重要任务，并开始在外汇管理系统内部进行外汇管理业务稽核工作（薛颖，1989）。吴涛（2016）认为外汇局的内部审计工作与国际发展趋势仍存在不小差距，如何顺应形势、找准不足、主动转型，是一个值得深入研究的课题。外汇局存在的主要问题包括：内部审计的独立性不够、内部审计模式难以适应

形势发展、内部审计后续工作重视不足、内部审计方法和评价标准有待规范、审计人员素质有待进一步提高，并相应提出了以下建议：加快内审工作转型，加强内审人才队伍建设，提高内部审计的独立性和客观性，加强审计方法创新，提高内部审计效益，强化内部审计成果的利用转化。

刘赛英（2019）认为基层外汇局在审计过程中仍存在一系列问题：缺少专门的审计程序制度、缺乏指导性审计计划、审计工作底稿不规范、审计事实确认不严谨、后续审计不到位，基于这些问题提出了以下建议：制定专门的外汇局审计操作程序，完善审计计划的编制程序，完善审计工作底稿编制程序，缩减部分审计文书，加强后续审计程序。

潘功胜（2019）提出，随着我国高水平开放对资本项目可兑换要求不断提高，我国传统以合规监管为主的外汇管理方式，已不能适应开放形势发展需要，亟须在总结 2015 年以来防控跨境资本流动风险冲击经验基础上，引入宏观审慎管理的视角和机制，加快建立并不断完善跨境资本流动“宏观审慎+微观监管”两位一体管理框架。

国家外汇管理局内部治理主要是指国家外汇管理局治理结构与相关制度安排。绩效审计是一种对公共管理部门管理资源的经济性、效率性和效果性进行监督与评价的审计方式。基于此，宋且生（2013）指出，外汇管理局绩效审计具有缺乏理论研究、绩效标准不明确、没有指导性规则以及队伍素质综合性不足几个难点，并针对以上难点提出了建议，分别是：营造良好的内部审计环境，制定绩效审计准则和操作指南，建立科学合理的绩效评价指标体系，通过培训等提升审计人员的综合素质，同时倡导学界积极开展绩效审计的研究。

在全面深化改革的背景下，经济新常态对外汇管理内部审计工作的人员业务素质、外汇主体监管和对内审服务涉外经济提出了新的挑战。叶兵和杨奉宇（2016）认为，要主动适应新常态、发挥外汇管理内部审计作用，就要优化审计成果运用的环境，完善内部审计业务流程机制，并进一步强化内部审计咨询服务功能。

绩效审计在外汇管理治理中至关重要。李向东和王哲良（2020）指出，目前仍存在审计方式固化未能转变、人员素质与审计方式难匹配、外汇绩效审计标准难确定的问题，建议出台外汇绩效审计规范性文件及操作指引，明确审计方法、审计程序、审计范围、评价指标及各指标所占份额和档案资料留存等各项规范，形成统一的绩效审计体系，提高绩效审计工作效率。

曹茜娟和王大贤（2021）将区块链技术融入外汇管理内部审计工作中，通过采集区块链数据，开展数据分析处理，根据审计数据分析报告推动整改。然而，作者进一步指出，在这一过程中，也要注意加强外汇管理内部审计信息保密机制建设、外汇管理区块链审计的顶层构思和设计、深入推进跨部门信息授权共享、深入推进新技术服务外汇管理改革以及持续优化跨境金融服务水平。

二、国家外汇管理局外部治理现代化

国家外汇管理局外部治理主要包括外部监督、信息披露等。外部监督主要是指来自国务院及其下属机构（如国务院金融稳定发展委员会）和中国人民银行等主体的领导、指导和监督以及来自新闻媒体、社会公众的监督，以保证国家外汇管理局工作人员依法、公正、廉洁、有效地履行职责。信息披露主要是指国家外汇管理局及其分支机构政府信息公开，包括政府信息公开指南、政府信息公开制度、法定主动公开内容、政府信息公开年报、依申请公开等。

第七节　地方金融监督管理局治理现代化研究

本节针对地方金融监督管理局治理现代化展开研究，分别论述了地方金融监督管理局治理结构现代化和地方金融监督管理局治理机制现代化两个方面。

一、地方金融监管局治理结构现代化

地方金融监管机构同时肩负着发展和监管地方金融的责任，在监管实施过程中还要兼顾地方政府的政绩诉求，其监管主体的独立性有待加强（陆岷峰和欧阳文杰，2020）。从各省地方金融监督管理局公开的机构职能和部分已出台的地方金融规范性文件来看，不同于中央监管部门，地方金融监督管理局同时担负着促进地方经济和规范地方金融的双重使命，而发展与监管目标之间存在一定的内在矛盾（吴曼华和田秀娟，2020）。

从治理制度安排内容角度，地方金融监督管理局治理包括治理结构与治理机制两个方面。地方金融监督管理局治理结构涉及金融监督管理局组织机构、领导人员配置等，地方金融监督管理局治理机制涉及来自国家金融监督管理局层面的监管与指导、地方政府的领导、纪检监察、决策机制、内外部审计、领导人员考核与晋升、政务信息公开等。

对于地方金融监管双重领导体制，李有星和潘政（2023）指出我国目

前已经在地方金融领域初步建立了中央和地方分权监管的双层监管体制，这是国家金融集权和分权矛盾中的平衡点。然而，该体制目前仍然存在地方政府缺乏畅通渠道表达主张的“单线联通”、监管权责配置不平衡等问题。我国地方金融双层监管体制的完善，需要依托其赖以生存的政治背景、国家管理体制。目前较为理想的做法是由国务院金融稳定发展委员会办公室承担相关业务主管职能；省级地方政府设置地方金融监管部门履行监管职能，并根据当地实际情况，建立起市、县（区）的属地一线监管体系；地方金融监管部门在业务上受上级地方金融业务主管部门指导，在行政关系上归地方政府领导，实现“条条管辖”和“条块分割”的有机结合。

以上海银保监局为例，上海银保监局始终牢记金融服务实体经济的天职和宗旨，加强改革创新实践，在助力上海加快建设具有世界影响力的社会主义现代化国际大都市进程中，推动实现监管和行业自身高质量发展。上海银保监局紧紧围绕中国式现代化的五个特征，着力聚焦“五个服务”，发挥上海“开路先锋、示范引领、突破攻坚”的作用，以中国式金融监管助推中国式现代化（王俊寿，2023）。

二、地方金融监管局治理机制现代化

协调央地监管、加强问责等是促进地方金融监管局治理现代化的有效机制。随着新一轮金融监管改革的启动，苏扬（2018）指出，要坚持在行政改革的基本框架下，以完善监管协调机制为重点，强化中央与地方两个层面的沟通协调，进一步压实地方金融监管主体责任，引导社会公众积极参与金融事务，不断增加金融治理主体之间的相互信任。丁涵（2020）对地方金融监管协调机制的完善进行了探究，指出当前金融监管存在中央对地方监管机构的授权不明确和横向跨行业、跨区域的监管协调机制不完善的问题，认为要完善立法，将中央、地方金融监管权限区分开，同时应当搭建中央、地方协调机制，消除监管分割问题。另外，从组织机构完善、明确协调机制工作类型、建立配对的如信息共享等协调机制入手，能够有效加强地方金融监管机制建设。

王颖（2019）基于金融监管治理理论，指出金融监管问责机制应当是一系列制度的组合，本质上是监管监管者的一种机制，是对金融监管权的制衡，可以通过明确问责主体、健全监管者问责实施办法与常态化的问责机制构建我国地方金融监管问责机制。

刘辉（2021）认为，基于剩余监管权理论而建立的传统地方金融监管权面临着权力属性与边界不明、权力主体设立和权力运行手段法治保障不足、监管方式滞后以及对金融结构法律调制的忽视等方面的问题。在金融供给侧结构性改革的大背景下，应以结构金融法理论规范和指引地方金融监管权的法治化重构。具体举措包括：以“监管本位”思想重塑地方金融监管主体和权力结构，运用“监管沙箱”等试验性监管方式推动地方金融创新发展，完善金融监管协调机制统筹金融结构的法律调制等。

王琳（2021）同样指出，地方金融监管实践中仍存在监管职能分散、监管边界不清、多头监管、协调机制运行不畅等问题。作者认为，现代金融监管体系的构建不仅依赖于行政监管，亦需要充分激励被监管主体主动自我监管，提升自我监管能力，鼓励其在控制自身风险的情况下多元化发展。

第三章　银行业存款类金融机构治理现代化研究

作为银行业金融机构的重要组成部分，银行业存款类金融机构是指由国家金融监督管理总局监督管理的，吸收公众存款的金融机构。我国的银行业存款类金融机构主要包括银行、财务公司、农村资金互助社、农村信用合作社和城市信用合作社。其中，城市信用合作社经过治理整顿，多数改制为城市商业银行，少数被撤销而退出市场，2012 年城市信用合作社退出了历史舞台。本章对上述五类银行业存款类金融机构治理现代化研究展开论述。

第一节　银行治理现代化研究

作为金融体系最重要和历史悠久的金融机构之一，银行治理现代化一直是学者们持续关注和不断推进研究的领域。银行作为一种特殊的经济组织为经济发展提供动力，不仅要追求利润最大化，而且要将自己的风险降到最低。银行经营的多重目标性，决定了银行治理理论不能等同于一般的公司治理理论。随着金融业的持续发展和金融体制改革的不断深化，银行业参与主体多元化，业务范围不断拓展，创新性、交叉性金融产品不断涌现，商业银行运行与金融监管实践均发生巨大变化，给银行治理现代化带来了挑战。商业银行的治理能力提升是一个持续不断的过程，而且会在实践中不断得到提升与成长。完善的公司治理是商业银行规范化运作的机制保障，是确保商业银行稳健经营和健康发展的关键，是商业银行核心竞争力的来源（郭少泉，2018）。银行治理现代化主要集中在治理机制、治理风险、现代化改革和发展展望等方面，学者们从公共治理、公司治理、治理环境等多个角度对银行治理问题进行分析。

一、政策性银行治理现代化研究

政策性银行是指由政府创立，以贯彻政府的经济政策为目标，在特定领域开展金融业务的不以营利为目的的专业性金融机构。政策性银行包括国家开发银行、中国进出口银行和中国农业发展银行。

刘力和王伟（2014）对我国政策性银行治理结构的演进与优化进行了研究，提出优化我国政策性银行治理结构的三条基本途径。第一，政策性银行内部治理的优化，具体来说包括明确产权国家所有制度、推进理事会建设和建立合理的激励约束机制。第二，政策性银行外部治理的优化，具体来说包括建立有效的政府监督机制、强化监事会的监督职能和建立信息披露制度。第三，完善政策性银行治理结构的制度保障：一方面，要加强政策性银行立法建设。设计我国相关政策性银行法，首先要明确政策性银行目标，使其业务领域合理地覆盖弱势群体，在需要的领域设计合理的政策性银行业务。其次应通过立法手段厘清政策性银行的合理定位，明确政策性银行的经营运作模式，以便于完善政策性银行治理结构。另一方面，建立科学的政策性银行绩效评价体系。这是政策性银行内外部监督和信息披露的基础。政策性银行具有财政和银行的双重属性，经营的目标是国家利益与社会经济效益，也就是在经济有效性的基础上实现国家目标。因此，对政策性银行的考核不应该只看经济指标，首先应该注重社会效益的实现程度。

李汉光（2009）基于中国农业发展银行自身不同于银行企业的特点，认为中国农业发展银行治理具有公司治理目标更加注重社会效益、公司治理重点强调风险防控和信息不对称问题非常突出的特殊性，并提出了明确国家所有者代表、完善激励机制和加强公司治理外部环境建设的政策建议。

郑建库（2017）总结了我国政策性银行的公司治理现状，发现 1994 年成立后，三家银行对内部治理进行了梳理和完善，虽然都推行了董事会制度，但只有开发银行在其股份制改造后才开始运作，并组建了内部监事会。另两家政策性银行实行外部监事会制度，其中进出口银行在董事会成立后即停止了运作，农业发展银行则实行行长负责制。目前我国的三家政策性银行都建立了完整的分支机构网络体系，改革方案都坚持实行外部监事会制度，以建立现代公司治理体系下的董事会为导向。

武建华（2021）认为现代公司治理是政策性银行持续创造价值的基本保障，优化价值管理是政策性银行可持续经营的根本途径，深化经营改革是政策性银行可持续发展的长远之路。同时，要加快推进政策性银行金融科技应用发展，用金融科技赋能创新发展，加快政策性银行数字化转型应用。

郭定方（2023）基于党的二十大报告中高质量发展是全面建设社会主义现代化国家的首要任务，指出商业银行作为服务经济社会发展的重要力量，其自身的高质量发展对精准服务实体经济意义重大。完善的公司治理是商业银行规范化运作的机制保障，更是商业银行核心竞争力的重要来源之一。

二、商业银行治理现代化研究

（一）商业银行治理现代化框架研究

随着金融市场的繁荣和金融全球化，商业银行治理越来越受到广泛关注。20 世纪 80 年代，涌起了一股全球性的公司治理热潮，在银行研究领域，这两个词也被更多地联系在一起。在商业银行治理现代化框架研究方面，有学者建立了商业银行公司治理模式的分析架构，也有学者针对银行自身的特殊性对治理机制的影响进行了研究。

李维安和曹廷求（2003）针对商业银行治理在公司治理方面的特殊性，结合我国的特色，指出我国商业银行治理的一般模式和一般架构，如图 3-1 所示：（1）商业银行的公司治理应更多地关注利益相关者的利益，而不能仅仅局限于股东本身；（2）商业银行公司治理的目标不应仅仅是公司价值的最大化，还应包括商业银行本身的安全和稳健；（3）由于外部治理机制的作用有限，商业银行治理机制的设计应偏重内部治理机制，有选择地审慎运用外部治理机制。

李维安和曹廷求（2005）从商业银行的特殊性出发，认为商业银行在合约、产品和资本结构等方面所表现出的诸多特殊性对银行治理机制产生了深远的影响，把握金融中介和商业银行自身的特殊性是研究银行治理的关键。

山东大学银行治理研究中心曹廷求教授（2010）对商业银行治理的研究进行了回顾与展望，并就当前银行治理理论研究和我国银行治理实践问题进行了总结和阐述。他将目前商业银行治理的研究分为三个阶段，第一阶段的特征是将商业银行等同于一般工商业公司，将公司治理理论直接应用于商业银行。第二阶段的特征是从商业银行（区别于一般工商业公司）特殊性出发，研究商业银行公司治理的特殊性。第三个阶段的特征为从金融中介等基础理论出发，研究商业银行公司治理问题。

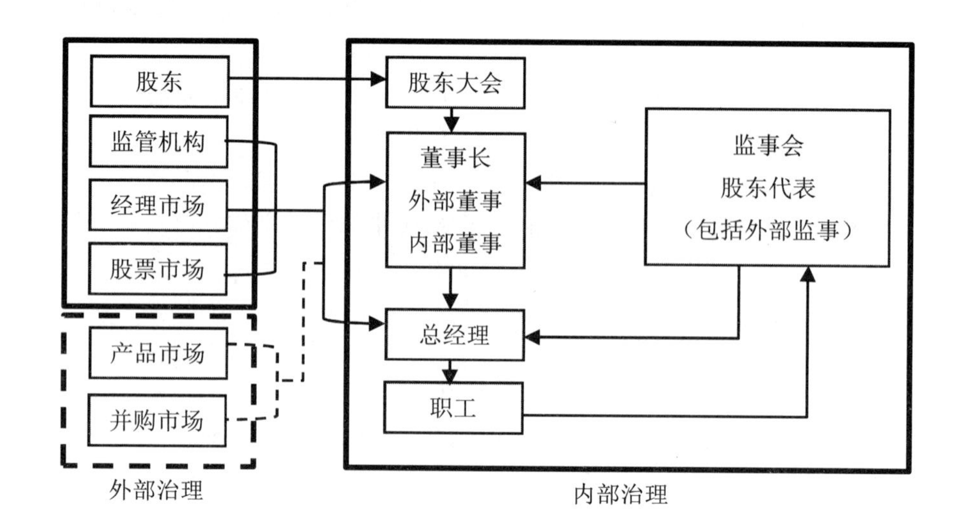

图 3-1　商业银行公司治理的一般架构

资料来源：李维安，曹廷求. 商业银行公司治理：理论模式与我国的选择[J]. 南开学报，2003（01）：42-50.

韩立岩和李燕平（2006）、邓杰（2015）对商业银行治理的特殊性进行研究，认为相比于一般公司治理，银行治理的特殊性主要表现为：经营目标特殊、委托代理关系复杂、存款保险制度的负激励、市场及竞争程度特殊、外部管制严格、资本结构高负债、银行业的并购成本大大超过一般公司等。同时，按银行类型不同，银行治理又可分为商业银行治理、村镇银行治理、政策性银行治理等，不同类型的银行治理各有其特点：商业银行治理是银行治理的重点，其他类型银行治理的特殊性往往也是基于与商业银行治理的比较展开，商业银行面临着盈利和控制银行风险双重目标，存在多重委托代理关系，且缺少外部债权的专家式监督，监管机构应该加强对商业银行风险的监管，风险控制委员会与内部稽核部门的构建应作为内部治理的重中之重。在双重委托代理关系下，村镇银行必须在营利性、合规性（银行风险防控）和政策性（“支农支小”）三重任务之间进行权衡，村镇银行治理特殊性包括：主发起人制度，即监管机构规定，必须有一家符合监管条件、管理规范且经营效益好的商业银行作为主要发起银行，并且单一金融机构的股东持股比例不得低于 15%；村镇银行规模较小，要求村镇银行达到一般商业银行的监管水平往往很难，反而会增加村镇银行的运营成本；村镇银行面临人员成本高，专业人才少的问题，照搬一般意义上商业银行公司治理结构会给村镇银行运营带来较大成本等。由于政策性银行是政府创立的不以营利为目的的专业性金融机构，承担了贯彻落实政府经济政策的职责，所以政策性银行治理要考虑其特殊性，例如在治理目标方面，政策性银行以社会效益为主，商业性银行以经济效益为主；在产权结构方面，政策性银行为国家所有或控股，商业性银行产权结构呈现多元化；在外部监管方面，政策性银行为特殊金融监管，商业性银行为一般金融监管等。

（二）商业银行内部治理现代化研究

关于银行的内部治理，有学者结合外部监管与内部治理进行分析，也有学者针对内部治理对银行绩效影响进行分析，还有学者针对银行风险的影响因素进行了研究。

关于银行内部治理与银行绩效的关系，魏华和刘金岩（2005）通过对山东、河南两省商业银行调查数据的实证分析发现，第一大股东的国有性质和股权集中度与银行绩效负相关，外部董事比例和监事会功能与银行绩效正相关，从而得出结论：建立有效的银行内部治理机制不仅能完善商业银行风险控制，而且能促进其稳健经营与可持续发展，从而有利于银行绩效的改善。

潘敏（2006）围绕外部监管与银行内部治理的替代和促进作用展开研讨。通过中国银行业的经验证据，潘敏认为，相比于制造业企业，我国商业银行拥有较大的董事会规模，但独立董事比例、第一大股东持股比例和管理层持股水平均较低。这表明，银行业的内部治理机制较弱，所能发挥的内部监督作用有限；作为外部监管代理变量的银行风险程度变化与银行绩效变化显著负相关，自有资本充足水平变化与银行绩效变化显著正相关。而反映银行内部治理水平的董事会规模、独立董事比例等指标对银行绩效的影响不显著。所以现阶段，中国银行业的外部监管在一定程度上替代了银行内部治理，在保证银行安全稳健经营的同时，有效促进了银行绩效的提升。潘敏认为需要进一步完善商业银行内部治理机制，特别是应强化董事会在内部监督中的功能和作用。内部治理机制构建和完善是一个长期的过程，当前仍要充分发挥外部监管在银行治理和风险管理方面的作用。

关于内部治理，对大股东道德问题的防范也是一个值得注意的问题，祝红梅和郑六江（2021）通过梳理中小银行大股东治理风险相关文献，从银行业特殊性、股东治理的风险、如何防范大股东治理风险等方面总结主要观点与结论。银行业特殊性使得大股东承担风险意愿较强，且可能直接“掏空”银行。银行公司治理机制间相互影响，银行监管是银行整体治理机制的重要组成部分，对银行整体治理效果有重要影响。因此，防范中小银行大股东道德风险，需要从强化监管、形成良好的股权结构、影响大股东风险承担意愿、限制可能的“掏空”行为等方面进行综合考虑。我国中小银行类型较多，对各类银行机构存在的主要问题，要有针对性地弥补治理短板，综合考虑整体治理机制对大股东的激励约束作用，有效防范大股东道德风险。张吉光和朱柯达（2019）的研究表明，良好的公司治理是商业银行稳健发展的基础。中小银行由于特殊的起源和发展历程，其公司治理更为复杂，面临的困难较多，需给予重点关注。王炯（2022）指出健全有效的公司治理是银行的核心竞争力，也是银行持续稳健发展的根基。对比先进银行，中小商业银行在公司治理方面存在较大差距。公司治理与银行经营好坏具有内在的逻辑关系。公司治理不健全甚至形同虚设，对经营绩效会产生持续的负面影响，最终将银行拖入破产倒闭的境地。

关于银行绩效评价，除了结合内部治理，还有学者对公司治理和绩效的关系做了较为细致的研究。赵昌文、杨记军和夏秋（2009）利用 2005 年和 2006 年度国有控股商业银行、股份制商业银行与地方城市商业银行三类商业银行的年报数据，研究了中国商业银行公司治理与绩效之间的关系，得出三点主要结论：（1）商业银行的政府持股比例与银行业绩之间存在显著的倒 U 形关系；（2）董事会规模与银行业绩之间存在显著的倒 U 形关系；（3）具有金融从业经验的独立董事真正改善了公司治理，显著提高了银行业绩。作者认为传统的公司内部治理机制依然适用于中国的商业银行，但内部治理机制真正有效地发挥作用还需要外部治理环境的不断改善，而中国转型期的经济背景和银行业的特殊性决定了外部治理环境的完善需要一个过程。

李维安（2010）回顾了近几年商业银行改革带来的内部治理和外部治理机制的变化。内部治理机制的变化主要表现为：股权治理主体的多元化，境内外战略投资者、境内外机构投资者和自然投资者成为银行治理的新主体，使得治理的边界从“共有产权”的模糊状态逐渐变得清晰；股东权益的治理得到了显著改善；董事会的治理状况虽然波动较大，但总体在提高。外部治理环境的变化表现为外资银行、股份制银行以及城市商业银行快速发展，对原本占有绝对优势地位的国有银行形成实质性的竞争压力，外部市场治理机制开始发挥作用。

邹玲、许丽烨和曾金萍（2017）从商业银行公司治理的股权结构、董事会治理、监事会治理及高管激励机制四个方面进行实证检验，认为相对集中的股权、较为完善的独立董事制度和监事会规模有利于提高城市商业银行的经营绩效。然而，国有控股股权、不合理的董事会规模与银行经营绩效不存在显著的联系。另外，我国城市商业银行的高管激励机制在提高银行经营绩效的过程中没有发挥应有的作用。

从外部治理角度，张东宁（2018）指出，规范、有效的公司治理是商业银行形成有效自我约束、树立良好市场形象、获得公众信心和实现健康可持续发展的坚实基础。党中央高度重视金融机构公司治理，强调深化金融改革，推进金融业公司治理改革是维护金融安全的重要任务。吴学民（2021）指出，近年来商业银行积极将党的领导融入公司治理，通过强化党的领导，弥补治理缺陷，改善治理机制，提升治理能力。

从数字化角度，张庆君和陈思（2022）研究数字经济、银行数字化投入与银行治理的关系，认为银行数字化投入的增加有利于改善银行治理，银行管理者的非理性程度、管理层代理成本以及技术效率会影响银行数字化与银行治理之间的关系，非国有银行数字化发展更有利于银行治理水平的提高，数字经济发展、银行融资成本的上升、资产收益能力的提高以及非利息收入的降低有利于促进银行进行数字化转型。

（三）商业银行外部治理现代化研究

对于银行的管制，潘敏（2006）认为，企业的公司治理机制不仅受国别因素的影响而呈现出不同的治理模式，而且受行业特征的影响而呈现出差异性。银行业严格的市场准入、产品及经营范围管制既限制了大股东在公司治理中的机能，也削弱了外部市场竞争机制的作用；存款保险、中央银行担保和资金援助等危机预防和救助机制不仅增强了银行股东和经理层的风险选择倾向，而且对管理层的报酬激励补偿机制产生了影响。管制下的商业银行公司治理所要解决的关键问题是股东与债权人、股东与监管者之间的利益冲突。在商业银行的公司治理中，外部治理机制的作用非常有限，内部治理是其核心。管制和监管作为外部治理的替代机制在银行公司治理中发挥着重要作用，但严格的银行管制并非有利于商业银行公司治理效率的提高。

林川和曹国华（2014）通过实证检验讨论了盈余管理、社会责任、外部治理与银行创新能力的关系，发现盈余管理会对银行创新能力产生明显的不良影响，社会责任会对银行创新能力产生促进作用，而外部治理对银行创新能力的影响并不明确；考虑内外部治理的中介性，发现内部治理效果会削弱盈余管理对银行创新能力的负面影响。进一步研究发现，股份制商业银行的创新能力最强，其次为城市商业银行，创新能力最差的为农村商业银行；在城市商业银行中，社会责任履行在削弱盈余管理对银行创新的破坏性中起到的恢复作用最强，但社会责任在农村商业银行中却未能产生良性的作用。

从资本监管与银行风险承担的角度，顾海峰和闫君（2020）认为，资本监管会抑制银行风险承担，资本监管的趋严促使银行减持风险资产进行资本补充；资本监管对股份制银行、国有大型银行与城农商行风险承担的影响力度依次递减。货币供给增速的放缓将降低银行存款吸收能力，由此加大银行流动性风险，货币供给对银行信贷存在制约效应；经济增速的下调将降低企业盈利能力，由此加大银行风险承担，银行存在顺周期放贷倾向。

从政治治理应用的角度，牛锡明（2017）分析，自 2005－2010 年改制上市以来，中国大型银行集团已初步构建了党委核心领导与“三会一层”现代公司治理有机结合的具有中国特色的大型银行集团公司治理体系。张春煜、肖华和石静雯（2022）认为，近年来国有大型商业银行在公司治理中引入政治治理，形成党的建设与公司治理相互融合、相辅相成的现代公司治理模式。这有利于落实党和国家的重大方针和战略部署，克服西方治理模式中过度关注短期利益的弊端，实现在党的领导下广泛凝聚各方共识，增进团结协作，促进大型银行在追求经济效益的同时兼顾各相关者利益，从而推进自身长远发展与稳健运行，助力经济的高质量发展。

从治理效率的角度，严琛（2022）指出 2003 年以来，中国银行业，尤其是城商行，迎来了高速发展阶段，一些地方城市信用社通过吸收合并等方式，整合形成省级城商行，同时经由市场化资源整合，城商行开始引入战略投资者，并通过增资扩股、公开上市等方式补充资本，建立起市场化资本补充渠道。许建平（2020）指出，经过长时期的努力探索，城商行的公司治理水平有了长足进步，但受到各方面因素的制约，其公司治理问题仍然较为突出。进入新时代，城商行要正视不足，更新理念，有效权衡复杂的利益相关者关系，在公司治理中做到各治理主体的有效制衡，促进公司治理能力的全面提升。李晓庆、杨帆和朱苏祺（2021）认为，为了满足资本监管要求，过高资本充足率反而制约公司治理效率对银行绩效的提升作用。提高信息披露程度，可以加强公司治理效率与银行绩效的正向提升作用。对城商行而言，地方财政压力的增加会弱化公司治理效率与银行绩效间的正向关系，这种弱化作用在 2015 年之前以及在非上市城商行中表现明显。

从经济政策角度，黄大禹、凌丹和邹梦婷（2022）认为经济政策不确定性会拉升银行机构的不良贷款率，损害业务核心竞争力，并降低盈利能力，由此导致了银行机构的经济绩效降低。通过对“内部—外部”治理因素的探讨发现，在银行内部较高的治理水平、银行外部较好的市场化环境下，经济政策不确定性对商业银行绩效的负面冲击会有所减弱。

从会计信息披露角度，张淑彩（2021）表示要消除信息不对称的消极影响，就需要一种机制来协调，而商业银行会计信息的生成和传递成为银行契约履行的监督机制，其必将影响利益相关者的利益分配格局，对利益相关者的决策产生影响。

从 ESG 治理[①]角度，贾琛（2022）指出 ESG 被认为是一种促进全球经济、社会和环境稳定的通用话语体系，同时也被视作赋能高质量可持续发展的重要抓手。随着国家“双碳”目标的确定和推进，越来越多的商业银行把提升 ESG 表现作为重要战略任务。但客观来看，我国商业银行的 ESG 实践尚处起步阶段，如何快速获得与新发展格局相适应的 ESG 治理能力，是摆在商业银行面前亟须解决的现实问题。这一过程中，商业银行需要主动对传统公司治理作出适应性调整和完善。

从地方银行治理角度，彭彦曦（2020）根据党的十九届四中全会报告指出地方银行亟须完善公司治理体系，提升公司治理能力，以此构建特色化的公司治理模式，增强核心竞争力，加快高质量转型发展步伐。

从中小银行治理角度，田雷（2020）的研究表明，一些中小商业银行出现系统性风险问题，根源在于其公司治理中的制衡机制严重缺失，国企深化改革对国有中小商业银行法治化公司治理提出了要求。国有中小商业银行是服务实体经济、防控金融风险、深化金融改革的重要责任主体，承担响应国家宏观政策、国有金融资本保值增值、维护利益相关者权益等法定义务。俞敏（2020）指出在中国，也应当体现出有中国特色的模式，即将党的领导内嵌于公司治理之中，强化中小银行党的建设，巩固党委（党组）在公司治理中的法定地位。刘任重和李栋（2023）结合中小银行治理的特殊性和风险暴露特征，将内部治理结构和外部治理环境的缺陷以及二者之间缺乏有效协同作为主要风险源，在“风险源—风险偏好—行为选择—风险结果”的框架下分析了中小银行治理风险的传导机制，最后提出“内外兼修”“协同共治”，优化完善中小银行治理体系、提升治理效能的政策思路。

---

① ESG（Environmental, Social and Governance）治理又称为环境、社会和治理。在概念界定方面，目前学术界没有明确的 ESG 定义，甚至有学者认为 ESG 就是环境、社会与治理三个相互独立要素的简单加总。郝臣等（2022）较早尝试给出 ESG 的具体定义，认为 ESG 本质上是关于环境、社会与治理的一系列理念、行为准则或者标准，同时他们还认为 ESG 是一套行业的逻辑体系。

三、银行治理现代化研究总结

综合上述研究，本章认为银行治理是指为了规范银行行为，促进银行规范经营和健康发展，保障银行股东、客户和其他利益相关者的合法权益而设计的一套正式或非正式、内部或外部的制度安排。银行治理包括内部治理和外部治理两方面。

银行内部治理主要是指银行治理结构与相关制度安排，包括股东与股东（大）会、董事与董事会、监事与监事会、高级管理层、内部控制、风险管理、内部审计和合规管理，可以有效发挥决策机制、激励约束机制、监督机制等内部治理机制的作用。

银行外部治理主要包括监管机构监管、信息披露、媒体监督、各类市场约束等，以确保银行规范稳健经营，维护市场参与者与社会大众的利益，保证银行业的有序健康发展。

从政策性银行治理现代化的角度，要提高政策性银行效率，完善制度建设是关键，必须始终贯彻优化政策性银行治理结构的主线，转变政策性银行的营利模式。从商业银行治理现代化的角度，要建立有效的内部治理和外部治理机制，促进商业银行的稳健经营与可持续发展；同时，随着数字经济的发展，商业银行应当积极探索银行数字化发展道路，以金融科技赋能银行治理，推动银行治理水平的提高。

第二节　财务公司治理现代化研究

目前，很多学者都对公司治理进行了研究，而关于财务公司治理的研究则相对较少，由于财务公司往往隶属于企业集团，因此，学者对财务公司治理现代化的研究往往集中于企业集团的公司治理、管理模式、权力制衡等方面。本部分也主要是从企业集团治理的角度来梳理国内外关于财务公司治理的文献，对财务公司如何优化治理结构、提高治理效率、加强风险管理能力进行总结。

一、企业集团权力分配研究

从企业集团权力分配的角度，袁琳和张宏亮（2011）以国内 10 家财务公司为例，对中国财务公司治理情况进行了分析。作者通过访谈调研的方式研究后发现，财务公司治理中的相关风险最终是由财务公司的董事会与企业集团的董事会来承担的，而集团董事会对这些风险的责任往往被弱化，并进一步指出很多财务公司的股东结构有待优化。任梦杰（2016）认为财务公司治理过程中，为了提升集团的管控水平，确保资源的有效配置，企业集团应该将更多的投融资决策权、财务预算监督权以及风险管理权适当地下放给财务公司，但是一旦下放的权力过多，企业集团董事会、财务公司董事会的决策权以及相关的责任分配都将受到挑战。吴秋生和黄贤环（2017）在研究财务公司具体职能对上市公司融资约束的影响中发现，相较于终极股权结构层级较高组样本，财务公司职能对较低组样本公司融资约束有更显著的缓解作用，因此企业集团应该在法律法规规定的职能范围内积极设立或不断完善财务公司职能。

二、治理结构研究

从治理形式的角度，贾灵强（2023）认为财务公司属于非银行金融机构，由企业集团发起设立，主要服务于企业集团内部成员企业、集团上下游企业的金融需求。通过财务公司，企业集团能够统筹规划集团负债、降低财务成本，进而加强集团资金的集中管理，提高资金使用效率，但如果财务公司出现经营风险，会自动触发企业集团对财务公司的救助义务，将风险传递给企业集团及成员企业，形成风险连锁反应，成为“放大器”。财务公司股东数量少、股权结构简单、业务结构相对单一，当前大多数财务公司难以满足设立独立董事的要求。若设置独立董事并且满足准则要求的最低独立董事人数会面临合规成本、运营成本较高的问题。此外，有关同一股东提名独立董事和非独立董事的限制、同一股东提名董事和监事的限制等规定，也加大了实践操作的难度。刘则福和兰桂红（2011）认为，财务公司应做实董事会，创新法人治理结构：为保证董事会集体决策和及时决策，杜绝内部人控制现象，公司董事会下设董事会执行委员会；为保证董事会科学决策和真懂事善决策，公司董事会下设各专业委员会。高曦、纳鹏杰和李昊承（2014）重点对财务公司治理中的董事会治理进行了详细研究，认为目前中国的财务公司董事会人数设置不合理、董事会也缺乏独立性，并且独立董事履行责任不足，董事会中也缺乏专业的审计委员会，而董事会治理上的这种不严谨很容易影响到财务公司治理水平。胡伏秋（2021）则提出构建“五会一层”中国特色财务公司治理结构，充分发挥党委会的领导作用、股东会的权力机构作用、董事会的决策作用、监事会的监督作用、职代会的民主管理作用，着力打造独特治理优势，提升公司的抗风险能力。

三、财务公司与母公司关系研究

从财务公司与母公司关系的角度，戴璐和吴志华（2007）通过分析企业集团与财务公司之间的关系，认为企业集团的管理模式、代理冲突、治理效率等都会对集团内部的财务公司产生影响。同时，作者还发现企业集团内财务公司治理是否能发挥效应的关键是能否建立一套完善的绩效评价体制，以此来进一步提升财务公司的治理水平。严李浩（2011）则认为从组织架构上看，财务公司虽然是一个独立的法人主体，但是隶属于企业集团，并且财务公司的董事会、监事会、经营层的相关人员往往是集团内部人员，所以企业集团的相关制度会制约财务公司。袁琳和张伟华（2015）从集团管理控制方式入手，考察集团对财务公司风险的控制效果，以深入检视集团管理控制对财务公司风险管理的作用，研究发现集团对财务公司风险考评尚不完善，部分企业未建立覆盖全集团的风险管理信息平台，集团直接或间接影响财务公司信贷决策等问题。由此可见，企业集团的管理模式影响到了子公司以及财务公司的治理水平。

四、治理效率研究

从治理效率的角度，李慧（2013）通过分析财务公司的治理情况，认为企业集团有必要利用财务公司的金融特性以及相关的平台，对集团内部的相关资源进行整合，同时采用缩短委托代理链的长度、加强财务公司的风险控制水平、降低代理成本的方式进一步提高集团的治理效率。有一些学者把资金集中管理作为一个切入点，尧伟华（2012）认为企业集团在自身规模的发展和壮大中，要不断加快资金管理模式改革与创新的步伐，财务公司作为一种资金管理模式，能够更好地弥补现有企业集团结算中心存在的不足，提升资金管理效率。

五、风险管理研究

有关财务公司风险管理的研究，主要集中在两个方面，一是财务公司自身的风险管理，曹汉飞（2006）通过对我国财务公司所处经济环境、面临的主要风险等的分析，提出了财务公司加强风险管理的对策建议。曹汉飞和曹桂春（2005）以金融风险管理基本理论为基础，结合金融风险管理发展的新动态，联系财务公司实际，分析财务公司面临各种风险的表现形式和成因，提出以建立全面风险管理体系为中心的风险管理总体构想和具体的风险管理策略。袁琳和张继德（2013）认为大部分集团财务公司在风险管理流程的设计和执行上不够完整，主要精力集中在对某一类型风险的专项控制上，对风险管理的整体认识不足，缺乏风险管理相关信息系统。作者设计了基于日常风险管理的“业务条线”和基于风险集中管理的“风险种类”两条路径，两者互相补充，能够有效防范集团公司的财务风险。高玉臣（2021）从当前复杂的经济金融形势和财务公司本身的特点出发，提出打造与财务公司运营特点相适应的风险管理体系，突出对重点领域的风险管控，强化廉政机制建设和从业人员管理三个方面强化财务公司全面风险管理的建议。二是外部机构中国银监会对财务公司风险的监管，吴吟秋（2006）从风险监管的角度，探讨了如何矫正财务公司对外部融资的过度依赖，以及如何解决现行法规约束与财务公司经营扩张之间的矛盾，使得财务公司既能严格遵守法规对风险防范的要求，又适当满足经营发展的需要。

六、财务公司治理现代化研究总结

财务公司治理是为了促进公司高效科学决策、维护投资者利益、保障财务公司充分发挥集团内部金融服务功能而设计的一套正式或非正式、内部或外部的制度安排。财务公司治理包括内部治理和外部治理两方面。

财务公司内部治理主要包括股东与股东（大）会、董事与董事会、监事与监事会、高级管理层、内部控制、风险管理、内部审计和合规管理，以有效管控财务公司内部风险、提高财务公司决策水平。具体而言，财务公司应当分别设立对董事会负责的风险管理、业务稽核部门，制定针对各项业务的风险控制和业务稽核制度，每年定期向董事会报告工作。

财务公司外部治理主要包括外部监管、母公司管控、信息披露、外部审计、各类市场约束等，以保证财务公司稳定健康地经营，从而更好地服务集团内部各成员企业。在外部监管方面，财务公司依法接受中国银保监会的监督管理。在外部审计方面，财务公司董事会应当每年委托具有资格的中介机构对公司上一年度的经营活动进行审计。

财务公司受体制性因素影响较大、风险分布面广、业务集中度高，因此财务公司与一般性的公司在资本结构、行业监管、经营原则、信息披露要求等方面都有很大的不同，财务公司治理的复杂程度也会比一般企业更高，这使得治理的完善程度会直接影响其风控能力和稳健发展。健全公司内外部治理机制，理顺内外部权责关系，建立全面风险管理体系，有助于财务公司实现健康发展。

第三节　农村资金互助社治理现代化研究

农村资金互助社作为内生于农村社区的金融机构，贴近农村，具有天然的制度优势，可以利用社区中的熟人社会机制和社区规范惩罚机制，降低金融服务的经营成本和信贷风险，从而取得改进农村金融服务的效果。但在实际治理中存在很多治理机制和监管体系不完善的地方。在学术研究中，有学者指出农村资金互助社制度的优势以及存在的治理困境。

一、农村资金互助社治理现代化研究

从治理机制的角度，马九杰和周向阳（2013）认为农村资金互助社独特的制度安排和治理结构既降低了代理人成本，也提高了组织经营的灵活性；农村资金互助社可以利用社区中的熟人社会机制和社区规范惩罚机制，降低金融服务的经营成本和信贷风险；农村资金互助社制度设计中的自我筛选机制和相互监督机制也降低了机构的信贷风险和贷后管理成本，使得机构能够改善对农村的金融服务。杨奇明、陈立辉和刘西川（2015）指出农村资金互助社的制度优势在于较低的贷款成本和管理成本以及低风险优势。同时，农村资金互助社的治理也面临内部人控制、内部监督不力、各类成员利益冲突等问题的困扰，而这些问题能否得到很好的解决将直接关系到其制度优势的发挥。此外，农村资金互助社外部监管存在门槛过高、监管过严、手段落后等弊端，并且已对资金互助社的发展产生了诸多负面影响。陈立辉和刘西川（2016）认为农村资金互助社在资金来源、组织结构、管理、贷款产品和收益分配等方面均体现了合作金融自愿、互助、民主以及非营利等特征，具有较小存贷利差、股权激励以及微型金融贷款办法等制度优势。

从治理结构的角度，孟存鸽（2018）指出，我国农村资金互助社存在借贷机制不规范、治理结构不健全、监管体系不完善、退出机制不畅通的治理困境，应从建立审贷分离和贷款回收保障制度两方面来规范内部管理，从完善法人治理结构和规范社员大会召开来改进组织结构，从设立独立监管机构、完善内部控制制度和强化外部审计制度来健全监督体系，畅通退出机制要发挥政府在退出中的引导作用，适当调整互助社市场退出标准和健全互助社市场退出保障制度。

从外部治理的角度，张阳（2019）指出农村资金互助社作为成员主导型合作金融的代表，既有农村内生优势，又有外在多重政策支持，但目前

发展却困扰重重，表现为束缚太紧、发展缓慢、呈被“挤出”之势、资金来源受限、资金供需矛盾凸显、治理结构僵化、“内部人控制”现象严重等。这种困扰的直接诱因是《农村资金互助社管理暂行规定》失当，根源却在于规制背后隐含的法律父爱主义——强管控的不当干预。要破除现有困局，应重塑理念，由“父爱主义监管”走向“包容性监管”；明晰资金互助社特性，尊重其独立自主性；重构制度，为资金互助社发展提供直接的依据和准绳。

二、农村资金互助社治理现代化研究总结

农村资金互助社治理是指为贯彻服务社员的宗旨，谋求社员共同利益而建立的一套正式或非正式、内部或外部的制度安排。农村资金互助社治理包括内部治理和外部治理两方面。

农村资金互助社内部治理是指治理结构和内部治理机制。农村资金互助社内部治理结构包括社员大会（社员代表大会）、理事会和监事会等。农村资金互助社社员大会由全体社员组成，是该社的权力机构。社员超过100人的，可以由全体社员选举产生不少于 31 名的社员代表组成社员代表大会，社员代表大会按照章程规定行使社员大会职权。农村资金互助社原则上不设理事会，设立理事会的，理事不少于 3 人，设理事长 1 人，理事长为法定代表人。理事会的职责及议事规则由章程规定。相关内部治理制度包括内部控制制度、成员承诺制度、内部审计制度等。具体而言，不设理事会的，要充分发挥社员大会（社员代表大会）决策职能和经理的法人代表作用；要设立由社员、提供无偿服务和捐赠的社会人士、业务合作伙伴代表等利益相关者组成的监事会，对理事会、经理的决策和业务经营行为进行监督；开展农村资金互助社的内部审计；建立简便易行且能有效覆盖全部业务、岗位的内部控制制度，明确存款、贷款、投资、融资、会计、出纳、结算等主要业务流程及操作规范，做到会计、出纳和贷款审查、审批的合理分离和有效制约等，以加强内部自律监督。

农村资金互助社外部治理主要包括外部监管、信息披露等。在外部监管方面，银行业监管机构协调有关方面，建立以农村资金互助社自律管理、银行业监管机构监管、地方政府风险处置和社会监督服务相结合的监督管理体系，以加强政策协调、工作协调和风险处置协调。在信息披露方面，农村资金互助社及时向社员公开各项经营管理制度，按月公开股金、贷款、融资、债券投资和财务收支情况；每年向社员披露经过监事会或政府审计部门、中介机构等审计的财务会计报告，开户行提供的账户资金情况证明，

以及社员股金和积累情况、贷款及经营风险情况、投融资情况、盈利及分配情况、案件和其他重大事项，自觉接受社员的监督。

农村资金互助社有其独特的制度优势，既能够降低代理人成本，又能提高组织经营的灵活性，其制度设计中的自我筛选机制和相互监督机制也降低了机构的信贷风险和贷后管理成本。但农村资金互助社存在借贷机制不规范、治理结构不健全、监管体系不完善、退出机制不畅通的治理困境，可以通过规范内部管理、完善组织结构、健全监督体系等措施提升农村资金互助社的治理水平。

第四节　农村信用合作社治理现代化研究

自 2003 年推进农村信用社改革以来，我国很多学者对此展开了讨论。因为明晰产权关系，完善法人治理结构是农信社改革的核心要点之一，所以学者的研究大多是围绕改革过程中农信社法人治理结构展开。

一、农村信用合作社产权制度现代化研究

朱永德和王家传（2002）指出，产权制度是对财产权利在经济活动中表现出来的各种权能加以分解和规范的法律制度。它是以产权为依托对各种经济活动主体在产权关系中的权利、责任和义务进行合理有效组合、调节的制度安排。在有关农村信用社产权制度优化的研究中，张乐柱和王家传（2003）提出农村信用社的法人治理结构应实现农村信用社的股份化，实现共有产权的“人格化”，从而使以“共有产权”占主体转变到以自然人产权占主流，个体产权占主体。史建平和周素彦（2004）认为我国农村信用社的产权制度改革要稳定农村信用社的经营、拉长农村信用社产权制度改革的周期、完善农村信用社产权制度改革的外部环境以及增加农村信用社产权制度改革的途径。龙海明和林胜（2006）提出应在统一法人的基础上，因地制宜选择合理的产权改革模式。任建春、卢峰和卢燕（2011）提出农村信用社应建立健全“三会”会议召集制度、议事决策规则、经营目标考核等规章制度，明确股东代表大会作为权力机构，董事会作为决策机构，监事会作为监督机构，主任室作为经营管理机构的不同职责，真正实现决策权、经营权、监督权的分离，明确业务分工，形成职责明确、分工合理、统一协调、相互监督制约的机制。李维安和刘振杰（2016）指出，考虑到不同地区农村信用合作社的情况差异，可以根据具体情况采取不同

的产权制度，并采取“分步走”的办法。冯兴元（2017）认为改制前后的农村信用社系统金融机构内部人和外部人控制问题仍然存在，应回归农村信用社系统金融机构本身所应该拥有的自主权。张珩（2022）提出应高度重视市场对农村信用社的决定性作用以及政府对农村信用社的支持作用，要建立农村信用社市场诱导型改革机制，多管齐下，运用定向降准、再贷款、政府补贴和税收减免等货币和财政政策工具帮助农村信用社补充资本，提高治理能力与降低实体经济融资成本。

二、农村信用合作社股权结构现代化研究

近年来，随着农村信用社产权制度改革的逐步推广和深入，对农村信用社股权结构的探讨也逐渐成为热点。都本伟（2009）撰写了《农村信用社法人治理研究》一书，对新一轮农村信用社改革试点内容及初步成效进行了总结。邢芙伟（2010）指出不断提高股权的集中程度是农村信用社日后改革的重要方向和任务。任建春（2013）认为应通过引入包括域外民营企业和金融机构的法人投资者来提高股权集中度，改善股东素质。胥迪亚（2014）提出应按照权力结构、执行机构、经营机构和监督机构相互分离、相互制衡的原则，保证股东大会、董事会、监事会“三驾马车”独立运行。王文莉、孙倩和胡平仂（2015）认为应在提高股权集中度的同时适度提升股权制衡度。丁灿（2018）指出要进行以公司治理为核心的股份制改革，引入现代治理理念，按照“职责清晰、分工明确、有效制衡、科学决策”的原则，在实践中不断深化农商行治理。孙希芳和王晨晨（2022）提出应加强中国银保监会对改制后的农商行的金融监管，减少地方政府和省联社的行政干预。

三、农村信用合作社外部治理现代化研究

加强农村信用社的外部治理机制也是学者研究的重点内容。杨羽飞和梁山（2005）指出要强化信息披露、增强利益相关者（入股农民）对农信社的约束。穆争社和蓝虹（2007）认为需要督促省级政府依法管理农村信用社、省级联社正确履行行业管理职能，并且撤销或淡化省级联社派出机构的职能。王秀丽（2012）认为应适当调整放宽农村金融市场准入政策，大力发展新型农村金融机构，提高农村金融市场的竞争活力。王文莉、张艳和胡平仂（2017）指出要减少政府的行政干预，有效发挥政府的政策引导作用。

目前我国农村信用合作社现代化治理的重点在于完善法人治理结构，

明晰产权关系、调整股权结构以及加强外部治理机制。现有研究提出了因地制宜、健全“三会”制度、制定“分步走”战略、重视市场以及政府的作用、引入法人投资者、加强外部监管等治理措施。未来应通过现代化治理方式不断优化农村信用社的产权制度和股权结构，构建一套契合我国农村信用社改革的治理体系。

第五节　城市信用合作社治理现代化研究

按照法律法规以及监管当局政策的要求，城市信用合作社经过治理整顿，合并重组为具有股份制性质的单一法人城市信用社。有关城市信用社的研究较少，学者较多关注其法人治理结构和公司治理机制。

一、城市信用合作社治理结构现代化研究

从法人治理结构来看，宋爱清（2003）提出应提高理事长、主任、监事长等对职位、权利、义务、责任的认识并促使其认真履责，建立重大事项报告制度和重大会议列席制度，加强对理事会决策重大事项的事前监督，建立广大股东举报制度，建立严密的信息披露制度等。叶六顺（2003）认为应按股份制要求规范城市信用社的运作，具体包括健全“三会”及其内部组织机构、实行“三权分离”并强化内部制约、强化民主管理实行群众监督等。刘志兰和范建国（2005）指出只有建立良好的法人治理结构，形成科学规范、能够自我纠错的机制，才能从源头上控制风险，真正实现城市信用社基业常青。城市信用社可从以下方面完善法人治理结构，即发挥股东大会、理事会、监事会的作用，做到权力机构、经营机构和监督机构的分离和制衡，同时加强银行业监管机构的外部监管作用。王玉忠（2006）也指出城市信用社单一法人社需要从完善公司治理结构，保证“三会一层”相互制衡发挥各自作用，优化股权结构，健全股东大会制度，建立以监事会为核心的监督机制和完善薪酬制度等方面完善公司治理结构。门莉和陈新（2008）提出要优化单一法人城市信用社的股权结构，实现股权结构的多元化、分散化和合理化，在加强对入股企业资格审查的同时，充分披露其关联关系，鼓励吸收民营企业入股，加快引进境外战略投资者进程。

二、城市信用合作社治理机制现代化研究

从公司治理机制来看，金栋（2004）提出要明确国家产业政策定位，

因地制宜，多种模式发展城市信用社。徐滇庆（2004）指出应将城市信用社改为民营银行，培养中国的金融家，使其从行政和“内部人控制”中解放出来。

综合上述研究，目前单一法人城市信用社的现代化治理重点在于完善法人结构和公司治理机制。现有研究提出了健全“三会”及其内部组织机构，完善法人结构，优化股权结构和加强银行业监管机构的外部监管等治理措施，未来应继续不断优善单一法人城市信用社的治理体系。

第四章 银行业非存款类金融机构治理现代化研究

银行业非存款类金融机构是指由国家金融监督管理总局监督管理的，不吸收公众存款的金融机构，与银行业存款类金融机构共同组成我国银行业金融机构。我国银行业非存款类金融机构主要包括信托公司、金融租赁公司、贷款公司、汽车金融公司、消费金融公司、金融资产投资公司、金融资产管理公司、银行理财子公司和货币经纪公司。本章对上述九类银行业非存款类金融机构治理现代化研究进行梳理与分析。

第一节 信托公司治理现代化研究

信托公司是指依照《公司法》和根据《信托公司管理办法》规定设立的主要经营信托业务的金融机构。本节针对信托公司治理现代化展开论述，首先，从内部治理和外部治理两个角度展开研究了信托公司治理问题；其次，提出了五点完善信托公司治理的措施。

一、信托公司治理问题研究

目前国内学者对于我国信托公司治理问题的研究主要表现在内部治理与外部治理两个方面。在内部治理方面，现有研究提出信托公司存在一股独大、董事会无效、激励机制缺位、治理制度缺陷等问题；在外部治理方面，现有研究则指出信托公司存在外部约束机制与外部监管机制欠缺等问题。

（一）信托公司内部治理问题研究

首先，在股权结构方面，部分学者指出信托公司股权集中度普遍较高，一股独大的特征明显。周汉（2006）提出我国信托公司治理存在的问题主要包括股权结构不尽合理，单一出资者的国有股权高度集中，造成事实上的一股独大。同样，王天恩和肖珊珊（2007）也指出在信托投资公司股权结构中，一股独大的特征非常明显。股权过分集中导致我国信托业的“内部人控制”问题，这与其他国有企业中存在的治理结构问题大同小异。

其次，董事会的无效与独立董事制度的失效也是信托公司内部治理重大问题之一。孙飞（2005）指出我国信托公司内部治理存在机构设置缺陷、组织结构缺陷等问题。余砚新（2008）研究认为由于我国信托公司存在特殊的委托代理关系，导致公司内部治理存在诸多问题，“三会”制度未发挥作用。虽然所有的信托公司都建立了包括股东大会、董事会和监事会的“三会”制度，但是董事会、董事长和总经理三者之间职责和权限的传导机制存在缺陷。由于相当一部分信托公司的董事长由主管单位委派或兼职，导致总经理成为公司的真正决策人。同时，由于信托公司监事大多由政府委派或内部人员兼任，导致其地位不独立，很难起到真正的监督作用。王克力（2012）研究认为独立董事在信托公司治理结构中担负着维护保障投资者委托人、受益人利益的特殊而又重大的责任。但独立董事制度在信托公司的实际实践中，也同样存在功能作用失效的问题和需要创新完善的薄弱环节。这需要从制度安排和机制建立上着手，对信托公司独立董事制度加以创新和完善。

最后，在内部治理制度方面，张志荣和刘永红（2005）提出，信托业应坚持的风险管理理念是全面体现信托产品不保底的特点，坚持风险效益原则，在信托产品设计、销售中充分识别和揭示风险，通过信托机制和信托专家分解、分散、分担和防范风险，给委托人和受益人留下与其收益相匹配的风险。在实际操作中，体现风险管理目标的行动，主要从制度建设和制度落实两个方面入手。作为公司治理下的内部审计，在提高风险管理能力的过程中主要采取的措施有督促执行者全面贯彻决策者的意志，不折不扣地实施各项风险管理的决策和命令，落实风险管理的目标和制度。在评价执行结果方面，通过反馈控制机制，纠正执行者的行为或修正决策的目标，使之达到风险管理的目的，并促进风险管理制度的建设。需要说明的是，风险管理监督和风险承受部门必须有效分离，这已成为现代管理风险因素的一项重要原则。在信托投资公司中，内部审计由于处在相对独立并具有较高权威的位置，正逐步担负起风险管理的职能，不仅监控部门内部操作风险，还协调解决各部门共同承担的综合风险。在风险导向审计理念的指引下，将内部控制与公司的风险管理策略紧密联系，促成公司治理与内部控制之间产生良性的互动关系。通过内部审计视角，对经营过程中不断变化的风险因素进行敏锐观察，对管理中存在的缺陷或失败进行快速报告，促使董事会和高级管理层做出快速反应，及时采取措施，防范和纠正不正当行为，使内部审计工作有机地融入公司治理和风险管理过程中，通过规避风险、转移风险和控制风险等手段，发挥内部审计在风险管理中不可或缺的重要作用，为公司提高风险管理能力不断做出更大的贡献。余砚新（2008）提出，信托公司存在内部控制制度不健全的问题，表现在：决策机制不健全、人事管理不完善、员工素质不高、风险预警控制机制不严密、业务操作不规范、计算机系统管理松散等。阎沭杉和李姗晏（2020）指出企业内部制度的核心是内控体系和风控体系。而信托公司往往忽视项目前期的专业尽调和后期的贷后管理，内控和风控管理不到位，公司治理缺失。

（二）信托公司外部治理问题研究

首先，在外部约束机制方面，由于我国信托公司外部治理人市场尚未形成以及不存在外部股东的约束，导致信托公司存在外部约束力度不足、风险控制水平低下的问题。赵亚奎（2012）认为我国公司控制权市场发展较落后，公司风险控制仍处于初级阶段。蔡英玉和孙涛（2017）提出近年来金融行业准入条件逐渐放宽，信托公司等有机会利用政府和监管机构的“信用背书”，通过配置过多的高风险资产来为自身获取超额收益。对于信托行业，廖强（2009）指出我国当前监管将信托业定位为“受人之托，代人理财”，严重偏离了信托本源，导致信托公司成为银行、证券等机构的表外通道，往往只是利用牌照优势从事监管套利活动。

其次，在外部监管制度方面，我国信托行业公开信息披露制度尚未建立健全。余砚新（2008）研究认为我国信托公司组织机构需要在董事会下设置四个专门委员会，其中审计稽核委员会职责为：提议聘请或更换外部审计机构；监督公司内部稽核审计制度实施情况；审核公司重大财务信息及披露情况；监督公司资金信托业务过程的合法性、合规性；完成公司董事会授权的其他事宜。因此，一个良好的信托公司治理结构必须要有能够进行公开信息披露的制度规则，以确保公司经营的真实性和准确性。

二、完善信托公司治理的措施

通过梳理现有研究，目前相关学者对于完善信托公司治理的措施主要包括创新与完善信托公司治理制度、基于共同代理理论的信托公司治理、基于决策体系的信托公司治理、建立有效监管激励约束机制以及完善数字化治理等。

（一）信托公司治理制度的创新与完善

孙飞和孙立（2005）提出了加快我国信托公司治理制度创新的一些思考，主要包括股权结构的安排，决策与监督职能的设计，剩余控制权与剩余索取权的分配，创新信托公司的组织制度，实施信托风险全面管理体系，建立健全信托公司自律机制以及优化信托公司治理文化等。

周汉（2006）提出完善信托公司治理机制的建议，主要表现在股权结构多元化、建立问责机制、完善信息披露制度、加强信托经理队伍建设、明确董事职责、优化董事会结构等。

张兴华（2006）提出信托投资公司在治理目标、产品、信托合约、资产结构、两权分离、委托代理关系、政府管制等方面表现出的特殊性使其区别于一般公司，应根据这些特殊性对标准的公司治理理论进行修正，构建真正适应信托投资公司治理的理论及框架，修订治理绩效指标并实施合理的外部管制。

王天恩和肖珊珊（2007）提出信托投资公司加强公司治理的措施主要包括以下方面：一是股权结构多元化，并发展信托公司控制权市场；二是完善信息披露制度环境与实施机制；三是培育信托经理，建设信托经理人市场；四是建议引入独立董事，完善董事会结构。

张刚（2018）指出，首先，应实现信托公司股权结构多元化，有效克服其股权结构单一的问题，构建公司内部股权制衡机制；其次，引进独立董事制度，在公司决策中强化董事会的议事和决策作用；再次，确保公司内部监察部门具有充分的权威性和独立性；最后，构建具有动态性和长期性的内部激励机制，实现激励机制的科学化和程序化。以此为基础，对公司内部的各项内控制度进行完善，构建科学的风险防范与处理机制，建立科学的内部决策体系，确保公司实现稳健运营和规范发展的目的。

余砚新（2008）提出我国信托公司治理机制建设主要包括：（1）信托公司组织机构设计，通过建立薪酬管理委员会、风险控制委员会、关联交易控制委员会、审计稽核委员会强化董事会的监督、控制职能；（2）信托公司组织机构运行机制设计，其中在内部治理机制方面，包括实现股权结构多元化、建立股权制衡机制，建立独立董事制度、强化董事会在公司决策中的作用，确立内部监督部门的独立性和权威性。

徐小迅、刘兵军和徐永久（2006）提出构建信托公司治理结构和风险控制制度的对策：一是股权多元化，建立股权制衡机制；二是建立独立董事制度，加强董事会在公司决策中的作用；三是建立信托公司风险管理制度；四是强化股东情况和风险控制的信息披露。

汪京京（2017）以2004－2015年我国11家引入境外战略投资者的信托公司为研究样本，对我国信托公司引入境外战略投资者前后的特征进行了比较研究后发现，引入境外战略投资者后，信托公司在公司治理、营利性以及资产规模方面优于引入前，表现为作为第一大股东的地方政府持股比例下降，以及公司整体盈利能力和资产规模提升。

田泽望（2019）提出信托公司进行有效的风险管理，应创新内部控制手段，明晰监管部门出台的一系列规定，有效地指导信托公司建立全面的内部控制体系，灵活采取内部控制手段，监督信托公司完善公司治理结构，从而形成科学有效的权力制衡机制。

（二）基于共同代理理论的信托公司治理

基于共同代理理论，张兴华（2007）指出，信托公司的治理问题包括固有财产治理和信托财产治理两方面。汪京京（2017）提出对于固有财产而言，传统的股东大会和董事会等内部治理机制对信托公司来说仍然是有效的，而对于信托财产而言，信托委员会发挥作用是最为重要的，其以实现信托财产提供者利益最大化为目标，并据此制定信托财产的基本管理制度、投资战略、投资及计划。

此外，沈吉利（2012、2014）研究认为信托公司应根据自身特点建构制度化、多方位的利益相关者共同治理公司模式，即“信托监管推动下，股东主导、信托当事人和职工参与的利益相关者共同治理模式”。

（三）基于决策体系的信托公司治理

彭中仁和万昕（2012）基于决策体系的视角提出规范信托公司治理的建议，决策体系处于公司的首要地位，完善决策体系应从决策权配置、决策程序以及决策评价三个方面着手，形成一个股东、董事、监事、管理人员等利益相关者充分参与的开放的决策体系。

潘前进和陈众（2016）以我国2010－2014年信托公司为研究样本，研究表明适度的董事会规模和积极的董事会行为都有助于提高其经营绩效，而独立董事独立性的增强有助于提升信托公司经营绩效。

（四）有效监管激励约束机制的建立

孙涛和蔡英玉（2019）指出完善信托公司治理应建立有效的监管激励约束机制：一方面，优化当前以净资本和资本充足率为主的监管指标体系，分别针对固有财产和受托管理资产设立净资本、资产质量、流动性等多维度监管指标；另一方面，从窗口指导、规模限制、从业人员档案管理等方面丰富监管手段，并为经营者提供风险补偿机制，提高经营者防控风险的积极性。顾凌骏、黄威栋、张伟和胡金焱（2022）提出信托监管部门可根据信托公司的经营状况与资质条件适时推进分类监管，部分信托公司能够继续从事融资类业务，部分信托公司只能从事不包含融资类业务的资产管理，剩余信托公司仅能够从事事务管理类业务，实施分类监管可以提升信托公司的外部监管精度。

阎沭杉和李姗晏（2020）认为针对信托行业的监管既不能“饮鸩止渴”放弃原有的监管方向与思路，应避免信托行业重回“影子银行”“资金池业务”的老路；又不能不顾宏观环境与市场状况的现实变化进行一刀切，应在市场主体可承受范围内适当进行监管力度与进度的调整，避免因处置风险而出现新的风险。

牛成立（2020）提出应建立常态化的公司治理评估工作机制。信托公司要切实加强对评估工作的统筹平衡和组织保障，压实评估责任，严把评估标准，确保公司治理全面评估取得实效，抓好评估结果应用和难点问题整改，健全评估工作机制。

（五）数字化治理的完善

戴翔（2022）提出信托公司面临数字化转型的重大抉择，信托公司依托数据治理应做到：一是加强大数据战略规划和统筹部署，加快完善数据治理机制，参照数据管理能力的行业要求和国家标准建立总体工作框架；二是必须在公司治理层面明确内部管理机构和职责，制定相关管理制度和工作流程，切实建立起数据工作长效开展的保障体系；三是逐步建设一体化企业级数据治理平台，在功能设计上要求能够覆盖数据生命周期各个阶段，以规范化、自动化、智能化为目标，将过程中所产生的规范、标准、流程、质量控制措施、绩效考核等落地到系统平台上，源头治理，不断积累公司数据治理能力，提高工作效率，降低运行成本。

第二节　金融租赁公司治理现代化研究

金融租赁公司是指经监管机构批准，以经营融资租赁业务为主的非银行金融机构。本节针对金融租赁公司治理现代化展开论述，分别从金融租赁公司内部治理和金融租赁公司外部治理两个角度进行了详细阐释。

一、金融租赁公司内部治理研究

金融租赁公司内部治理相关研究主要集中于金融租赁公司内部治理结构和金融租赁内部治理风险两方面。

首先，在金融租赁公司的内部治理结构方面，现有研究指出目前金融租赁公司内部治理的问题主要表现在股东依赖度高、内部治理结构复杂等方面。

郭清马（2010）、谭人友和徐鹏（2017）均指出目前我国金融租赁行业整体处于初级阶段，存在股东依赖度高的问题。金融租赁公司业务主要来自股东，资金来源主要依托股东基础信用等。因此，提议金融租赁公司与股东加强协作、优势互补的同时，还要坚持独立运营。刘伟、史晓玥和刘美玲（2018）指出我国金融租赁公司内部治理结构复杂，各种类型的金融业务交叉、混合开展进行，子公司和母公司利益相互关联，风险环环相扣，这就使得金融租赁公司的风险加大，治理更为困难，应针对金融租赁的特性，为其“量身打造”完整的多维度的风险监控机制，使金融租赁公司监管具备能力，主动侦测风险，防范风险于未然。

因此，针对上述金融租赁行业的内部治理问题，张正华（2021）指出完善金融租赁公司内部治理，应优化董事会会前沟通机制，建立多层次、多维度的沟通体系，进一步提升董事会议事质效和决策的科学性；同时应持续优化完善公司治理结构，增强公司治理有效性。

其次，在金融租赁公司的内部治理风险方面，丛林（2015）指出金融租赁公司目前面临的核心风险是租赁物资产风险、承租人信用风险和交易结构风险，基于飞机租赁业务的案例研究，他认为金融租赁公司应以资产价值管理为核心，以租赁物、承租人和交易结构三个维度为基础，建立全面风险管理体系。风险管理体系具体设计方面，王筝（2015）在分析金融租赁业务的一般风险和特殊风险的基础上，结合租赁公司业务特点，探索租赁资产风险评级方法，建立了“资产+信用”的风险管理体系。在该框架下，租赁公司风险管理的内容、组织结构、指标体系、流程设计、监控和预警体系等均要随之发生变化。

因此，在目前金融租赁公司的内部治理风险应对方面，王应贵（2017）基于我国金融租赁公司的经营现状分析提出企业应当与设备生产商和承租方建立长期的合作关系，必要时建立属于自己的设备维护中心以提高其应对金融风险的综合管理能力。李明星（2017）从人才建设方面出发，认为金融租赁公司既要从外部招聘专业人才，更要加强内部人才队伍建设，建立人才培养的长效机制。刘静海（2020）提出，首先，坚持“融资+融物+融智”的差异化、特色化、专业化发展方向；其次，坚持将风险防控放在更加重要位置，构建“资产+信用”的风险管理模式，健全信息系统建设，提升风险管控技术，强化资产负债期限管理；最后，前瞻性地开展人力资源战略管理。此外，赵炯（2021）指出金融租赁公司董事会应自觉履行好风险管理的最终责任，主动承担起维护股东权益和公司利益不受侵蚀损害的职责，坚持把好风险管理的总关口，从事前、事中、事后等多个维度，科学制定风险管理的核心政策、关键制度及处置化解等重大事项；同时严格执行并落实分级授权管理制度，从而更好地控制风险、提高执行效率。

二、金融租赁公司外部治理研究

金融租赁公司外部治理相关文献主要集中于金融租赁行业相关法律法规和金融租赁公司监管机构行为两个方面。

首先，在金融租赁行业的相关法律法规制度方面，蔡鄂生（2011）分析了国内融资租赁行业的发展状况，认为国内市场缺乏相关融资租赁法律法规，融资租赁二级市场有待完善。王萃彦（2015）指出我国融资租赁监管法律制度存在轻监管重审批的问题，部分金融租赁公司把自身的主业务平均地集中于电力能源、航空航运等领域，而对于其他小项目则不屑一顾，导致融资租赁未能有效发挥对企业的推动作用，使得无照经营现象增多。从林（2015）认为需要进一步优化租赁业发展的外部环境，相对于租赁业务的快速发展，相关法律法规、制度建设仍显滞后，租赁企业发展仍然受到外部环境的制约，例如，在融资方面，融资渠道过于依赖同业间市场，缺乏中长期资金来源，缺乏附属资本补充渠道，金融租赁公司借款的风险权重设置过高，增加了额外的融资成本等。

其次，在金融租赁公司外部监管机构方面，王博、刘永余和刘澜飚（2015）以及刘伟、史晓玥和刘美玲（2018）均指出现阶段我国融资租赁行业存在着监管主体不统一的问题，监管主体包括中国银监会、商务部和国家税务总局，实为“多头监管”，从而带来行业内部监管不公、不平等竞争、监管沟通不到位等问题；同时，刘伟、史晓玥和刘美玲（2018）进一步指出缺乏全国性金融租赁行业组织也是导致外部监管问题的一个重要原因。针对相关问题，王博、刘永余和刘澜飙（2015）指出金融租赁公司应当在业务模式、市场拓展和风险控制管理等多个方面逐步完善；刘伟、史晓玥和刘美玲（2018）认为可以通过设立统一的法律法规，强化监管协调有效性，补齐监管短板，扩大金融监管的广度和深度，避免监管死角的出现。基于近年来规范公司治理的监管导向，以及自身高质量可持续发展的内在要求，金融租赁公司应进一步完善治理结构（张正华，2021）。

此外，在对金融租赁公司监管的具体完善路径方面，王萃彦（2015）指出加强对融资租赁的监管，可采用先审批后监管或者轻审批与重监管并举的方式进行监管。针对不同市场主体应该使用不同的监管方式进行监管，对于具有金融、银行背景的融资租赁公司所开展的业务实施全面、灵活的监管。

第三节　贷款公司治理现代化研究

贷款公司与商业银行、财务公司、汽车金融公司、信托公司等可以办理贷款业务的金融机构在定义和经营范围方面都有所不同。本节针对贷款公司治理现代化展开论述，首先，梳理了贷款公司的发展现状；其次，从内部治理和外部治理两个角度研究了贷款公司治理问题。

一、贷款公司发展现状

贷款公司是经济发展产生的一种金融服务机构，主要为小微型企业提供融资服务。截止到 2021 年 12 月 31 日我国注册的贷款公司仅有 13 家，由于目前国内贷款公司发展相对缓慢，且 2012 年后没有新的贷款公司建立，因此学界对于贷款公司治理的研究十分有限。

二、贷款公司治理研究

在内部治理方面，王香月（2015）认为我国贷款公司从业人员中专业人才较少，导致部分贷款公司内部治理质量不高，因此应构建高效的人才配置，使得贷款公司的治理结构更加科学，降低风险水平。

贷款公司外部治理主要包括外部监管、信息披露、外部审计等。在外部监管方面，孙海鹏（2016）提出目前我国整个贷款行业存在立法滞后、不能够对行业的发展进行有力监管的问题，主要表现在：一是由于监管的缺失，很多公司铤而走险，为获得高收益而提高利率，接纳一些本身已经具有很高风险的客户；二是部分贷款公司利用监管漏洞进行非法融资，但是自身实力有限，从而对投资者的资金安全造成了极大的安全隐患，因此建立健全贷款行业的监管制度势在必行。首先，在信息披露方面，贷款公司应建立信息披露制度，及时披露年度经营情况、重大事项等信息。其次，针对贷款行业，可以建立贷款业协会以加强对行业内公司的外部监管和治理水平。

第四节 汽车金融公司治理现代化研究

汽车金融公司是指经监管机构批准设立的，为中国境内的汽车购买者及销售者提供金融服务的非银行金融机构。本节针对汽车金融公司治理现代化展开论述，首先，梳理了汽车金融公司目前的治理问题；其次，从风险管理角度提出了汽车金融公司治理的完善措施和学者观点。

一、目前汽车金融公司治理问题

我国的汽车金融公司发展机会巨大，但是也面临各种问题，例如资金成本较高，尚未建立起完善的社会信用体系等，受诸类因素的影响，使得汽车金融公司在发放贷款时面临较大的风险。现有研究通过分析汽车金融公司的信贷风险管控现状，提出我国整体汽车金融市场上消费信贷暴露出来的典型问题，然后在相关理论的基础上分析原因，为汽车金融公司的消费信贷风险管控问题提出相应的对策。

肖文博和岳靓（2017）指出我国汽车金融机构目前还没有完善的风险管理体系对信贷事前事中事后过程进行合理的风险防范。同时，风险的定量度量问题也没有得到妥善解决。因此，建议我国汽车金融机构学习发达国家较为完善的风险管理系统，做好征信体系的建设工作，提升治理能力，降低信贷风险。

张洋洋（2017）提出目前我国汽车金融机构相关的法律法规方面仍然存在漏洞，外部监管治理体系有待完善。王镭（2014）认为我国汽车金融机构在监督管理方面存在一定的灰色区域，监管的方式和力度也有限，不能从根本上对其形成制约，外部治理水平有待提升。

二、汽车金融公司治理的完善措施

在进行风险管理分析过程中，有一些学者通过国际比较分析，进一步明确国内汽车金融信贷风险管控中存在的不足，并借鉴代表性国家的金融服务模式提出对国内汽车金融治理的启示。

王镭（2014）提出汽车金融公司应提高对风险的敏感程度，在风险来临时快速做出调整，拿出应对措施，从而减少公司损失。吕乾（2015）建议我国汽车金融公司建立成套的信用评估、风险控制机制以及完善的催收系统，将内部治理风险降至最低。王爱晶（2009）通过分析比较国内外汽车金融的业务、融资机构、汽车金融信用制度体系以及风险管理的差异，提出我国车贷市场面临的最大问题是社会信用体系缺失，并指明我国汽车金融应提高专业管理能力和预防风险能力，充分发挥汽车保险的保障功能。

第五节　消费金融公司治理现代化研究

消费金融公司是指经监管机构批准设立的，不吸收公众存款，以小额、分散为原则，为中国境内居民个人提供以消费为目的的贷款的非银行金融机构。本节针对消费金融公司治理现代化展开论述，首先，梳理了消费金融公司治理历史的现代化进程；其次，阐述了消费金融公司治理特点的现代化情况；再次，研究了消费金融公司治理难题的现代化状况；最后，从内部治理和外部治理两个角度提出了消费金融公司治理对策的现代化结果。

一、消费金融公司治理历史的现代化研究

消费金融公司是商业银行的一级子公司，性质属非银行类金融机构，侧重服务于特定消费金融领域，是我国持牌消费信贷专营机构。近年来，在推进平台经济专项整改和限制中小银行跨区域经营的金融严监管背景下，消费金融公司牌照优势凸显，通过推进线上化转型和加大自营业务投入，克服新冠肺炎疫情影响实现恢复增长，市场持续扩容。我国消费金融公司发展较为迅速，行业规模稳步增长，在金融行业发展中发挥着不可替代的作用，特别是对拉动国民消费起到了重要作用。

从发展历史来看，2008 年国际金融危机后，为积极应对外在经济环境的恶化，2009 年 7 月原中国银监会颁布《消费金融公司试点管理办法》，这表明我国消费金融服务开始向专业化、系统化发展，消费金融公司正式试点展开。自 2009 年消费金融公司在北京、上海、天津和成都试点，就有学者开始对消费金融公司进行研究，前期的研究集中于国内外消费金融公司发展的探究和治理的借鉴，如学者陈琼和杨胜刚（2009）对国际与国内消费金融公司的发展进行了分析，总结当前国内消费金融治理模式主要为“三方模式”和“信托模式”两种；许文斌和王希平（2010）对英美与我国的消费金融公司进行对比研究，强调在治理方面鉴于用户对象和贷款机制的特点，消费金融公司经营风险较大，应重视监管。随着我国消费金融公司的不断发展，消费金融公司作为一个新兴类型公司的治理困境逐渐暴露出来，学者开始将研究重点放在内外部治理困境与改进建议上。

二、消费金融公司治理特点的现代化研究

消费金融公司，作为传统金融与互联网技术的结合，具有显著特色。黄小强（2015）认为，一是金融活动互联网化；二是风险管理模式互联网化；三是服务模式互联网化。从该类机构与其他机构区别的角度来看，杜金富和张红地（2020）则认为，除了基本的“三会一层”公司治理结构外，消费金融公司明显区别于其他非银机构，一是股东构成以银行和电商为主；二是资本金差距较大；三是盈利能力差距较大；四是风险合规面临挑战。

三、消费金融公司治理难题的现代化研究

当前消费金融公司面临较多困难与挑战，包括信用风险、市场风险和操作风险等。在内部治理方面，内部风险中的部分风险类型，与消费金融公司的特定发展阶段相关。吕彬彬（2019）从产品结构角度提出，消费金融公司交易结构设置失衡，导致项目存续期触发加速清偿甚至违约等负面事件，学者强调对于消费类 ABS（Asset Backed Securities，是指以消费金融资产为基础发行的资产证券化产品），应重点关注静态池与动态池结构的选择失当。此外，由于消费金融公司的业务涉及个人征信，而我国基本信息系统收集和征信系统还未完善，消费者信息保护也还有待改善，谢世清（2010）、彭飞和向宇（2014）等学者认为消费金融公司存在一定的风险。学者薛楠（2019）从公司结构的角度出发，研究了消费金融公司与其母公司的关联风险。消费金融公司在经营范围、经营模式、客群定位等方面均与母公司存在较大差别，监管力度相对宽松，容易出现关联交易传染的风险，容易超出关联度警戒线，从而导致“骗贷”类事件的发生。

在外部治理方面，一些学者认为消费金融公司相关的法律建设不够完善。消费金融公司需要遵守各种法律法规和监管要求。治理难题包括如何建立合规的内部控制体系、确保公司业务符合监管标准、及时调整业务模式以适应不断变化的监管环境等。陈琼蕾（2016）认为在制度方面，信贷催收服务、应收账款管理外包的监管、法律管理、未来发展纲领都存在缺失或不足。曾刚和吴语香（2020）认为在互联网消费信贷平台的记录未纳入征信系统、中小消费信贷平台信息共享不足的情况下，近几年消费信贷中多头借贷的现象严重。薛楠（2019）从平台角度出发，认为商业银行内部开展的线上消费金融业务大多是资金导流业务，存在无自有品牌、系统不健全、风控能力不足等问题，由此导致盈利能力不足和对导流平台的依赖。而杜金富和张红地（2020）认为在风险合规方面也面临挑战。目前

大部分消费金融公司都没有对接人民银行征信系统，导致在对贷款人进行风控评估时信息不全面，造成审核误差，引起贷款损失，因此互联网消费金融存在“多头借贷”和“过度授信”的现象。

四、消费金融公司治理对策的现代化研究

针对当前消费金融公司的困境，现代治理的研究也较为成熟，有众多学者从多个角度提出建议。第一，重视交易结构简单透明，根据实际需要确定恰当的产品结构，吕彬彬（2018）提出消费金融公司应重点根据拟证券化资产的期限特征、资产规模、融资目标以及对复杂交易的运营能力等因素综合确定选择静态池或动态池，不应因追求新颖而盲目创新。第二，重视内部体制改革，程雪军和李心荷（2020）认为应当改革体制，加强股东联动、内部控制和合规发展。第三，重视股权结构多元化发展，郑志刚（2018）分析了我国资本市场进入分散股权时代的促成原因，其一，2005－2007 年股权分置改革和股票全流通的完成，使公司控制权转让在技术上成为可能；其二，股东权利保护的事实改善和风险分担的意识加强使得原控股股东倾向于选择分散的股权结构。张晓梅（2020）聚焦于股权结构方面，提出消费金融公司应优化股权结构，分散股权，建立母子公司之间良好的治理关系和风险管理制度，应当在人事方面建立防火墙制度，防止由于母子公司之间人员流动而导致的关联风险。而杜金富和张红地（2020）认为，引入管理经验丰富的战略性股东，鼓励管理层和员工持股并拓宽资本补充渠道，可以使股权结构进一步多元化，改善公司治理水平。

在外部治理方面，我国消费金融公司治理应当加强外部监管和信息披露。外部监管可以从两方面进行，一是建立完善的法律法规体系进行法律监管，尹丽（2013）、彭飞和向宇（2014）等学者认为，个人征信系统和信贷法律建设、消费者风险的相关制度应被包含其中，王刚、郭志远和黄玉（2022）进一步提出可以探索与其他消费金融公司共享失信者名单，降低多头共债、借新还旧的概率；二是完善行业自律监管，从实体和程序两方面进行自律监督，塑造行业中的良好平台，实现消费金融业务与消费场景的融合，引导资金真正流向消费领域。曾刚和吴语香（2020）提出需要加强消费金融机构与金融机构、金融科技公司、电商平台等跨平台合作，实现不同机构之间的数据共享，加强行业信息共享，避免过度授信、多头授信。薛楠（2019）则强调从分散、多维、专业等角度建立完善的信用风险防范体系，并打造成专业的风控平台。

健全的公司治理机制对于行业健康、可持续发展愈发重要。近年来，

我国消费金融公司发展较为迅速，行业规模稳步增长，在金融行业发展中发挥着不可替代的作用，特别是对拉动国民消费起到了重要作用（杜金富和张红地，2021）。综上，消费金融公司现代化治理的相关研究已较为成熟，近年来监管部门出台的多项消费金融业务监管政策已补齐诸多监管短板，但还面临场景风险、共债问题和催收难点等行业面临的共同挑战，除加强合规意识和风控能力外，后续治理可以从健全长效机制和科技赋能等对策角度进行具体案例的展开研究。

第六节　金融资产投资公司治理现代化研究

金融资产投资公司是指对金融企业进行股权投资，以出资额为限依法对金融企业行使出资人权利和履行出资人义务，实现金融资产保值增值的投资公司。公司不开展其他任何商业性经营活动，不干预其控股的金融企业的日常经营活动。本节针对金融资产投资公司治理现代化展开论述，首先，梳理了金融资产投资公司治理的研究现状；其次，阐述了金融资产投资公司监管治理现代化的研究情况。

一、金融资产投资公司治理研究现状

金融资产投资公司是指经国务院银行业监督管理机构批准，在中华人民共和国境内设立的，主要从事银行债权转股权及配套支持业务的非银行金融机构。截至目前共有 5 家金融资产投资公司：工银金融资产投资有限公司、农银金融资产投资有限公司、中银金融资产投资有限公司、建信金融资产投资有限公司、交银金融资产投资有限公司。

金融资产投资公司是从事银行债权转股权及配套支持业务的非银行金融机构，因而区别于一般的公司治理，金融资产投资公司治理目标并非股东利益最大化，而是通过自愿平等协商开展债权转股权业务，确保洁净转让、真实出售，坚持通过市场机制发现合理价格，确保银行债权转股权遵循市场化原则、法治化原则和公允原则。

二、金融资产投资公司监管治理的现代化研究

作为国内新生事物，学界对金融资产投资公司的研究较少，而现有的研究中，多为对市场化债转股的宏观探讨以及金融资产投资公司的监管。《金融资产投资公司管理办法（试行）》出台后，李鑫（2018）认为，

金融资产投资公司持牌上岗，成为市场化债转股的主力军，而如金融资产管理公司等其他类型机构受到多方面制约，无法在债转股中成为中坚力量。李鑫分析银行主导债转股时募、投、管、退等环节可能存在的问题，提出市场化债转股需与其他改革结合。

目前，我国混业经营的趋势愈发明显，商业银行业务领域愈发广泛，正逐渐探索向综合经营模式转变，金融资产投资公司的设立突破了分业经营的监管法规，监管需借鉴国外对金融控股公司的经验。易华（2022）认为，符合监管要求的商业可持续的市场化债转股业务模式仍在确立中。目前正在实施的市场化债转股是一项中国特色创新业务，国内外均没有现成业务模式，需要实施机构逐步探索。

对于金融控股公司的监管，陈小荣和尹继志（2013）具体介绍了美国金融控股公司的发展以及政府对其监管的实践经验，提出针对我国金融控股公司的发展现状，应参考美国的经验，提出伞形监管框架，由政府进行专门监管立法，央行牵头、协调“三会”，宏观与微观监管相结合，避免监管盲点，在实践中应明确监管机构，具体划定各机构职责范围，设置具体监管指标，以推动金融市场良好运行。

金融资产投资公司对其设立的附属机构应当加强并表管理。在资金、人员、业务方面进行有效隔离，为防止商业银行与金融资产投资公司间的风险传染，而在二者间构建防火墙制度，可参考金融控股公司的防火墙制度。王彬和林晓楠（2014）认为，在混业经营趋势下，我国风险隔离制度缺乏，政府引导不足，仅有政策提示，没有具体规则的设计，不利于金融发展。对此，应在政府引导下，基于我国国情和现状，合理效仿国外规则，通过多元路径构建法律防火墙和自律防火墙，以达隔离风险的目标。

目前有一些对于金融资产投资公司外部治理的法律法规，但对于金融资产投资公司治理的研究很少，而且也未有学者将其视为金融机构进行研究。未来要实现金融资产投资公司治理现代化，可以从金融资产投资公司的债转股特性切入，制定相关的法律法规并开展有关的治理研究，对金融资产投资公司及其附属机构投资者进行适当管理和信息披露。

第七节　金融资产管理公司治理现代化研究

金融资产管理公司是指经国务院决定设立的收购国有银行不良贷款，管理和处置因国有银行不良贷款形成的资产的国有独资非银行金融机构，是由国家全资投资的特定政策性金融机构。本节针对金融资产管理公司治理现代化展开论述，首先，梳理了金融资产投资公司治理的研究现状，具体从公司法人治理结构现代化和股权结构优化现代化两个角度进行了详细论述；其次，阐述了金融资产投资公司的治理机制现代化情况，具体从激励约束机制、监管机制和母子公司管控现代化研究进行了详细分析。

一、金融资产管理公司治理结构现代化研究

（一）公司法人治理结构现代化研究

金融资产管理公司初期被认为是国有独资的政策性金融企业，具有营利性与政策性的双重特征，但法律地位尚不明确，组织机构的设置留有国有商业银行的痕迹，并未建立起现代化公司治理体系（邓智琦，2000；高红波和张立胜，2001）。陈向东和陈春光（2000）指出资产管理公司的经营方式是有限责任公司，经济性质是国有独资，因此，能否按现代企业制度的要求从事经营活动，能否按市场化原则处理不良资产将成为其能否有效运作的重要前提。多个学者认为金融资产管理公司的股权结构必须实现多元化，治理机制必须商业化，建立健全符合市场运行要求的公司法人治理结构，在股东大会的权力机构下，设置董事会和监事会，并由董事会聘请经营管理者，适当扩大监事会的监督处罚权限（梁军和王小栓，2001；梁冰和姜志宇，2005）。高英和何钧（2005）建议可以由财政部、国资委、人民银行等部门派出代表作为国有产权的代理人，并选择独立董事，设立董事会。张敏锋（2005）通过分析我国四家金融资产管理公司法人治理结构的缺陷，认为优化治理结构的最优策略是对我国金融资产管理公司进行股份制改造，次优策略是完善我国金融资产管理公司现有法人治理结构。

2007年，金融资产管理公司按照财政部要求逐步探索商业化转型发展之路，一些既有的治理结构和公司制度不再符合发展需求。赵宇、刘文朝和陈可（2007）指出金融资产管理公司作为新生事物，在体制、机制、管理和内控方面存在明显缺陷，想尽快实行商业化转型必须做到对符合条件的金融资产管理公司进行彻底的股份制改造，积极引进国内外战略投资者，加快实现投资主体多元化，使之成为产权清晰、独立经营、自负盈亏的现代金融企业。陈嘉（2008）表明四家金融资产管理公司都是国有独资的金融企业，没有一个代表国家行使出资人权利的产权主体，从而无法形成所有权、监督权和经营权三者之间的有效制衡，应积极探索在金融资产管理公司中设立代表国家行使所有权的董事会，一个真正对国家资产负责的持股主体，确立国有股东在金融资产管理公司治理结构中的地位。李栋（2011）

认为金融资产管理公司目前在经营目标、公司治理和管理体制等方面的政策性特征仍然非常突出，需要按照产权清晰、权责明确、政企分开、管理科学的现代企业制度要求，正确处理所有者和经营者的关系。

2016 年 12 月 11 日，中国长城资产管理股份有限公司在北京正式挂牌成立，成为我国四大金融资产管理公司股份制改革的收官之作，对公司治理结构提出更高的要求。罗来东（2016）指出金融资产管理公司即便经过股改建立了股份公司的治理模式等数轮的内部改革和转型发展，但在权力部门、决策部门及执行部门之间仍然存在权责不清、制衡关系不明等问题，应进一步优化股权结构，构建“三会一层”公司治理组织架构，明确出资人职责，同时引入职业经理人制度，完善内部治理结构，使其真正成为政企分开、产权清晰、自主经营、自负盈亏的现代企业。李慧颖（2021）表明虽然金融资产管理公司能够按照现代企业制度要求，建立股东会、董事会、监事会、高级管理层，即“三会一层”有效运行的法人治理结构，但是仍不能避免公司治理实际运行中由于内部管理混乱、专业队伍欠缺等问题未严格执行公司章程规定，导致公司治理机制运行失灵的情况，应在公司治理内部结构上参照上市公司治理准则，设置关联交易控制委员会，严格控制关联交易风险。

（二）股权结构优化研究

公司治理结构实质上是围绕公司产权关系所作的权力安排，有效的股权结构是公司治理的基础，金融资产管理公司最初建立时为国有独资的金融企业，学者们对这种股权结构是否影响公司发展进行相关探讨。孙波和刘世汉（2000）指出为尽早适应加入国际贸易组织（WTO）之后国际金融业的竞争，应对金融资产管理公司进行体制改造，突破政策界限，允许相互间持股。高红波和张立胜（2001）认为在完善金融资产管理公司自身经营机制方面，适当的时候，可以通过扩股方式引入非国有资本。魏恒荣（2004）表明我国目前的公司制度架构基本上还是建立在以股东为本位的单边治理理论上，忽视了职工、债权人等相关利益者的声音，应该积极吸收职工和银行参与公司治理。李栋（2011）提到应按照现代企业制度的要求，在确保国有股东核心地位的基础上，引进战略投资者，实现股权多元化，完善股权结构。沈圳（2019）强调虽然资产管理公司在公司治理优化过程中，逐步引入了战略投资者和社会公众股东，但其持股比例均较小，资产管理公司一股独大现象仍然显著，可以参照国务院国资委管理的中国联通混改模式：将部分公司股权释放给其他国有资本、非国有资本和公司员工；引入处于行业领先地位且与资产管理公司具有协同效应的战略投资者。

二、金融资产管理公司治理机制现代化研究

（一）激励约束机制现代化研究

金融资产管理公司作为特殊的国有非银行金融机构，要想实现最大限度地保全资产、减少损失的经营目标，必须建立一整套合理的激励和约束机制。孙福珍（2001）指出金融资产管理公司激励约束机制至今尚未建立起来，资产管理公司的管理体制和运行机制创新力度与规范发展的要求相比相去甚远。许志超（2003）认为金融资产管理公司的激励约束机制主要涉及两个层面：一是国家对金融资产管理公司的考核及其激励约束机制；二是金融资产管理公司内部考核及其激励约束机制，需要对业务类别实行分类考核与激励约束。周恬（2004）建议实行“两个挂钩”制度，所谓“两个挂钩”制度是指将资产处置的结果与公司员工的个人奖励挂钩，将各家公司每年不良资产的处置现金回收流量与金融管理公司的管理费和业务费与现金流挂钩。姚丽琼和王英兰（2005）表明为激励金融资产管理公司有足够的动力和压力去完成银行不良资产的处置工作，国家需要确认其是追求利润最大化的商业实体，可考虑将部分资产所有权转让给金融资产管理公司，使得金融资产管理公司的自身利益与其工作绩效紧密联系，从而有效地督促金融资产管理公司努力工作。李洪江和尹宏波（2006）主张从外部激励约束和内部激励约束分别入手，外部激励约束主要是给予资产管理公司必要的权限，充分发挥其积极性、主动性；内部激励约束则是通过建立长期激励和短期激励相结合，建立多层次的激励体系。张亮（2011）建议在目标完成的前提下，实施累进分成的奖酬激励，充分调动资产回收价值最大化的积极性，将激励作为约束，降低监督成本和防止道德风险问题。沈圳（2019）提出建立员工股权激励机制，通过限制性股票、股票期权等形式，吸引和留住高素质员工，促进股东、公司、员工的利益一致性。

（二）监管机制现代化研究

1. 全国性金融资产管理公司监管机制研究

1999 年四家金融资产管理公司先后成立，专门负责处置从国有银行剥离出来的不良资产，承接政策性业务，这时期对资产管理公司的监管行为还处在探索之中。祝元荣和徐苏江（2001）指出为了确保资产管理公司在合法的框架下运作，防范企业借资产处置之机逃废债务，对资产管理公司进行严格的监管是必要的，其中监管立法、监管机构、监管模式的选择和监管内容是金融资产管理公司监管的四大板块。孙茂林、焦新利和张文娟（2003）认为在资产处置过程中，项目组和资产处置审核委员会之间信息是

不对称的，因此资产处置过程中的道德风险监督和对财务收支状况真实性、合法性、有效性的监管是金融资产管理公司监管的主要内容。赵国旭和牟军（2005）建议财政部、人民银行、审计署、国有重点金融机构监事会、财政专员办等监管部门配合监管制度的措施，降低监管成本，减少重复和无效劳动；同时也提到资产管理公司与银行之间存在很大的差异，作为国家的代理人，由于信息不对称的原因，内部人员可能在资产运作过程中谋求自身利益而损害国家的利益，必须加强对资产管理公司的现场监管，对处置过程的合规性进行检查。

从 2007 年开始，资产公司按照财政部要求逐步探索商业化转型发展之路，监管部门以防范金融风险、规范业务发展、加强并表监管为出发点，从无到有，逐步摸索、研究和制定出符合资产公司发展要求的资本监管政策。张志柏（2007）指出加强监管是提高金融资产管理公司“寻租”“偷懒”成本的主要手段，其中一个重要的途径是让全社会监督金融资产管理公司，令其公开披露信息。焦新利（2008）强调资产管理公司作为率先可以开展综合经营的银行类金融机构，必须督促资产管理公司加强风险意识，在政策性业务和商业化业务、商业化业务和商业化业务之间建立风险防控措施，建立风险防控和应急预案。欧阳（2011）针对转型期间金融资产管理公司的监管工作提议强化上下联动，中国银监会和各派出机构之间对资产管理公司开办的新业务加强沟通，进一步完善现场和非现场监管制度，严格防范资产管理公司转型时期的风险。陈南辉（2012）认为在现有金融监管体制之下讨论金融资产管理公司的监管模式，实际上是在讨论监管权力的归属问题，对金融资产管理公司实行机构监管体制下的多头监管已不适应公司业务发展及其有效监管的实际需要，可以试点将金融资产管理公司的监管从现有监管体制中剥离出来，成为一个独立的监管区域，由新设的监管小组负责监管。

2017 年底，四家金融资产管理公司全面推进国际化战略，市场化、综合化经营模式趋于成熟，同时集团组织架构层级多、链条长且较为复杂，在“严监管、防风险、强主业”的金融监管背景下，原中国银监会颁布《金融资产管理公司资本管理办法（试行）》，旨在系统性地加强金融资产管理公司资本监管，引导金融资产管理公司聚焦不良资产主业。在此背景下，李永华（2018）指出随着资本监管政策全面收紧，金融资产管理公司资本充足合规压力凸显，面临亟须扩充资本工具、压缩清理集团股权层级、调整规范表内外业务结构等诸多挑战，坚定不移围绕不良资产主业、建立合规有效的资本管理机制、实现业务发展和风险防范的平衡、走内涵式高质量的轻资本发展之路，是金融资产管理公司积极应对监管变化的决胜选择。李琪和刘文（2018）认为当前金融资产管理公司薄弱环节尚多，建议金融资产管理公司高度重视，树立经济资本管理理念，根据《金融资产管理公司资本管理办法（试行）》要求尽快调整完善资本管理办法实施细则，形成新的管理运行机制，确保监管指标达标，满足监管机构日常监管和非现场检查要求，形成规范化、常态化的信息披露管理机制与公开渠道。李慧颖（2021）表示国有银行及企业改革的背景下《金融资产管理条例》具有一定的局限性，伴随中国经济金融形势的变化，全国性金融资产管理公司都完成了商业化转型，因此，亟须通过界定适用对象和明确职能定位对该条例进行修订，以适应当前经济金融发展的新形势新要求和金融资产管理公司的发展实际。杨闯（2022）认为金融资产管理公司监管工作受信息不对称影响，相关监管部门掌握的信息存在碎片化特征，科学整合监管资源，有助于风险防范、推动发展、改善监管效率及效果。

2. 地方性金融资产管理公司监管机制研究

地方金融资产管理公司是从事金融不良资产处置的专门机构，是地方政府化解区域性金融风险的重要抓手，其定位、股权结构和业务模式与原有的金融资产管理公司存在明显的差异，相应其监管约束机制也存在较大的差异。在法律监管体系方面，郭志国和贾付春（2020）认为针对地方金融资产管理公司的监管法规分为两个层面，第一层是中国银保监会、财政部等出台的行业规范性文件，第二层是地方政府层面出台的针对性监管办法/指引。王刚（2017）指出国务院2000年11月颁布实施的《金融资产管理公司条例》对四家金融资产管理公司业务开展做了全面、明确的规定，但有关地方金融资产管理公司的法规迄今仍散见于财政部、中国银监会的多个规范性文件，效力层级偏低，建议地方金融监管机构根据上位法规体系和地方金融条例制定区域内地方金融资产管理公司的监管实施细则和操作办法。在监管架构方面，卿爱娣（2022）强调目前对地方金融资产管理公司初步形成了央、地两级监管体系，中国银保监会负责制定地方金融资产管理公司的经营规则和监管规则，地方监管机构负责日常监管，但较为特殊的是，地方金融资产管理公司多为国有或国有控股企业，在地方层面也要接受地方财政部门金融企业绩效评价以及国资管理机构的资本监管。在监管思路方面，倪剑（2015）表明地方金融资产管理公司的风险集中在处置环节，主要表现为道德风险和操作风险，因此，对地方金融资产管理公司的监管应当以信息披露为核心，提高资产处置的透明度，完善相关监管制度，加强合规监管，并辅之以必要的风险监管手段。在监管评价指标方面，由于四大金融资产管理公司定位为持牌金融机构，在同业市场融资、税收等政策执行上优于地方金融资产管理公司，所以其监管评价指标参考意义不大，汪洋（2020）指出地方金融资产监管机构应该参照对四大金融资产管理公司的监管，尽快细化资产风险分类前提下的涵盖资本充足率、风险准备金制度、内生不良计算口径、分支机构界定在内的核心监管指标体系，既避免地方资产管理公司过度投资或过度负债，又能保持合理的杠杆率和财务流动性以服务主业。

（三）母子公司管控现代化研究

随着商业化转型目标的确立，金融资产管理公司开始重组、收购和设立一些专业化子公司，部分学者对母子公司的管控进行了相关研究。杨军华（2012）指出改制后金融资产管理公司还需要对组织进行重组，增强总部的集团管控能力，对于子公司，组织结构和管控模式应更有利于发挥母子公司之间、子公司与子公司之间的协同效应。薛贵（2016）认为在商业化转型发展过程中，子公司数量不断扩大的同时，集团管理的制度框架却沿用最初的管理模式，导致总部博弈力量逐渐弱化，通过高度专业化分工的纵向一体化管控模式，可实现集团战略的有效落地，降低制度执行过程中的信息成本、衡量成本和监督成本。叶瑶（2018）认为四家金融资产管理公司初步构建了金融控股集团架构，调整了组织架构和制度安排，但依然存在信息成本和监督成本较高等问题，母子公司应建立合理的制衡和运行机制，母公司应指导子公司建立和完善与其业务性质、规模相匹配的公司治理机制，杜绝“不当激励”和不合理的考评指标。

第八节　银行理财子公司治理现代化研究

银行理财子公司是由商业银行作为控股股东发起设立，在经营上独立于银行，具有独立法人地位，同时对银行与银行理财业务进行风险隔离的金融机构。随着中国银行业的不断发展，银行理财子公司业务作为金融市场的一种新型业务，已经逐渐成为商业银行转型的重要途径，而良好的治理结构则是银行理财子公司发展的重要保障之一，本节将通过相关文献探讨中国银行理财子公司治理体系。

一、银行理财子公司内部治理现代化研究

银行理财子公司的内部治理相关研究主要集中在治理结构和母子公

司之间的协同效应与风险隔离。李春雷和彭杏雯（2019）指出银行理财子公司应建立组织健全、职责清晰、有效制衡、激励约束合理的公司治理结构和相互衔接、协调运转的管理机制，其中董事会对理财业务的合规管理和风险管控有效性承担最终责任，董事会下设风险管理委员会、投资决策委员会等专业委员会，负责充分了解理财业务及其所面临的各类风险，为董事会决策提供支持。云佳祺（2019）通过总结典型的国际先进银行的经验及启示，认为国内商业银行应加强母行与理财子公司以及理财子公司内部的业务协同和联动。谢伟（2019）认为管理机制建设是当前亟待解决的问题，理财子公司成立后的组织架构模式选择、投资决策流程、风险管理方案、考核激励机制尤其是理财子公司与母行各部门以及分行之间关系问题，需要整体和完备的方案，管理机制的先进与否将体现为理财子公司之间的竞争力差异。胡滨和范云朋（2020）提出商业银行可借助成立理财子公司的机会整合内部职能机构，进而实现理财业务和主营业务之间的风险隔离。云佳祺（2020）指出风险治理架构是银行理财子公司面临的重要挑战，银行和银行理财子公司应在集权和分权之间权衡母行与理财子公司的治理架构，既确保母行与子公司风险隔离，又尽可能促进母行与子公司在风险管理方面协同。宋一程和刘宗治（2021）认为全面有效的风险管控能力是理财业务稳健发展的基础，理财子公司（内设资管部门）一是要坚持稳中求进，加强与母行风险偏好的一致性，实现对大类风险的有效把控；二是要切实加强市场风险管理，建立科学的市场风险限额管理体系，增强应对大类市场波动和净值回撤的市场风险管控策略有效性。张宏良（2023）认为目前银行理财公司存在内控治理的不完善容易带来质量与数量的失衡、内控体系和手段的前瞻性不够影响委托投资的质量和效率的问题，提出要解决当前内控治理领域存在的一系列问题，真正提升内控治理水平，仍需从内控约束、内控措施、内控保障、内控监督等方面下功夫，敬畏规则、敬畏市场，回归“受人之托、代客理财”的基本职责，不断提升专业能力水平。

二、银行理财子公司外部治理现代化研究

外部治理相关研究主要集中在政府监管的影响和政策建议方面。张明和陈骁（2019）指出创新是风险最主要的来源，历来监管的放松和创新都可能在资本的市场化选择下逐渐成为风险积累的地方，因此需要高度关注理财子公司的创新优势可能衍生的风险。朱柯达和孟佳琪（2019）认为子公司管理办法及其他配套监管要求是理财子公司的核心发展基础，为理财

子公司长效发展提供政策支持。步艳红（2020）建议对不同机构的同类业务、同种产品逐步统一监管标准，对诸如养老金投资管理、个人养老金融产品等同类业务做出一致性规定，实行公平的市场准入和监管，最大程度上消除监管套利空间。韩佼和张佳婧（2022）认为监管部门要尽快制定理财产品会计核算与估值办法，实行统一标准，明确估值流程及规则，避免各商业银行估值不规范；同时，进一步完善理财产品的信息披露制度，明确产品净值披露的内容、频率、渠道等方面，使得理财产品的净值波动情况能够实现公开透明。

第九节　货币经纪公司治理现代化

我国的货币经纪行业与西方国家相比，发展时间较短，体量较小，体系尚未成熟。在学术界直接提及货币经纪公司治理问题的文献较少，当下我国学者针对货币经纪公司开展的研究更多从讨论我国货币经纪公司在发展中面临的问题入手，进而提出相关的现代化治理建议。

一、货币经纪公司外部治理现代化研究

货币经纪公司外部治理现代化的研究主要集中在信息披露和外部监管。

在信息披露优化方面，有学者认为需加强信息披露监管工作。秦龙(2018)指出货币经纪公司作为银行间市场价格形成过程中最重要的一个环节，信息披露相比其重要性远远不足，五家货币经纪公司从未向市场公开披露过业务经营情况，需要加强货币经纪公司信息披露建设。

在外部监管现代化方面，监督管理、监督体系和监督力度需要重点关注。吕晶（2018）认为当前货币经纪外部培训认证体系尚未建立，行业准入“门槛”偏低，建议制定各类认证体系，规范外汇经纪人从业管理制度。同时，加强对经纪人执业行为的监管和加大违法违规行为的处罚力度。秦龙（2018）指出目前对货币经纪公司的监管主要由中国银监会负责批准设立，但没有太多日常经营的监督管理，应形成常态化、专门化监管机制。丁攀、邢增艺和陈富节（2018）认为需要针对货币经纪公司进一步建立和完善监管框架体系。货币经纪公司业务的特点需要各类金融机构的广泛参与，需要建立系统性的监管协调合作机制。吕晶（2018）指出针对货币经纪公司同质化竞争现象明显问题，监管部门需要疏堵结合，扩大市场参与

者范围，严厉打击恶性竞争行为。孙天琦（2021）提出货币经纪公司存在违规持有债券和撮合交易等违规行为，监管部门应结合我国实际弥补监管空白，加强对货币经纪公司等市场中介机构的监管和处罚力度。

在利益相关者治理方面，李秋菊（2013）认为货币经纪公司外部利益相关者的构成相对简单，即金融机构是最主要的利益相关者，对于我国货币经纪公司而言，处理好与相关金融机构（客户）之间的关系，可以优化公司治理的外部环境。秦龙（2018）指出货币经纪公司对客户适当性管理和行为约束能力存在不足，需要完善客户适当性管理，完善对客户和自身进行询价的行为约束机制，并建立和优化纠纷处理机制。

二、货币经纪公司内部治理现代化研究

当前针对货币经纪公司内部治理研究的文献比较少，能够发现有关其内部治理现代化的建议也多为学者在研究货币经纪公司发展问题时涉及的内容，集中体现在优化内控制度。中国银监会有关部门负责人指出货币经纪公司要建立、健全各项业务管理制度与内控制度。吕晶（2022）指出货币经纪公司存在数据用途不规范的现象，应优化内部制度，设立系统监控，对敏感信息与非公开信息进行严格管理。

我国货币经纪公司发展历史较短，针对其治理尤其是内部治理的理论研究相对较少。未来的研究应更加关注如何提升货币经纪公司现代化治理水平，结合我国货币经纪公司的现状和特点开展研究，以更好地促进我国货币经纪公司的发展。

第五章　保险业金融机构治理现代化研究

保险业金融机构是指由国家金融监督管理总局监督管理的，具备从事保险业合法资格的金融机构。我国保险业金融机构包括保险经营机构和保险中介机构。保险机构治理是保险业治理的重要内容，保险公司治理是保险机构治理框架的核心。本章重点对上述两类保险业金融机构治理现代化研究进行总结与归纳。

第一节　保险机构治理现代化研究

保险机构治理是我国金融机构治理的重要内容，本节在对保险机构内外部治理现代化进行梳理的基础上，关注了保险机构治理评价、保险经营机构治理、保险中介机构治理、中小型保险机构治理、系统重要性保险机构治理的现代化研究。

一、保险机构治理提出

郝臣、钱璟、付金薇和崔光耀（2018）提出保险机构治理是保险经营机构治理和保险中介机构治理的总称，而保险经营机构治理按照经营机构业务类型不同分为保险公司治理、保险集团公司治理、互助制保险组织治理、再保险公司治理、保险资产管理公司治理和自保公司治理等。保险中介机构治理按中介机构业务类型不同分为保险代理机构治理、保险经纪机构治理和保险公估机构治理等。本节将基于以上分类方式，对各类保险机构的现代化治理进行简要介绍，但因保险公司治理尤为重要，将在下一节进行专门介绍。

二、保险机构外部治理现代化研究

有关保险机构外部治理的研究主要包括完善协同机制、利益相关者治理和优化监管体系开展等方面。杜正茂和龙文军（2009）探讨了如何构建促进农业保险经营机构发展的机制，即要完善政府的支持机制，建立农业保险经营机构与有关各方的社会协同机制，以形成促进农业保险经营机构发展的“合力”。刘咏（2020）提出保险机构要加快推进以投诉处理为主的“事后解决”消费者保障体系向“事前预防、事中控制、事后解决”全流程消费者保障体系转型，完善消费者权益保护机制，提升保险机构现代化治理水平。郭静（2021）在简要分析银行保险机构构建防控监管声誉风险体系必要性的前提下，针对防控监管体系构建中的突出问题，从声誉风险监管要素、工作机制、防控措施三方面入手，提出一些针对性的优化建议，以期促进银行保险机构可持续发展。

三、保险机构内部治理现代化研究

保险机构内部治理能力提升应从优化内部控制发力。于宙（2021）指出保险机构应建立与公司目标、治理结构、管控模式、业务性质和规模相适应，预算管理、人力资源管理、作业管理等相对独立的内部审计体系。朱艳霞（2022）提出保险机构应加强内控合规管理和保险从业人员管理。曹国俊（2022）指出银行保险机构应将绿色金融政策执行情况纳入内控合规检查范围，定期组织实施内部审计。郝臣、郑钰镜和石懿（2021）提出制定公司治理原则是完善公司治理机制的有效途径，保险公司治理原则是保险公司治理改进的重要外部动力，非强制性的治理原则主要发挥引领作用，强制性的治理原则主要发挥推动作用。我国针对保险公司具体特征制定了相应的保险公司治理准则并及时升级，重点关注股东义务、治理结构、信息披露和外部监管等方面的内容。

四、保险机构治理评价优化研究

对保险机构治理进行科学评价是提升保险机构治理现代化水平的现实依据，可以为保险机构治理改革深化指明方向。郝臣（2018）提出保险法人机构治理评价可以从建立分类治理评价体系、导入第三方治理评价机制、定期发布公司治理状况清单、加强对治理评价结果的利用、开发保险法人机构治理数据库等方面进行优化，完善我国保险法人机构治理评价工作，推进我国保险业治理能力现代化。

五、保险经营机构治理现代化研究

（一）保险集团公司治理现代化

针对保险集团公司治理的研究较少，主要集中在完善内部治理结构和加强外部监管方面。

在优化内部治理结构方面，重视母子公司治理和完善股权结构。刘金霞和齐青婵（2008）基于对我国国有控股保险集团公司治理结构现存问题的讨论，提出要合理设计母子公司治理结构及治理机制、引入银行作为国有控股保险集团的战略投资者、尝试建立经理会、吸收被保险人进入监事会和适时推行首席执行官（CEO）体制等优化建议。朱南军和郝君富（2010）分析了保险集团公司治理的特殊性及应关注的主要治理问题，提出以集团公司为主导，优化股权结构为条件，政府监管为辅助手段，不断提升我国保险集团的公司治理水平。关伟和沈飞国（2021）指出要强化党的领导作用、明确集团公司功能定位、优化母子公司协同治理模式。

在加强外部监管方面，要保证监管要求落实程度、强化信息披露要求和重视关联交易监管。魏瑄（2016）认为充分落实国内系统重要性保险机构监管要求，促进保险集团进一步优化公司治理、提高风险管理能力、强化危机处理与应对能力。关伟和沈飞国（2021）立足我国国情和保险集团公司治理现状，针对当前保险集团公司治理存在的主要问题，从监管部门的视角提出要加快完善监管规则、提高信息披露要求、完善治理有效性监督管理机制等政策建议。王诺方和吴迪（2022）指出关联交易监管是保险集团公司治理的核心，提出强化全面信息披露质量，构建商业判断形成的中立环境、保障内部商业判断决策依据的论证与留存以及引入第三方评估机构完善集团内部关联交易评价机制三条监管优化建议。

（二）相互制保险公司治理现代化

我国相互保险发展时间较短，国内学术界对于相互保险公司治理的研究并不是很多，有关内部治理的研究多集中在治理结构和内部控制方面，外部治理需充分发挥外部监管的作用和完善法律法规。

在内部治理方面，方国春（2015）提出应当完善公司治理结构，在公司章程中进一步明确成员大会制度和保单持有人在董事会和监事会中的地位。王佰茹（2018）对于相互保险公司的内部监管，从组织机构设置、组织机构内部约束机制、偿付能力监管、再保险制度和信息披露方面提出建议。

在外部治理方面，王宇佳和张曦（2015）研究了相互保险公司监管需要注意的问题，提出在制定相互保险公司监督管理政策时，要考虑相互保险公司的特殊性和一般性。方国春（2015）提出应当在法律法规中对相互制公司治理问题做出明确的规范，探索变更相互制保险公司注册管理的隶属部门和加大对相互制公司重要规章制度的审查力度。庹国柱（2022）关注了相互制保险公司偿债能力监管优化，提出可以从承认运营资金“股债”双性特点、采取弱偿付能力监管模式和考虑允许相互制保险公司采用长期负债基金化的方式募集资本金等方面进行优化。

（三）再保险公司治理现代化

再保险公司内部治理现代化需重视法人结构治理和内部管理体制改革。戴凤举（2010）提出要加快建立公司法人治理结构，使公司真正成为法人，自主经营。同时，对国有再保险公司进行股份制改造的探索，深化内部管理体制的改革，合理使用人才，完善激励机制，重视资金运用。

监管体系优化是再保险公司外部治理的重点。姚壬元（2003）认为我国的再保险监管应由对单一的法定再保险业务的监管发展为对法定再保险和商业再保险并重的监管，逐步建立以对再保险公司的直接管理和对再保险业务的间接管理相并行的复合管理模式和以适度竞争的再保险市场为导向，以商业再保险监管为主，符合国际惯例并体现我国特色的再保险监管体系。蒋岚（2011）认为我国的再保险市场和监管体系极不完善，通过分析我国再保险监管存在的问题，提出了优化我国再保险监管体系的措施，如继续实施法定分保，完善优先分保，完善准入与退出机制，建立商业分保的监管制度等。

（四）保险资产管理公司治理现代化

保险资产管理公司治理现代化需要从监管和公司两个层面同时发力。

在公司层面，要重视治理结构的优化。曹宇（2020）提出要推进完善符合我国资产管理行业特点的公司治理机制，坚持将党的领导融入公司治理全过程，以保护投资者利益为核心提高董事会履职效能。郝臣和马贵军（2023）提出要遵循过程治理、科学治理等治理理念与思维，优化治理结构与机制，规范设置专业委员会，严格履行信息披露义务。曹德云（2022）提出保险资产管理行业坚持以习近平新时代中国特色社会主义思想为指导，立足新发展阶段，贯彻新发展理念，构建新发展格局，以供给侧结构性改革为主线，坚持稳字当头、稳中求进、稳中育新，秉承创新发展、协调发展、绿色发展、开放发展、共享发展的理念，服务国家重大战略、支持实体经济发展，切实将行业高质量发展融入国民经济循环新体系的整体布局。

在监管层面，需要创新监管方式和弥补监管不足。党的二十大报告提出了全面建成社会主义现代化强国的发展目标，开启了建设中国式现代化的新征程，为保险资产的未来布局和配置指明了方向，同时也提出了新的要求（曹德云，2023）。陈祺（2018）提出将区块链技术运用于保险资产管理监管，深度挖掘区块链技术运用于保险资产管理业务的应用场景，大力培养具有保险资产管理、区块链以及监管知识的复合型人才，制定应用于保险资产管理业务的区块链监管技术标准，以推进保险资管管理业务监管技术现代化。郝臣和马贵军（2023）提出要加快制定专门准则文件，加强治理监管，树立模范典型，强化公司关联交易管理。曹宇（2020）认为要强化信息披露，强化关联交易管理，弥补监管制度短板，建立分类监管评价体系。

（五）自保公司治理现代化

针对自保公司治理的研究集中在外部治理尤其是优化监管方面。寇业富、孙逸竹和魏芳泽（2021）分析内地四家自保公司的公司治理现状并对公司治理监管进行评价，认为当前中国银保监会对内地自保公司的公司治理监管存在监管失灵现象，最后提出了完善中国专业自保公司的公司治理监管的政策建议。寇业富、徐焉可和侯丹蕾（2022）运用统计方法从违规事件类型、查处及时性及惩戒力度三个维度进行分析，对比专业自保公司与传统商业保险公司在市场行为方面的表现，以完善在市场行为监管层面，自保监管的运行效率及优化方向，并提出了完善监管法规、确定适宜的监管机构、建立协同监管机制、对自保公司进行差异化的监管等政策建议。

六、保险中介机构治理现代化研究

郝臣、钱璟、付金薇和崔光耀（2018）将保险中介机构治理按中介机构业务类型不同分为保险代理机构治理、保险经纪机构治理和保险公估机构治理等。

江生忠（2001）在《保险中介教程》中整理了我国保险中介主要法律法规，指出保险中介监管的趋势和重点是建立完善的监管规章体系，使保险中介有法可依，自觉遵守相关规定，优化保险市场制度环境。丁爱华（2006）从优化市场准入与退出机制、发挥行业自律组织作用、推进诚信建设、加强与国际监管组织合作交流等方面提出完善监管模式的建议。刘家养（2008）认为应在保险中介监管中建立保险中介信用体系。邹茵（2012）对保险中介监管的建议是改革和优化监管手段，提高市场集中度，加大监管力度，实施协同监管，为了提高监管效率应积极提倡监管创新。刘玉焕

（2012）认为保险中介监管对市场准入资本金要求过低，不重视对保险中介合规监管，保险中介监管重点在于政府主导下的产销分离，推动专业保险代理规模化，兼业代理专业化，从而推动保险中介向专业化、职业化和国际化发展。朱杰（2014）认为对于保险中介的监管需要创新，允许保险经纪人参与保险产品设计，并鼓励从国外引进保险中介从业精英，加强相互了解与学习。俞吟艳（2015）认为对于保险中介的监管问题，应加大现场检查力度，完善现场检查相关制度。刘小微（2017）认为我国保险中介监管机构应该提高对保险中介专业化能力要求，并对保险中介市场化经营起到引领作用。

（一）保险代理机构治理现代化

关于保险代理机构治理的直接相关研究总体较少，主要集中于内部完善治理结构和外部加强监管方面。

在内部治理方面，李光文（2006）提出要完善保险代理公司的法人治理结构，健全组织框架，完善规章制度和有效的内控机制，确保公司责权分明、规章健全、运作有序、科学管理。任勇和毕鑫鑫（2011）指出保险代理公司内部存在法人治理缺位、内控缺位的问题，提出要完善董事会功能，加大监事监督力度，全面推行独立的审计委员会，提高内部控制效率。

在外部监管方面，田宇（2006）提出保险监管部门除了在审批保险代理公司市场准入时严格把关外，还应建立对保险代理公司的信用评级和信息披露机制。俞吟艳（2015）通过分析泛鑫保险代理公司案，总结了我国保险代理监管的现状，提出要加大现场检查监管力度、提高保险代理机构违规成本和完善保险公司对保险代理机构的监管。

（二）保险经纪机构治理现代化

现有对保险经纪机构治理的研究多集中于内部控制和治理结构。

在治理结构方面，刘建英（2006）提出保险经纪机构存在规模较小，效益不理想，专业化程度不够，法人治理结构不完善，业务骨干不稳定等诸多问题，应从坚持职业培训，推进诚信建设，坚持高起点规范化经营，贴近市场、创新产品，加强企业文化建设等方面推进我国保险经纪行业健康发展。李勇杰（2008）指出保险经纪公司需要尽快建立起从股东到监事会的较为完善的治理结构，合理设计薪酬和奖励机制，将其为一般员工的主要激励制度，采用多层级的股权激励方式吸引高端人才。王文静（2019）提出保险经纪公司应建立决策、监督、经营各机构相互制衡的法人治理结构。

在内部控制方面，孙铭（2019）总结了现阶段保险经纪公司内部控制中存在的问题，提出要健全内控制度，完善内控体系；全面提升公司员工的综合素养，逐渐提高内部控制执行的效率；强化风险意识，完善防控措施；引进信息技术，构建信息平台。朱亚方（2020）探讨了保险经纪公司内部控制问题，建议完善内部机构内控体系，储备优秀人才提高专业素养，筹建信息技术平台，建立风险预警机制。

（三）保险公估机构治理现代化

有关保险公估机构治理的研究较少，现有对保险公估机构治理的研究多集中于治理问题和对策。易令正（2007）研究了保险公估机构的外部环境和内部机制存在的问题，指出监管部门应健全法制，完善制度，公司应加强内部管理，完善自我，提高市场竞争力，同时要建立行业协会，完善行业自律。王斌和王宇航（2007）提出保险公估机构存在从业人员专业水平较低的问题，应加快保险公估人才的培养，这既是保险公估技术专业性的内在要求，也是参与保险市场竞争的客观要求。黄素（2010）指出我国保险公估业存在着法律地位模糊的问题，提出在加强对保险公估机构监管的同时，国家应该在法律上给予保险公估以独立的、对保险当事人双方有约束力的法律地位，同时也应明确规定保险公估公司对保险事故进行评估和鉴定的特许经营权。

七、中小型保险机构治理现代化研究

中国保险机构治理现代化的重点是中小型保险机构治理现代化。郭树清（2020）指出要切实加强对银行保险机构尤其是中小保险机构公司治理的评估、指导与督促，定期评估公司治理的健全性和有效性，对存在的重大缺陷，特别是各种严重损害机构利益的现象，及时采取有力措施予以纠正。郝臣和刘琦（2020）设计了我国中小型保险机构治理评价指标体系，并利用该指标体系对我国中小型保险机构治理状况进行全样本、长周期的评价，依据评价结果从监管和机构两个层面提出了九条优化中小型保险机构治理水平的建议。

八、系统重要性保险机构治理现代化研究

目前针对我国系统重要性保险机构治理的研究主要集中在完善外部监管方面。郝演苏（2013）针对系统重要性保险机构的监管举措提出四点建议：一是提高资本金规模要求，提高普通股占比；二是加强信息公开化，提高市场交易透明度；三是提高保险机构恢复与处置的要求；四是提高大型保险机构的创新能力要求。朱南军和高子涵（2017）对我国建立国内系

统重要性保险机构监管体系的现实环境和可能产生的影响进行分析，并结合国外的实践经验和对国内情况的具体分析，就监管框架的进一步完善提出建议。王超和黄英君（2019）认为系统重要性保险机构评定的客观性和准确性是决定对其监管成败的首要方面，他们利用层次分析法建立中国系统重要性保险机构评价指标体系及其递阶层次结构，进而运用 TOPSIS 法配置了当前中国主要保险机构的系统重要性，并根据评价结果有针对性地提出了相应的监管建议。

第二节　保险公司治理现代化研究

习近平总书记在中央经济工作会议上讲话时提到“有效防范化解重大金融风险”。保险公司风险管理与公司治理具有密切的关系：风险管理是公司治理结构工作的重要内容，完善公司治理结构是风险管理的体制保障（房永斌，2007）。

一、保险公司治理转型研究

20 世纪 90 年代中期之前，公司治理主要针对非金融机构，而对金融机构的关注集中体现为商业银行的专家式债权（郝臣，2017）。2003 年是国有保险公司治理机制改革实现重要突破的一年，中国人寿、中国人保和中国再保险三家公司经国务院批准完成改制上市，公司治理开始与国际先进模式接轨。

一些学者对我国保险公司治理的发展阶段进行梳理，将其划分为 4 个阶段。俞德本（2004）与邱艾超和罗胜（2010）对我国保险公司治理机制的划分基本相同：传统的行政型治理阶段（1949－1977）、现代公司治理意识的产生阶段（1978－1985）、经济型治理结构初步探索阶段（1986 年至 90 年代中期）、有效监管模式下的经济型治理构建阶段（20 世纪 90 年代中期至今）。在 1949－1977 年，保险业的公司治理机制是单一政府管理制，政企合一、计划管理；在 1978－1985 年，在国家一系列“放权让利”政策的推动下，商品观念开始觉醒，现代企业治理机制的意识开始萌芽；在 1986 年至 90 年代中期，保险业投资主体逐渐多元化，新成立的股份制保险公司设立“三会”等治理结构，但股东产权性质单一，治理结构尚处于“搭架子、摆样子”阶段；20 世纪 90 年代中期至今，投资主体多元化更加深入，出现了国家股、法人股、外资股、私人股的混合产权结构，公司治理结构建设步入全新阶段。在保险公司治理机制转型的过程中，保险公司治理主体从初期的政府到 20 世纪 90 年代中期的股东，再到现在“以股东为治理主体，兼顾投保人等其他利益相关者利益”的典型的经济型治理主体，治理边界实现了从无企业边界向法人边界，再向集团治理边界的转化，风险的承担方式也正由“政府兜底”逐步向客户理性选择、公司自主承担转移。

郝臣（2017）将我国保险公司治理划分为 4 个阶段：（1）治理主体形成与改制——治理理念导入阶段（1979－2000 年），中国人民保险公司从 1980 年开始逐步恢复停办了 20 年的国内保险业务，伴随 20 世纪 90 年代中后期《公司法》和《保险法》的出台，新成立的股份制保险公司都设立了“新三会”治理架构，但是这一阶段的公司治理实际上还是局限于治理理念的导入，建立治理架构也往往是为了满足相关法律法规的要求而被动合规。（2）治理主体股改与上市——现代企业制度初步确立阶段（2001－2005 年），2002 年中国保监会对国有保险公司股份制改革做出了具体安排，自 2003 年 1 月，中国人寿、中国人保和中国再保险相继宣布进行股份制改革；2003 年 11 月 6 日，中国人保财险作为内地金融机构境外上市第一股——中国财险正式在我国香港挂牌交易，成功拉开了内地金融业进军境外资本市场的序幕。（3）保险公司治理全面开展——现代企业制度逐步建立阶段（2006－2010 年），2006 年 1 月 5 日，中国保监会颁布了我国第一个系统的保险公司治理指引性文件——《关于规范保险公司治理结构的指导意见（试行）》，引入保险公司治理监管制度，标志着我国保险公司治理经过股改环节的准备后进入全面开展阶段；2006 年 6 月 26 日，国务院发布《关于保险业改革发展的若干意见》，对公司治理建设及其监管提出明确的方向和要求。（4）保险公司治理深化发展——现代企业制度日益完善阶段（2011 年至今），我国保险公司治理架构真正被搭建起来，随着大量基础性制度文件的相继出台，我国进入保险公司治理深化发展的阶段。

二、保险公司治理质量现代化研究

治理质量的现代化主要体现在治理合规性和治理有效性两个层面。其中，一些学者围绕保险公司治理合规性，从强制合规和自主合规的分类出发，检验了我国保险公司的合规建设程度，并就其风险点提出对策与建议；一些学者围绕治理有效性探究其对保险公司经营绩效和行为的影响，并提出相应的对策与建议。

（一）保险公司治理合规性研究

一些学者从强制合规和自主合规的分类出发，检验了我国保险公司的合规建设程度。李维安、李慧聪和郝臣（2012）利用我国46家股份制保险公司的调研数据，检验我国保险公司治理合规性建设程度以及各种治理机制在实践中的有效程度，最后建议我国保险公司治理应不断推进从强制合规到自发合规的转变，最终实现从合规到有效的转型。李慧聪、李维安和郝臣（2015）分析了保险公司治理的合规程度：长期以来，为快速推进公司治理改革、防范治理风险、形成较为统一的治理结构，监管部门推行了大量的强制性监管规定，但是企业的强制性治理合规本质上是迫于监管压力采取的行为，并未充分考虑企业自身的特点，企业公司治理自治的空间比较狭窄，但是2006年新《公司法》赋予了公司更多自治的权利；在制度环境逐步改善的情况下，企业作为被监管者，其公司治理建设经历了从强制性治理合规到主动改善治理状况，实施自主性治理合规的过程，体现了从被动到主动的发展历程。

此外，也有一些学者从保险公司的合规问题出发，分析其风险点并提出对策与建议。岳志军、周述文和周璐（2018）以保险分支机构合规管理评价体系为主要研究对象，对S省保险分支机构合规管理现状进行了调查研究，发现部分保险机构合规管理组织架构不完善、工作机制不健全、合规管控层级递减等问题较为突出，论证了建立保险分支机构合规管理评价体系的必要性，总结了保险分支机构合规管理风险节点，提炼了合规管理评价指标并确定其权重，构建起保险分支机构合规管理评价体系。

（二）保险公司治理有效性研究

在公司治理有效性方面，学者最初多关注保险公司治理结构和机制是否能够显著提升公司价值，包括公司绩效的改善和公司价值的提升、便利收益（主要包括融资需求的满足和融资成本的降低）、决策水平提升和效果改进、代理成本的减少等方面（曹廷求和钱先航，2011），李慧聪、李维安和郝臣（2015）将其概括为经营有效性；之后，有一些学者的研究结果表明保险公司治理对投资、并购等风险的控制作用较为明显，李慧聪、李维安和郝臣（2015）认为公司治理有效性还应包括由于公司治理改善带来的治理风险和履约风险的降低，并将其称之为风险控制有效性。朱南军和王文健（2017）发现总体上我国保险公司治理对不同类型风险承担的影响存在差异：保险公司治理对投资风险产生正向影响，而对承保风险产生负向影响。

在保险公司治理对偿付能力和投保人利益保护的影响方面，郝臣（2021）认为保险公司有足够的偿付能力是保护投保人利益的基础，好的治理能够有效提高公司投资效率，进而提升保险公司偿付能力。郝臣、白丽荷和崔光耀（2016）研究发现，保险公司股权越集中，偿付能力越好；国有控股的保险公司偿付能力优于非国有控股的保险公司。为了更好地发挥股东治理的激励效应，保险公司的股权结构需要保持一定的集中度，才能使股东有足够的动力与能力关注公司，积极发挥激励作用，更好地发挥对投保人利益保护的作用。郝臣、崔光耀和白丽荷（2016）研究发现，保险公司治理是保险公司偿付能力的重要影响因素，保险公司治理在保护投保人利益方面起到有效作用。此外，资本性质、险种类型和成立年限是影响保险公司偿付能力的重要因素。郝臣、孙佳琪、钱璟和付金薇（2017）研究发现，保险公司信息披露水平越高，其偿付能力越强，对投保人利益保护效果越好；强制性信息披露水平对偿付能力有显著的正向促进作用，而自愿性信息披露水平未对偿付能力产生影响。因此，有效保护投保人利益需要重视强制性信息披露的监管，加强信息披露的合规性建设，细化披露内容，实现有效自愿性信息披露。郝臣和钱璟（2018）发现董事金融背景比例、董事精算背景比例和董事硕博学历比例直接对偿付能力产生影响，董事金融和精算背景比例对偿付能力有正向作用，而董事硕博学历比例对偿付能力有负向作用；董事会独立性通过公司绩效间接对偿付能力产生影响，董事会独立性对偿付能力有负向作用。

从经营有效性来看，一些学者从保险公司的单个治理要素出发，探讨了保险公司治理要素对绩效的影响（谢晓霞和李进，2009；王晓英和彭雪梅，2011；李腾和钟明，2017；方明浩、许荣和赵昶，2021；邱艾超，2022）；一些学者从多个保险公司治理要素出发，探讨其对绩效的影响（陈彬和邓霆，2013；江津和王凯，2015）；也有一些学者从公司治理的整体评价出发，探讨其对保险公司绩效的影响（胡颖和叶羽钢，2007；胡颖和叶羽钢，2008；王铭利、陆峰和高爽，2022）。此外，一些学者从保险公司经营行为的视角出发，探讨保险公司治理对经营行为的影响（张强春，2014；陈美桂，2015）；还有一些学者探讨了保险公司治理对融资行为的影响（谢晓霞、邓路和马婧，2011）。

三、保险公司治理评价现代化研究

综观各类公司治理评价系统，几乎所有公司治理评价系统均涉及对公司股权结构或股东权益、董事会、监事会、经理层以及信息披露水平的评价，但是较少涉及公司社会责任及公司治理文化（严若森，2010）。

关于保险公司治理的评价，主要评价方法包括层次分析法和数据包络分析法等，其中，有一些学者根据险种类型分别构建了保险公司治理的评价指数。严若森（2010）构建了一个涵盖股东权益机制、董事会治理、监事会治理、经理层治理、信息披露机制、利益相关者治理、公司治理文化、公司社会责任等 8 个一级指标以及与之相关的 33 个二级指标和 117 个三级指标的保险公司治理评价指标体系，该保险公司治理评价指标体系与评分计算方法有利于促进保险公司自身的治理诊断控制，并能为保险公司的股东、债权人、员工、客户等各类利益相关者的相关决策及政府的监管提供有益的指导与参考。王稳和田满霞（2020）构建了保险公司治理效率的评价指标体系，运用 CCR-DEA 模型、BCC-DEA 模型、超效率 SBM 模型和 Malmquist 指数，以 54 家中国寿险公司为研究样本，对 2016—2018 年我国寿险公司治理的技术效率、纯技术效率、规模效率以及全要素生产率进行了测算和评价，为保险公司治理效率评价的理论研究和实践从量化方法方面提供了参考。许敏敏和郭琦（2019）基于寿险公司与财险公司的差异，以我国财险公司为研究对象，构建财险公司治理评价指标体系，并利用层次分析法和专家调查法相结合确定各维度的权重后，构建财险公司治理指数模型，进而以我国部分财险公司 2016 年的相关数据为样本，计算出公司治理指数。此外，还有一些学者构建了保险公司的内部控制评价体系，黄娟（2012）构建了上市保险公司内部控制评价体系，运用层次分析法（AHP）对中国人寿、中国平安、中国太保三家 A 股上市保险公司的内部控制体系进行综合评价。

总体而言，各个公司治理评价系统的指标体系及指标定义之间存在明显差异，并且，现有的绝大多数各类公司治理评价系统均适用于一般意义上的上市公司，而未重视公司特性的差异（严若森，2010）。此外，评价体系主要以定性指标为主，缺乏可量化指标，且目前较少有文献区分寿险公司和财险公司的评价体系。

四、保险公司治理监管现代化研究

（一）保险监管环境的现代化研究

随着政策的出台，我国的监管环境愈加严格。李慧聪、李维安和郝臣（2015）从监管目标、监管内容与监管方式三个维度来分析监管环境的变化，即监管目标从“合规”到“合规与审慎并重”，监管内容从宏观监管向微观监管转变，监管方式由刚性约束向弹性引导转型。郝臣、董迎秋、马贵军、曹嘉宁和冯子朔（2023）认为法律法规是治理制度安排的基础，保险治理法律法规的建设状况能够科学地刻画中国式保险治理现代化的进程；同时指出，中国式保险治理现代化作为中国式现代化的重要组成部分，是指紧紧依托保险业发展现实背景，坚持党的集中统一领导，以法治为保障，以投保人和股东为主导的利益相关者为中心，以实现行业健康发展并最终有效服务于经济与社会健康发展为目标的中国特色保险治理发展道路。

（二）保险监管阶段的现代化研究

2006 年，我国保险监管机构借鉴国际保险监督官协会核心监管原则，引入保险公司治理结构监管，建立了市场行为监管、偿付能力监管和公司治理监管的三支柱监管体系（宋明，2018）。

学者对保险公司监管阶段的划分未达成一致见解，但是一般都包括市场行为监管阶段、偿付能力监管阶段和公司治理监管阶段。强强（2010）根据监管目标和原则的不同，将监管阶段划分为：直接领导监督阶段（1949－1965）、保险监管调整恢复阶段（1966－1995）、市场行为监管阶段（1995－1998）、保险分业监管阶段（1998－2005）、以偿付能力为核心的保险监管新阶段（2005 年至今）。郑伟（2018）将我国的保险监管划分为三个阶段：1979－1998 年的初级阶段、1998－2006 年的市场行为监管和偿付能力监管并重阶段、2006 年以来的“三支柱”监管阶段。

随着企业风险管理成为风险管理的核心标准，以及保险公司风险管理的推进，秦启根和王稳（2010）认为，保险监管应当顺应企业风险管理的趋势进行监管创新，从传统的“三支柱”监管体系——市场行为监管、偿付能力监管和公司治理监管，转向“新三支柱”监管体系——动态偿付能力监管、风险管理要素监管和可持续风险监管。

（三）保险监管现代化的建议与对策

在内部监管方面，一些学者从第一大股东的性质、股权制衡度、关联交易等出发，为保险公司监管提出对策与建议。祝继高、苏嘉莉和黄薇（2020）以寿险企业为样本，探究股权结构、股权监管与财务业绩的关系，最后提出监管建议：要关注第一大股东为国有性质的寿险企业的监管；监管部门在设置股东比例上限时既要考虑到大股东的积极监督、支持作用，也要防止“掏空”行为的发生。宋明和王国军（2022）从控制权及其私有收益的相关理论出发，基于理论和实践带来的相关启示，提出加强关联交易监管相关建议，一方面推动公司治理监管向控制权为中心发展迭代，建立个性化制衡手段，改良独立董事制度，校准关联审查机构定位等；另一方面推动关联交易监管向行为约束为核心转变，建立险资运用导向的监管规则，建立公允审查机制，扩充司法救济的发起机制等。

在外部监管方面，一些学者从科技视角切入，为保险业的外部监管提出建议。赛铮（2020）指出保险科技的蓬勃发展带来技术性风险、数据与信息安全风险甚至诱发系统性风险，迫使监管者必须予以有力回应，但是传统保险监管存在监管理念滞后、技术匮乏、新型监管人才不足等弊端，无法有效应对保险科技创新所带来的风险，呈现出局限性，因此，必须在传统保险监管中引入“科技型”监管维度，实现保险监管现代化转型，从而更好地应对保险科技带来的风险及引发的监管挑战。

郝臣（2021）关注了监督机制对保险机构风险承担的影响。在对相关监督主体行为进行分析的基础上，本书构建了我国保险机构监督指数（IISI），基于构建的保险机构监督指数和设计的保险机构风险承担水平与风险承担行为指标对保险机构监督机制的有效性进行实证检验，并基于实证结果提出优化我国保险机构监督机制的对策建议。

五、保险公司治理风险管理现代化研究

保险公司面临着一般环境风险、行业环境风险和企业环境风险，它们不是孤立的，而是相互联系、相互影响的，只有整体地、综合地、全面地认识风险和实施风险管理，才能从根本上有效控制风险（刘新立和董峥，2003）。在经济全球化、金融一体化迅猛发展的今天，保险公司所面临的风险越来越大，风险涉及的范围越来越广，度量和管理风险的陈旧方法已不适应当前发展的现状，也不符合未来风险管理的发展方向，未来保险公司风险管理发展方向应当是全面综合的风险管理（张君，2003）。

2016 年 1 月，中国保险监督管理委员会（China Insurance Regulatory Commission，缩写为 CIRC）宣布自 2016 年起正式实施中国风险导向的偿付能力体系 C-ROSS[①]。C-ROSS 体系的正式实施，标志着我国保险监管和保险行业的风险管理要求进入了新的时代，由过去的规模导向过渡到风险导向，更加合理地经营风险、管理风险，从“综合成本观”向“风险调整 ROE 观”转换（欧阳越秀，2016）。

于华（2022）认为近年来，在党中央、国务院的坚强领导下，金融业公司治理改革取得显著成效，公司治理监管制度持续完善，公司治理已成为金融机构强化风险防控、深化机构改革、实现高质量发展的重要着力点。保险保障基金公司作为保险业风险防控专业机构，在承担保险业风险监测与风险处置职能中，愈加深刻认识到公司治理在金融风险化解中的重要“抓手”。

① 中国风险导向的偿付能力体系（China Risk Oriented Solvency System，缩写为 C-ROSS）建设于 2012 年，2015 年 2 月正式发布并进入实施过渡期，2016 年 1 月 1 日起正式全面实施，是具有中国特色的偿付能力监管制度。

关于保险公司治理风险管理的具体研究，刘冬姣、李立和李晶晶（2018）基于 48 家财产保险公司的数据，实证分析了投保人市场约束对财产保险公司风险承担行为的影响。研究发现在市场影响阶段，保险公司并没有根据投保人市场的价格约束和数量约束信号改变其风险承担行为，提出针对投保人市场约束机制无效的情况，应积极转变监管理念，加快培养投保人的市场约束能力和完善保险信息披露体系，鼓励成立专业的保险公司评级机构，并且继续推进保险市场化进程，健全保险公司内部治理结构。徐华和李思荟（2013）发现外部监管在一定程度上替代了内部治理，发挥着对产险公司杠杆风险的监督作用，两者存在“替代”关系；外部监管和内部治理能够同时有效抑制产险公司承保风险的提高，两者存在“互补”的关系；外部监管和内部治理与投资风险的改变均不显著。

第六章　证券期货业金融机构治理现代化研究

证券期货业金融机构是指由中国证监会监督管理的，具备从事证券业和期货业合法资格的金融机构。我国证券期货业金融机构主要包括证券公司、证券投资基金管理公司、证券投资咨询机构和期货公司。本章对上述四类证券期货业金融机构治理现代化研究进行概述与汇总。

第一节　证券公司治理现代化研究

学术界有大量文献聚焦于我国证券公司的治理现代化问题，学者对我国证券公司治理的问题和缺陷进行了分析，并进行了有关治理有效性的实证研究，指出证券公司治理结构和机制存在的问题，并提出优化建议。

一、证券公司治理问题研究

我国证券公司治理问题的研究非常丰富，大量学者指出我国证券公司治理存在内外部的明显隐患。王国海（2006）较早关注了我国证券公司治理问题。曾欣（2000）基于委托代理理论，指出我国证券公司的股东基本上都是公有企事业法人，而公有产权容易导致委托人主体缺位，从而形成经理层的道德风险。陈共炎（2004、2004、2005）分析了股权结构、内部控制与证券公司治理间的关系，认为我国证券公司的问题在于股权结构的集中同国有性质相联系,即国有控股权在证券公司股权结构中具有垄断性，这使得我国证券公司在所有者与经营者的委托代理关系外，增加了国有股权所有者与国有资产代理人之间的委托代理关系；同时，他还强调我国证券公司在发展中内部控制机制建设缺乏动力，经营管理重点和注意力过分集中于如何开拓市场，扩大业务，内部控制意识薄弱。范小雯（2003）、张宝双（2003）也指出股权结构不合理（股权高度集中和股东性质单一）导致我国证券公司的治理结构具有内部人控制的鲜明特征，从而影响公司发展。王国海和曹海毅（2004）进一步提出我国券商在公司治理结构上还存在对经理人员的激励约束机制不足、缺乏长期导向的企业文化和高素质的研发队伍等问题。林楠（2004）、安雪梅和陈乃新（2004）、凌菲（2013）等学者也提出相似观点，并指出中国证券公司治理还存在外部治理机制缺位、法人治理结构缺乏规范、股东大会流于形式、董事会治理机制虚置、监事会制度欠缺等问题。

证券公司内外部治理缺陷带来了诸多问题。刘江会和宋瑞波（2003）认为我国证券承销市场中券商行为短期化倾向和违规失信行为时有发生的重要原因之一是内部治理结构不完善，具体包括股权结构的缺陷（高度集中性与缺乏流动性）和激励机制不到位（薪酬水平低、薪酬结构单一、激励目标短期化）。路运锋（2005）强调，由于公司的治理缺陷，证券公司大股东的“隧道行为”侵害着公司和中小股东的利益。何贤杰、孙淑伟、朱红军和牛建军（2014）针对具有证券背景的独立董事的违规行为，研究了证券背景独立董事对投资者获取上市公司信息公平性的影响。发现当上市公司聘请证券背景的独立董事后，券商自营机构的投资者对这些公司的持股比例显著增加，并强调对于信息透明度较低的公司（如处于法律保护环境较差地区的公司，聘请低质量审计师的公司以及关联交易严重的公司），即内部人信息更具价值的公司，这一现象更加明显。

针对证券公司的风险管理，不少学者提出需要建立更加完善的风险约束机制和更加有效的监管体系。黄运成和徐锦文（1999）关注了证券公司风险管理问题。刘增学、王雅鹏和张欣（2004）指出，中国证券市场的发展使中国证券公司风险约束机制面临着一轮全面而深刻的调整，亟须建立包括环境、制度、风险监控与预警体系在内的中国证券公司风险约束机制。庞介民（2005）对内外部风险监控的关系、风险监控对证券公司治理和经营的影响进行了分析，并指出加强风险监控的现实约束和不同情境下的风险监控模式选择。封思贤（2006）结合我国的实际，系统阐述了完善我国证券公司风险管理体系的四个重点：风险管理业务的流程再造、风险管理的组织结构再造、风险预警管理体系的构建和证券公司治理结构的完善。李楠（2010）从公司治理角度分析了我国证券公司风险特殊性，认为有效的监管体系应该一方面重视市场监督、约束和治理机制在监管体系中的作用，另一方面应该通过设计合理的激励机制促进投资银行内部风险管理水平的提升。

二、证券公司治理有效性研究

针对证券公司治理有效性的研究主要将治理结构与公司绩效相关联，通过研究二者之间的关系，为证券公司治理现代化提供思路。

（一）治理结构与公司绩效

田军（2002）分析了在中国加入世界贸易组织（WTO）、我国证券市场与国际证券市场逐步接轨的新背景下，我国集团化证券公司治理结构的制约因素，据此建立了新形势下我国证券公司治理结构的绩效评价模型。张维（2007）对证券公司治理结构和经营绩效进行重新考察，设计了证券公司绩效评估模型，并发现合理的治理结构能够提升证券公司绩效。陈昕和林晓璇（2013）分别从股权结构、董事会、监事会及执行高管四个方面实证研究上市券商公司治理结构特征对经营绩效的影响，发现上市券商虽然都有形式健全的公司治理结构，但大部分公司治理机制未能发挥显著作用，对提高盈利能力与抗风险能力并不明显，需进一步深化与改进。

（二）股权结构方面

杨斌（2008）的实证研究显示我国证券公司在2002－2006年期间股权结构趋向于更加集中，股权集中度与公司的绩效呈正相关关系；第一大股东持股比与绩效存在倒U形关系。吕光桦（2007）的研究表明控股股东的存在有助于公司绩效的改善，但过高的股权集中度与公司绩效呈负相关关系。王聪和宋慧英（2012）实证分析了股权结构、市场结构与证券公司成本效率之间的关系，指出国有性质证券公司的效率低于非国有性质的证券公司，股权集中度与证券公司成本效率之间是一种U型关系。

（三）董事会、监事会与高级管理层方面

冯根福和丁国荣（2011）通过实证研究提出，董事长与总经理的两职分离有利于提高公司经营效率，管理层规模增大、报酬提升也有助于改善证券公司经营效率；增大董事会规模、提高独立董事比例则负向影响公司经营效率。沙浩（2011）指出董事会规模与效率负相关，且董事持股比例越高，券商越倾向于拥有更大的市场风险。陈毅（2014）分析内部治理因子对证券公司经营绩效的影响，发现扩大证券公司监事会、董事会规模，提高高管薪酬激励等行为可以促进证券公司经营绩效的提升，并据此提出要完善证券公司的高管激励机制，改善证券公司董事会结构，建立独立董事和外部监事市场，从而提高证券公司治理水平。丁国荣（2010）深入剖析了我国证券公司领导权配置模式，指出我国证券公司党委的政治核心作用，为其配置决策权更有利于提高公司绩效。

三、证券公司治理优化研究

（一）针对内外部治理缺陷的优化建议

针对我国证券公司治理存在的缺陷和问题，不少学者提出了改进建议。罗伯川（1997）对证券公司内部控制制度提出了系列建议。张建波（2003）提出，要完善、优化我国证券公司的股权结构，进一步健全与完善证券公司的公司法人治理结构，并对目前证券公司的组织制度进行改革创新。杨效东（2003）强调治理结构的规范和发展中应进一步鼓励股权结构多元化、分散化，积极引入独立董事制度，进行以经营者为主体的约束和激励制度创新，建立完善风险监控机制和信息披露规则。牛建波和李胜楠（2003）、聂华（2012）提出在利益相关者理论的基础上，构建证券公司共同治理模式，从股权结构、组织结构、内控机制、外部监管等角度给出了完善我国证券公司的治理具体路径，以期为有效控制证券公司风险、实现持续健康稳定发展提供制度基础。

黄运成和李畅（2004）揭示出我国证券公司的治理问题形式上是微观的，而本质上却是宏观的，认为我国证券公司治理产生缺陷的根本原因是政府在市场经济发展中的错误定位——“双重身份”下的过度干预及资本市场的行政化等，并提出完善公司治理的根本措施是加快政府体制改革，合理界定政府与企业、市场的边界，适度分散证券公司股权等。沈振宇、王金圣、薛爽和蔡祥（2004）提出我国证券公司治理模式由人民银行的“超强控制”转变为国有股权虚置的“超弱控制”。为解决这一问题，要在可能的情况下，降低国家在证券公司中的持股比例，同时监管部门要督促证券公司完善公司治理结构，建立现代企业制度，防止证券公司内部人控制的负面影响——以损害股东利益为代价使自己的福利最大化。胡强（2006）提出，以国有产权为主导的产权结构和激励不相容的外部治理机制是滋生治理风险的源头，也是解决问题的切入点。李嵘（2008）提出了以公正地维护核心利益相关者权益作为公司治理目标、创建有各核心利益相关者参与的公司（代表）大会作为证券公司权力源泉、选择性适用独立董事和监事会制度，以及加强证券业诚信文化建设和中介机构的监督参与机制等一系列具有实用价值的建议。

（二）基于行业发展背景和重大违规事件的治理建议

部分学者从证券行业整体性大事件着手，提出证券公司治理的优化路径。

伍兵（2005）针对自2002年起我国证券公司连续三年出现的全行业亏

损，认为要从外部制度因素和内部治理缺陷两个角度实施举措，化解其生存危机。杨席（2009）在金融危机背景下，提出我国证券公司要完善独立董事制度、激励与约束机制，同时还要完善证券公司治理评级机制和监督机制。卢骏和曾敏丽（2011）认为，在金融混业经营趋势下，为了实现有效的公司治理，证券公司应该以金融控股公司为发展目标，建立H型和矩阵型相结合的治理结构，并针对证券公司的特殊性，进一步提出我国证券公司组建金融控股公司以实现混业经营的两种发展策略——母公司化和子公司化策略。

唐宪（2007）从被风险处置证券公司的违规行为入手，归纳了我国证券公司风险控制机制缺陷的主要表现，提出了从四个方面入手建立我国证券公司风险控制长效机制的建议：进一步加强制度建设；证券公司内部建立合规机构，健全风险控制的组织机构；改进技术手段，采用科学系统的风险控制方法；推进证券公司改制上市，实行证券公司员工持股计划。齐岳、刘彤阳和郭怡群（2018）针对2015年重大券商违规事件，指出证券公司要加强内部治理，特别是新业务、新产品的规范化问题和高管的约束问题，降低杠杆率，做到程序化严格管理交易，加强员工教育和监督；同时要改善外部环境，强化外部治理机制，依法经营、合规诚信，以更好地服务于实体经济，适应经济发展新常态，保持竞争优势。

（三）国际证券公司治理经验借鉴

通过对比分析国内外证券公司治理结构，借鉴国际证券公司治理经验，研究者提出我国证券公司治理结构的完善思路。郝旭光和戴轶（2005）对比了国际证券公司治理结构的两种模式（英美模式和日德模式），指出我国证券公司治理结构与英美模式进行比较更有意义，应该借鉴美国证券公司治理模式对我国证券公司治理结构进行改革。陈兆松（2007）对中外证券公司治理结构进行了比较分析，指出我国证券公司存在着严重的治理结构问题，其根源并不在于公司治理结构的形式不够完备，而在于内部治理结构的低效和外部治理环境的缺陷。朱科敏（2006）探讨了公司治理与股权结构的关系，并通过分析比较中外证券公司治理状况，提出优化我国证券公司股权结构的建议。闫鸣（2001）通过对比国际证券公司治理结构，指出券商上市后，新公众股东的引入可大大削弱原有大股东在股东大会、董事会中的话事权，从而在股权层次建立起对大股东的有效制约机制。廖斌（2003）对比了中美证券公司的股权结构、董事会结构及其职能、激励机制，指出我国证券公司治理应当在提高股权的流动性、完善董事会结构以及人才激励机制等方面采取制度创新对策。牛建波（2004）也进行了类似的比较分析，并指出股权的分散多元化是公司治理的前提，同时要重视职业生涯计划和长期激励作用，建立对独立董事的法人约束，实行全面的信息披露制度。

第二节 证券投资基金管理公司治理现代化研究

在基金运作过程中，基金管理人是重要的参与主体，因此，基金治理包括基金管理人治理（或称基金管理机构治理）。而基金管理人治理包括针对公开募集基金的基金管理人治理，即证券投资基金管理公司治理和私募基金管理人治理。本章主要关注证券投资基金管理公司治理现代化研究，同时对基金治理、基金管理人治理和私募基金管理人治理现代化研究进行简单梳理。

一、基金治理与基金管理人治理现代化研究

（一）基金治理现代化研究

基金运作模式分为公司型和契约型两种，中国的基金业全部采用了契约式运作模式。欧明刚和孙庆瑞（2001）对契约型和公司型基金的治理结构进行了比较研究，表明以独立董事为特征的公司制基金得到了越来越多的认同，强化监督的契约型基金治理结构安排同样具有生命力。杨宗儒和张扬（2013）提出，契约型基金和公司型基金的治理结构存在差异，公司型基金在保护持有人利益方面的制度设计具有明显优势。影响基金治理的主要因素包括外部环境、基金当事人监督制衡机制和利益协同机制、基金管理人内部控制等。

总体来说，目前我国基金治理还需进一步完善。孙杨和尚震宇（2008）认为基金契约的签订、费率的确定、费率的计提是导致基金管理人侵害基金持有人利益的本质原因，而现有的基金托管人制度、基金持有人大会、独立董事制度和证券市场环境建设，没有真正有效地保护基金持有人利益。肖强（2007）通过分析我国现行“共同受托人模式”基金治理结构的立法和运行缺陷，提出要发展基金管理权市场，强化对基金发起人的法律规定以弱化发起人与基金管理公司的关联性；加强基金持有人大会的治理功能，赋予基金持有人大会以提案权，强化基金持有人的召集、表决权，并切实提高基金持有人的维权意识；引进新制度强化持有人监督权，同时明确基金托管人的责任，强化基金托管人的监督。

（二）基金管理人治理现代化研究

针对基金管理人治理问题与对策的研究主要关注了基金管理人的激励机制和委托代理问题。

夏彬（2005）提出，基金治理结构及其制度安排是实现投资者权益保障的关键，而完善基金治理结构的难点是基金管理人的激励机制。黄人杰（2009）也提出相似观点，认为基金管理人需要注重的是制度设计和评价体系，我国证券投资基金需要强化激励和约束机制，建立合理的内外部治理结构规范基金管理人的行为。

陈士林（2010）提出，证券投资基金管理人与持有人之间存在信息不对称，基金管理人为追求个人利益会出现道德风险、逆向选择等问题，必须加强我国基金管理人信赖义务理论的研究，构建以信赖义务为核心的基金管理人监管制度。袁乐平、余绍山和姚壮龙（2013）指出，传统基金治理结构大多采用经理型模式，基金管理人的道德风险难以避免，而对基民与基金管理人的委托代理合同进行优化（重激励、轻约束）不能从根本上消除基金管理人的道德风险，必须实现基金管理人从经理型向股东型的彻底转变，将基民与基金管理人的关系由传统的基金运行模式中的股东与经理的关系改造为优先股东与普通股东的关系，从而发挥对基金管理人的机会主义行为的矫治功能，以及对基金管理人能力的甄别功能。袁乐平和刘力（2016）提出，基金管理人的“经理人”定位导致了在委托代理框架下的高代理成本，将基金管理人“经理人”的组织角色进行重新定义，即改变基金管理人在基金治理结构中的定位，是解决问题的关键。可以采取调整权利分配格局来化解这种角色矛盾，通过采用债权—债务型治理结构，将基金管理人的角色从“经理人”转变为“基金所有者权益人”，从根本上消除基金管理人的代理成本。

二、证券投资基金管理公司治理现代化研究

目前学者主要从证券投资基金管理公司的委托代理问题、治理有效性、外部治理等方面对证券投资基金管理公司治理问题进行研究，并以此为基础提出治理优化意见。

（一）委托代理问题研究

证券投资基金管理公司治理中存在基金份额持有人与基金管理公司、基金管理公司股东和基金管理公司经理人员之间双重的委托代理关系。郝旭光和黄人杰等（2004）指出基金行业问题的根本在于信息不对称、契约不完全以及交易成本所导致的委托代理问题，并据此通过委托代理模型揭

示了基金组织中效率损失的原理，通过博弈模型分析了基金管理人和基金托管人之间、基金管理公司股东与管理层之间的博弈。

冯军（2006、2006）提出基金管理公司应该以基金份额持有人利益最大化为治理目标，从内部治理结构、激励机制和外部监督机制等方面进行内外综合治理，从根本上解决目前持有人利益缺乏保护的问题。奚庆（2011、2011、2012）指出，基金制度下基金管理公司的经营层拥有更多的基金与公司经营的控制权，迫切需要通过长期激励将其利益与基金、公司的发展相互结合，以实现彼此的共同发展。基金管理公司股权激励在具体的制度选择上面临着诸多问题和障碍，而“持基激励”则在符合法律规定、满足制度目标与现状等方面具有积极的价值，应当成为其长期激励机制构建的必然选择。由于现有的基金管理公司经营层持基激励尚存在着相应的不足，应当在持基时间、数额、对象以及立法等方面加以完善。

（二）治理有效性研究

针对证券投资基金管理公司治理有效性的研究主要将治理结构与公司绩效相关联，从而发现治理结构存在的问题和优化路径。

针对股权结构，杨雄胜、谭安杰、李翔、林树和陈浩（2008）研究发现，基金管理公司的股东群体规模越大，中小股东为保护自身产权会采取尽快收回投资的策略，从而提升基金持有人的委托成本，但缺乏动机提升其持有基金的回报。陆蓉和李良松（2008）考察了基金管理公司家族共同持股的特征，发现家族共同持股行为对基金管理公司业绩增长率和风险呈现倒 U 形的影响，说明基金管理公司通过家族共同持股来提高业绩的做法是以增加风险为代价的。何杰和杨丹（2010）分析了基金管理公司股票投资业绩的影响因素，发现外资持股比例对其投资业绩有着较明显的正向影响。

肖继辉和彭文平（2010）通过分析基金管理公司的内部治理对开放式基金业绩、规模和资金流的影响，发现一股独大、董事会规模、内部董事比例和督察长的设置具有负面的治理效应；均分股权、监事会规模、内部监事比例和投资决策委员会规模具有正面的治理效应。彭耿和殷强（2014）则认为，独立董事占比以及总经理地位与基金业绩没有相关性，但董事会规模与基金业绩呈正相关关系。杜小艳、刘晶晶和杨雨薇（2016）也进行了类似实证研究，并从股本结构、董事会规模等方面提出了完善证券投资基金管理公司内部治理结构的对策。

（三）外部治理研究

针对证券投资基金管理公司外部治理问题的研究相对较少。万福

(2007)认为基金监督主体缺位、监督主体职责重叠、监督人与管理人合谋，导致监督效果甚微，并提出改善途径：发展公司型基金；完善现有基金法律法规，健全基金公司董事会独立董事制度和督察长制度；改革托管人制度；加强基金信息披露制度等。

（四）治理优化研究

在治理优化研究方面，仝德良和许秀梅（2002）提出，独立董事制度的引入能够从根本上弥补基金管理公司传统公司治理结构的缺陷。张宏远、郑绸和孙明贵（2007）也指出要发挥基金管理公司的独立董事作用，并提出其他优化基金管理公司法人治理结构的途径：注重保护投资人的权利，加强投资人对董事的监督；强化基金管理公司内部控制制度；完善基金管理公司的监管体系；突破现有的激励约束机制瓶颈；强化信息披露制度，严禁基金内幕或关联交易；构建基金管理公司法人治理结构的评价方法。

匡洪燕和周泉恭（2007）指出，研究投资基金的公司治理问题必须将证券投资基金的组织形式也包括进去，形成证券投资基金“组织治理”的概念。当前中国证券投资基金组织治理效率问题的优化路径有两条：一是在有限合伙企业中引入相关公司制度安排；二是将有限合伙机理引进公司制。研究者认为，公司合伙制投资基金是实现证券投资基金组织治理效率的最佳型态。

三、私募基金管理人治理现代化研究

私募基金管理人也是我国基金管理人的重要组成部分，部分学者针对目前私募基金治理的现状和缺陷，主要从外部监管层面提出了治理现代化建议。

赵玉（2012、2013）提出，私募基金内含推动金融创新与诱发金融风险的功能双向性，以私募基金管理人监管为中心，从自愿监管向强制监管模式推进，建立私募基金注册监管与私募发行监管二元模式，细化私募基金管理人准入标准，并强化私募基金投资人的救济机制，或许可以成为我国私募基金纳入法律监管的改革方向。

肖宇和许可（2015）指出，信义义务是解决投资人与基金管理人信息不对称与道德风险的钥匙，基于私募股权投资基金的特殊性，信义义务在融资、投资、管理和退出环节各有具体的表现形式，注意义务与忠实义务在不同情境中的弹性与张力也各有不同。但是信义义务也受到主观判断、法官裁量水平等因素的影响，需要与外部监管措施相结合共同保护投资人利益。

燕艳（2021）通过分析我国私募基金管理人市场准入由“放”到“管”的制度背景及其治理逻辑，介绍美国和欧盟监管经验，建议将私募基金管理人市场准入规制进一步规范化、公开化和透明化，事前准入与事中事后监管紧密衔接，切实提高行业违法犯罪成本，强化基金投资者的司法救济保障。

第三节　证券投资咨询机构治理现代化研究

有关证券投资咨询机构治理的文献研究较少，主要是对证券投资咨询机构治理问题进行分析，并在此基础上提出优化建议。

一、证券投资咨询机构治理问题研究

证券投资咨询机构当前内部治理不完善，外部监管存在空白地带。侯外林（2010）指出现行证券投资咨询法律制度存在管制过度和监管空白并存、有关规章制度缺乏配套措施或上位法支持、处罚权不明确导致执法困难、缺乏投资者保护机制等突出问题，这是造成证券投资咨询行业危机的根源。季松和叶蜀君（2013）也提出类似观点，认为现有监管规则多立足于加强管制、防范风险，部分规则过细、过窄、过紧，被批评为保姆式监管，导致证券投资咨询机构盈利模式单一、业务空间狭窄、行业发展缓慢，未能起到证券投资咨询应起的作用。

二、证券投资咨询机构治理优化研究

关于证券投资咨询机构治理的优化路径，祝涛（2006）认为应把握两项基本原则，一是自我发展和政府扶持有机结合，二是加大监管力度和违规处罚力度。李延振和徐茂龙（2010）提出采取综合治理的思路，推进证券投资咨询制度变革，修改和完善相关法律制度，推动咨询公司业务转型，落实证券公司咨询服务义务，建立打击非法咨询活动的长效机制，改进证券投资咨询监管方式，促进证券投资咨询业持续健康发展。

林雯、黄坤和王琦（2019）针对“荐股骗局”、市场操纵等证券投资咨询乱象，提出应按照“先规范、后发展”的整体监管思路，首先要开展专项整治，重塑监管权威；其次要完善监管法规，加强监管协作，提高监管效能；最后是明确定位，扶优限劣，督导行业回归本源。倪受彬和张艳蓉（2014）基于信义关系理论，提出证券投资咨询机构与投资者之间的关系符

合信义关系的要素，即信义关系下，一方负有信义义务。将信义义务引入证券投资咨询，明确投资者向证券投资咨询机构追究民事责任的法律基础，有利于保护实际承受风险的投资者的合法权益。

第四节　期货公司治理现代化研究

作为现代金融企业，期货公司在市场经济中发挥重要的作用。随着期货市场不断发展，期货品种越来越多，期货成交量屡创新高，期货公司由单一期货经纪业务向投资咨询、资产管理、风险管理等综合业务的现代金融企业转变，客观上对期货公司现代化治理提出了更高的要求。

一、期货公司治理现代化研究

现有学者对期货公司现代化治理的研究已经趋于成熟。在探究期货公司现代化治理的重要性方面，谢磊（2004）认为有效的公司治理结构体系能够及时发现、有效防范、合理处理期货公司风险的发生和扩散。王仲会（2008）指出期货公司作为经济高度市场化的连接金融和实体经济的市场组织形式，是金融市场体制的核心构成要素，具有独特的行业特性和利益相关者以及独特的风险机制。期货公司现代化治理要在一般公司治理的体系下融合行业特殊性和风险机制，构成具有行业特征的期货公司治理。

在解决期货公司现代化治理问题方面，廖士光和骆玉鼎（2007）指出中国期货经纪公司在内部治理方面存在着股权结构不合理、管理层独立性不强、监督机制不完善、独立董事制度尚未完全建立、相关利益主体对公司监控作用较小等问题；在外部治理方面存在信息披露制度落后和市场竞争不充分造成的经理人市场缺失等问题。薛智胜和张凡（2016）则从发展的角度，认为期货公司的组织形式、内部组织机构及其内控机制正在发生变化，个别期货公司开始在新三板挂牌及我国香港上市。但总体而言，由于路径依赖，我国期货公司治理结构依然维持传统的格局，与现代金融企业的治理结构还有一段距离：期货公司治理囿于其组织形式、所有制性质所限，股东会、董事会、监事会和经营管理层结构不平衡，“三会”运行不畅，经营管理层独大。汪龙海和刘建华（2014）则是从实证的角度入手，通过对国内现有160多家期货公司的对照分析，通过一系列的异常值分析方法，可以有效识别特定期货公司和行业整体经营上的差异，并制定有针对性的措施和方案，有效提高期货公司的经营和现代化治理水平，促进期货行业整体监管和经营水平的提高。

在优化公司治理结构方面，杜娟（2020）从内部治理的角度，认为期货公司内控存在缺乏完善的现代化治理结构、经营管理层缺乏对内部控制的重视、缺乏有效信息沟通、内控制度执行不到位等问题。应当健全公司现代化治理结构，提高股东、董事和管理层违法违规成本；加强管理层对内部控制的重视；优化沟通机制，明确岗位职责，采购先进的沟通软件，加大硬件设施的建设，促使信息能得到及时高效的传递，且传递过程应留痕，方便日后追责；强化企业文化认同及内部员工管理，在招聘人员时，不仅要考虑其学历与经验，还需要具有良好的职业道德及价值观。韩越（2018）从外部治理的角度，认为期货市场是高风险市场，严重的风险事件甚至可能会引发市场系统性风险，因此要加强期货公司内部控制，保障公司依法合规运营，防范和控制风险，这些具有十分重要的现实意义。优化期货公司法人治理结构，应加大董事会管理以及监事会监督检查职责力度；提高管理层对公司内部控制重视程度，采取多种途径提升期货公司管理层对内控工作的重视程度；优化沟通机制，加强内部信息沟通，打造公司整体服务和团结协作意识；加大对公司内控制度执行情况检查力度并强化内部员工管理，时刻提醒员工恪守职业道德，守住合规执业底线不放松，防范或减少从业人员违规事件发生。

在内部控制机制方面，吴元贞（2009）回顾总结了中国期货经纪行业的历史和行业特点，借鉴了境外期货经纪行业内控管理的一般原则，对著名的期货风险事件进行了概括分析。陆岷峰和沈黎怡（2017）认为期货公司内部风控机制依旧存在较大的缺陷，治理结构不完善、风控手段单一、缺乏风险量化评估工具等因素严重影响期货公司正常运营。房辉（2006）指出期货经纪公司为适应期货市场发展，要认真分析公司潜在风险的来源和成因，建立全面和完善的风险管理体系。黄小龙和田政（2010）从我国期货公司风险管理取得的成绩、存在的问题出发，结合国外期货公司风险管理的经验，提出加强我国期货公司风险管理的建议，包括进一步优化公司治理、设立向董事会负责的风险管理委员会、建立期货公司全面风险管理系统和优化退出机制、退出程序的设计及其相关配套措施。

在外部监管方面，张铁军、林勋和傅红艳（1994）认为各国对期货市场监管不同模式的选择，适应了各国政府现有管理体制的特点，适应了各国期货市场产生和发展现状，基本有效地保证了期货市场监管目标的实现。期货市场监管模式的核心内容是公正性。实现公正性的首要目标是为参与者提供高效、通畅的市场，其条件之一是必须使期货合约标的价格完全由市场机制决定，不受人为操纵。各国期货市场监管的权力部门虽然不同，但都是中央在调控、督察市场。在建立我国期货市场的政府监管体制时，应特别注意三点：其一，针对我国期货市场正处于发展初期的特点，政府的监管应加强；其二，政府管理职能应逐步从传统产品经济计划管理职能转换成社会主义市场经济管理职能；其三，政府管理调控机制要转换，一是由产品计划管理调控机制向商品计划管理调控机制转换，二是由商品计划管理调控机制向期货市场管理调控机制转换。吴崎右（2011）构建了期货公司监管的制度体系分析框架，并从路径依赖、监管过度供给和过度需求、监管者内部性这三个角度分别对我国从严监管期货公司做出解释，从期货公司活动的特殊性、我国现实状况分析对期货公司监管的必要性。王耀辉和姚广（2011）在《期货公司合规风险管理》从合规管理历史沿革开始，详细地介绍了国际金融行业合规管理发展历程，结合国内其他金融行业合规管理发展历程，总结了期货行业合规管理的思路和解决办法，对我国期货公司合规管理工作的开展起到了一定的推进作用。张振（2017）详细介绍了期货公司风险监管的相关概念，通过调研结果从外部环境总结中国期货公司风险监管现状，分析成因，提出完善建议：从法律体系、政府监管、协会建设、交易所监管等外部制度进行改革，包括优化期货监管外部法律体系，推动期货市场发展需要完善的法律体系来支持，加强监管法律效力，并且对监管机构的权限进行法律规划，明确规定政府监管部门和其他监管主体的关系，确保其独立运行，各司其职；优化证监会的政府监管，应当做到风险控制和市场建设共同进行，支持自律组织和交易所的进一步发展；同时加强期货行业协会自律建设，依照市场化要求予以改造，作为非官方民间机构而独立存在，建议采用实质性的经济处罚措施，使违规成本增加，提升协会的权威性；强化交易所一线监管，建设会员资信制度，对会员资信进行严格审查，交易所和行业协会应当建立良好的合作关系，二者各司其职，注重做好期货公司的日常监管，促使期货公司风险管理业务高效推进。

二、期货公司治理现代化研究展望

我国期货公司发展历史较长，相关治理的研究体系也较完善，所以新形势下中国期货公司的公司治理，必须明确中国期货公司的治理结构的一般性和特殊性，在依据现有法律法规的基础上，重点强调股东、董事、总经理、监事和首席风险官的任职选取条件和相关制度安排，重点强化股东会、董事会、监事会、经营团队以及相关利益团体的监督管理体系建设，发挥各个重要组织的职能作用，更好地促进我国期货公司的发展。

第七章　金融服务机构治理现代化研究

金融服务机构是指为金融监管机构、金融业务机构、类金融机构、境外金融机构等金融机构和非金融机构提供专业金融服务的一类金融机构。我国金融服务机构主要包括金融业自律性与学会组织、金融科技机构、征信与信用评级机构、交易类金融机构、登记结算类金融机构和第三方支付机构。本章对上述六类金融服务机构治理现代化研究进行了归纳和总结。此外，本章还关注了印钞与造币机构，保障、保险或保护基金公司，金融媒体与博物馆类机构、金融指数机构和金融培训机构等金融服务机构的治理现代化研究。

第一节　金融业自律性与学会组织治理现代化研究

金融行业自律组织与学会组织是金融监管体系的重要组成部分。唐秀琴（2005）认为加强金融业自律性组织现代化治理不仅有利于维护金融业的行业利益，更重要的是有助于进一步优化我国金融监管体系。

一、金融业自律性与学会组织治理现代化研究

已有学者开始研究金融业自律性组织与学会组织的现代化治理问题。在内部治理方面，许开国、倪乐竞和郁苗（2015）总结了境外金融行业自律组织在建设运行方面行之有效的做法，并阐述了值得借鉴的经验，如规范内部组织架构、明确权责划分等。在外部治理方面，曹兴权（2016）基于金融中心建设及社会治理改革的政策契机，提出应关注金融行业协会自律的治理改革，遵循组织机理与政策机理相区分的逻辑，完善金融监管法对行业协会法律地位的界定；主管机关对协会自律的监管应遵从双向互动合作型关系，尊重协会的市场自律活动，以确保金融行业协会自律向自治

本质的回归；应利用地方立法机制，基于对不同类型协会采取不同政策的区分逻辑，推动发展法定型协会之外的区域性、次级专业性的市场型行业协会、创新金融领域的行业协会，促成开展有效市场自律活动。

二、金融业自律性与学会组织治理现代化研究展望

研究金融业自律性与学会组织机构现代化治理的学者总体较少，并且聚焦于外部治理结构的问题，而非整体治理结构的完善。未来应细化对金融业自律性和学会组织的法律法规，在研究中将一般公司治理的框架引入金融业自律性和学会组织的现代化治理并考虑其特殊性。

第二节　金融科技机构治理现代化研究

金融科技的快速发展打破了行业壁垒，为提高金融体系运转效率、助推社会经济发展提供了动力。研究金融科技机构现代化治理的学者相对较少，主要集中于机构发展的外部监管方面。

一、金融科技机构治理现代化研究

从借鉴国际经验的角度，刘卫平、任兆麟、薛高和夏汶钰（2018）总结了世界主要国家和地区的先进监管经验，提出加快顶层设计、优化行业自律、借鉴沙箱思想、利用监管科技以及增加教育投入等适应我国金融科技发展实际的监管建议。李展和叶蜀君（2019）通过分析国际金融科技发展现状与未来发展趋势，借鉴其他国家和地区金融科技监管的有益经验，结合当前我国金融创新发展趋势和金融监管体系的特点，对我国金融科技监管政策提出四点建议：一是强化科技手段的运用；二是加强金融监管的国际协作；三是建立中国特色的“涵盖性”监管路径；四是加强和优化现有的相关法律法规。

从监管问题探究的角度，陈彦达、王玉凤和张强（2021）通过分析金融科技风险及监管困境，结合我国互联网金融风险专项整治工作经验，阐述了我国金融科技监管在监管原则、监管时机选择、运作机制、中央与地方双层监管、金融业综合统计体系建设、金融消费者保护力度六个方面所面临的挑战，借鉴美国金融科技监管穿透式监管、金融消费者保护等经验，提出了进一步做好我国金融科技监管工作的建议。李有星和王琳（2019）针对金融科技机构主体多元化、金融业务跨界、颠覆性创新与系统性风险

并存等特征，指出金融监管需进行适应性变革，引入多元主体、多元规范、多元机制的合作现代化治理模式。由政府单向监管向多层次、多主体共同治理转变，由控制命令对抗模式向分权协作互动模式转变，形成中央政府与地方政府、行政监管与自我监管良性互动的合作治理格局。谈毅（2021）认为由于金融科技应用之间存在着太强的关联性，解决问题需要技术体系的应用与重构，不能仅从金融市场管制角度来看待金融科技的发展，也应加强顶层设计，构建多层次、系统化的金融科技现代化治理体系。

从监管改进的角度，李扬（2021）则认为应以“包容审慎”和“创新友好”为基本遵循，健全垄断监管的科学框架，推动机构监管向功能监管转变，加快实施持牌经营监管，同时应重新界定“系统重要性”金融机构，关注新型金融基础设施的平台特征，重视消费者数字产权的界定和保护。赵永新（2021）提出金融机构利用金融科技强化风险管理，降低服务成本，同时监管部门积极拥抱监管科技，防范在金融科技新时代形成的新的金融风险。

二、金融科技机构治理现代化研究展望

对于金融科技机构的现代化治理研究较少，现有研究提出了构建统一的金融监管机构、实行去中心化合作式监管、开展包容性监管现代化治理模式和运用监管科技升级监管能力等外部治理措施（孙宇菲，2019）。未来应构建一套契合我国金融科技机构特点的治理体系，强化对我国金融科技机构的治理能力，实现对金融科技机构的治理体系和治理能力的现代化。

第三节　征信与信用评级机构治理现代化研究

征信机构是指依法设立的、独立于信用交易双方的第三方主要经营征信业务的机构，从事收集、整理、加工和分析企业与个人信用信息资料工作，出具信用报告，提供多样化征信服务，帮助客户判断和控制信用风险等。信用评级机构是金融市场上一个重要的服务性中介机构，是由专门的经济、法律、财务专家组成的对证券发行人和证券信用进行等级评定的组织。本节关注了征信与信用评级机构治理现代化的相关研究。

一、征信机构治理现代化研究

为加强对征信机构的监督管理，促进征信业健康发展，2013 年 11 月

15 日，中国人民银行发布《征信机构管理办法》，该办法对征信机构的设立、变更、终止，高级任职人员的管理以及对征信机构的监管管理和处罚做出了相关的规定。到目前为止，研究征信机构现代化治理的文献相对较少，且大多集中于对征信机构管理和监管的方向。

在监管方面，姜宝泉和张弛（2014）认为监管部门在《征信机构管理办法》执行中面临的主要问题是："征信机构"衡量标准难以把握，告知并引导征信机构审批备案缺乏有效监督手段，审核征信机构备案材料仍然缺乏详细的参考依据。建议尽快出台《征信机构管理办法》配套说明以指导工作落实，建立征信从业人员管理和考核机制，把好审批或备案时的业务合规性检查关，拓展征信业务宣传的领域。董宝茹（2015）认为面对大数据时代征信数据采集和应用的新方式、新特点，我国也要积极探索新形势下的征信市场监管方式，立足我国实际，加强立法和制度设计，尽快对问题外资征信机构进行处理，正确处理外资征信机构的市场退出，引入监管人才，提高监管水平。

在合规管理方面，周婷和林连莉（2018）探讨分析征信机构管理主要存在的四个问题，即征信机构管理缺乏相关规定来明确规范征信机构信用征信和个人或企业隐私权之间的关系、征信机构准入把握不到位、征信机构从业人员素质参差不齐以及缺乏统一有力的监管和处罚措施。李俊生、高青和邢红玉（2018）则在分析征信机构合规管理工作存在问题的基础上，提出建议，包括进一步优化征信制度、强化征信内控意识，打破行业垄断、推动征信标准化建设，规范统一征信市场监管标准、提高征信机构准入门槛等。

二、信用评级机构治理现代化研究

信用评级在金融市场运行中发挥着揭示信用风险、辅助市场定价、提高市场效率、改善融资环境等积极作用。已有学者开始研究信用评级机构现代化治理问题，但是只针对监管外部治理的探究。植凤寅（2009）就我国信用评级机构的发展、当前面临的困境以及制度性监管等问题展开讨论。姜楠（2014）发现我国信用评级机构的监管存在监管立法层次低、监管权力不统一、准入标准失效、利益冲突难以规避等问题。孔令强、黄雨昕和俞春江（2021）从声誉机制、行业监管等方面梳理国内评级行业的发展历程、评级行业公司治理概况及问题。郑又源（2010）在分析问题的基础上，运用规制经济学的理论方法，分析我国信用评级机构的规制与监管的必要性。依据理论分析结果，结合我国信用评级机构的发展，提出相关的规制与监管的政策建议。刘久彪和马广珺（2012）从市场准入监管、业务行为监管两个方面，探讨了对评级机构的业务条件、市场退出机制、内部治理、信息披露、利益冲突防范等进行规范的政策设计。

在对信用评级机构监管现代化治理的研究中，部分学者主张借鉴国际相关监管经验发展我国信用评级机构监管。张强和张宝（2009）回顾美国信用评级机构监管的历史变迁，指出信用评级机构监管中存在的问题，进而提出针对我国信用评级机构的监管建议，这对加强我国信用评级机构监管、促进评级行业有序发展具有重要意义。章辉（2015）强调美国信用评级机构监管存在的问题，我国在未来的评级监管过程中，应该特别注意以下几点：一是要完善相关立法，明确信用评级在金融监管中的作用；二是完善信用评级机构的商业模式，突出信息披露；三是促进信用评级机构适度竞争；四是合理设计评级机构应该承担的法律责任。陈晓琳（2021）将借鉴范围扩大，对比研究美国与欧洲信用评级机构监管制度，我国可以通过优化信用评级行业监管框架，加强信用评级机构内部监管以及完善相关的法律责任体系，从而推动信用评级行业健康发展。周俊杰（2018）深入分析了主要发达国家信用评级行业监管的演进变迁和实践经验，跟踪了关于评级机构的最新诉讼案，提出了具有前瞻性的政策建议。

将现有的研究再细分为法律机制和管理措施两方面。从优化法律机制的角度，王晓和罗龙飞（2016）提出进一步完善我国信用评级机构监管的政策建议，以期对我国信用评级机构的发展有所裨益。陈玲（2021）首先从理论层面探讨信用评级机构法律制度完善的逻辑起点，其次从实践方面梳理我国信用评级机构法律制度的发展与现状，最后从宏观思考和微观考察两个方面结合我国发展现状提出优化我国信用评级机构法律制度的建议。从加强管理措施的角度，聂飞舟（2011）认为现行评级机构法律监管体制没能从根本上解决收入模式利益冲突的矛盾。信用评级机构未来的改革出路亟须解决利益冲突之困，可能的方案包括设立公共评级机构、恢复“订购人付费”模式、评级机构承担法律责任、政府付费购买评级服务等。姜楠（2014）通过分析金融危机中信用评级机构的行为特征，揭示信用评级机构、投资者、发行方与监管部门四方的博弈规律，对评级机构监管改革的方向、策略和方案等方面的研究，尤其是对改革的原因、机理的深入分析对当代信用评级机构监管理论的建构和完善具有重要意义。

三、征信与信用评级机构治理现代化研究展望

加强征信与信用评级机构现代化治理是贯彻落实习近平总书记在第

五次全国金融工作会议上关于“优化结构，完善金融市场、金融机构、金融产品体系”重要讲话内容的重大举措，是在具体制度层面落实党中央、国务院关于扩大金融业对外开放的重要部署，有助于构建公平有序的竞争环境，促进征信与信用评级机构高水平对外开放。未来应构建一套完整的征信与信用评级机构的治理结构，强化我国征信与信用评级机构的内部治理，实现对征信与信用评级机构的治理体系和治理能力的现代化。

第四节　交易类金融机构治理现代化研究

交易类金融机构主要为交易所，它是经国家有关主管部门批准设立的进行证券交易或商品大宗交易的市场。本节从交易类金融机构治理现代化展开研究。首先，论述了交易所整体治理现代化的研究进程；其次，阐述了证券交易所和期货交易所治理现代化的研究情况；最后，对交易类金融机构治理现代化进行了展望。

一、交易所整体治理现代化研究

为适应全球资本市场国际化、多层次一体化、服务科技创新化的发展趋势，各主要交易所通过公司化改制和国际化、集团化运营，不断提升现代化治理的有效性和适应性，服务创新化发展。张群群（2005）认为技术条件、不断加剧的竞争和金融管制的放松，共同构成了交易所治理结构转型的背景。从交易所所有制角度，李念慈（2014）认为交易所的治理模式可以分为公司制交易所与会员制交易所，其本质区别表现在交易所的经营权、所有权以及交易权分配与营利性两个方面，这两个方面的特征差异导致了公司制交易所与会员制交易所九个方面的差异，即融资渠道、定价机制、激励机制、流动性、决策机制、利益冲突、技术、创新能力以及自律效率。通过对以上九个方面的研究，明确了公司制交易所在多个方面优于会员制交易所，更加适应于现今社会的市场经济环境。从内部治理机制角度，张群群和李江波（2006）采用交易组织的内部权力框架，对特异性投资下交易所的两种统一治理结构——互助性治理结构与营利性治理结构进行了比较，进而对交易所治理结构的演变给出了解释，特定的治理结构是与特定的交易服务技术水平相适应的；随着生产交易服务的一项新技术的普及，在监管条件不构成组织演化障碍的情况下，与传统技术相适应的治理结构向与新技术相适应的治理结构转变是大势所趋。从外部治理机制角度，崔华、汪伟文和张陆洋（2022）通过对欧美及亚洲交易所的案例分析，总结了主要交易所治理变革相关举措和成效；通过创新经济学和组织控制理论的分析，论证了治理机制对交易所创新力的影响和作用机制；通过国际经验借鉴和启示分析，提出了加快我国交易所治理变革，激发创新活力的相关建议。从实证角度，张群群、刘春江和张浩然（2006）围绕中国交易所的治理结构问题开展了一项问卷调查，调查显示，国内证券交易所之间存在竞争，竞争的主要原因是政策的争取、投资者入市资金以及新品种的上市，但竞争不充分，交易所的竞争力亟待提高。李佳岚、万迪昉和陈楠（2021）通过实证检验，提出交易所的内外部治理机制需要科学配合才能对金融创新效率产生促进作用，有效推动金融创新的治理机制要求高效的内部治理结构和科学的外部监管授权机制共同作用，两者缺一不可。

综上内容可以看出，对于交易所总体的现代化治理研究较少，大多数学者针对证券交易所和期货交易所的治理进行研究。

二、证券交易所治理现代化研究

目前，在世界范围内证券交易所治理结构公司化的大趋势下，国内学者对中国证券交易所现代化治理的研究主要集中于证券交易所治理结构现存的问题与改革方向。吴卓（2006）考察了世界各国证券交易所产生、发展和演变的历史，根据中国证券交易所的实际，提出了一系列优化证券交易所现代化治理结构和健全市场的改革思路。

部分学者认为，我国证券交易所制度并非真正意义上的会员制，在治理结构上存在着较多问题，应当进行公司化改造，提高证券交易所现代化治理水平。曹丽（2002）认为，相对于会员制，公司制交易所权力的开放与分离、筹资能力的增强、运作效率的提高等优势的凸显成为其公司化发展趋势的直接动因。杨大楷和刘伟（2003）对比了公司制和会员制证券交易所的主要区别，总结了国际证券交易所公司化的情况。在此基础上指出我国证券交易所只有通过公司化改制，才能适应竞争的全球化、解决“所有者缺位”带来的低效率，明晰中国证监会和交易所的职能分工。他们还给出了政府主导原则、证券市场层次化、证券交易所公司化、监管职能明晰四个具体策略。谢增毅（2006）同样认为我国的证券交易所并非真正的会员制，他认为我国证券交易所治理结构的主要弊端在于政府证券监管机构对交易所的干预过度。因此，我国证券交易所公司现代化治理改革的主要目标是增强交易所自身的独立性，通过改革理事会制度，优化经理制度，提高交易所运营的透明度。他提出我国证券交易所组织结构改制的方向应选择公司制改制，改善交易所的公司治理结构，解决交易所产权模糊的问题。周琳静（2007）提出，近年来国外证券交易所进行公司制改革已成趋势，全球证券交易所竞争日趋激烈，证券市场结构变革加速发展，我国证券交易所也面临着体制转轨与迎接竞争的双重挑战。耿志民（2006）基于证券交易所公司化改革可能产生利益冲突、治理结构和财务运行等问题，要求以合理的制度设计兼容其盈利目标和自律监管职能。在此基础上，比较系统地提出了我国证券交易所公司化改革的政策思路。胡莹莹（2007）认为随着市场化、国际化、交易电子化，证券交易所日益需要“庞大资金”和“快速决策”的支持，会员制组织形式在这方面已力不从心，因股份公司制的组织形式恰好能够在快速决策和资金筹措方面提供便利，这是证券交易所公司化的原因所在。世纪之交，全球主要证券交易所纷纷从传统的会员制组织转向公司制企业。全球证券交易所竞争白热化，我国证券交易所必须未雨绸缪，直面体制转轨和国际化的双重挑战，应采取积极措施，为最终树立竞争导向的发展理念和国际化的发展战略，与国际市场接轨做好准备。崔宇琪（2014）认为公司制改革成为全球证券交易所的一大发展趋势，我国证券交易所目前选择了会员制的组织形式。与世界主要的证券交易所相比，我国证券交易所的行政会员制存在行政管制过多、所有权模糊等问题，应该通过公司制改革来加以解决。

在对上述问题进行详细的分析之后，学者提出了解决问题的现代化方案。巴曙松、刘润佐和赵晶（2007）从公司化的角度考察分析全球证券交易所并购趋势，认为以营利为目的的公司制是推进交易所对外扩张的根本动力。亚洲地区的证券交易所已经引起欧美资本投资者注意，要把握好中国交易所的演变以及整个大中华区交易所的合作乃至整合趋势。宋颖（2012）赞同迈向公司制的改革方案，即改革现阶段证券交易所的法律形态和治理结构模糊的状态，对交易所实行股份制改造，将交易所改制成公司制证券交易所。邢孔禹（2020）强调改制后的公司治理结构可以从以下两方面着手完善：首先，在董事会方面，董事长和副董事长由董事选举产生，经中国证监会核准。总经理由董事长提名，并经董事会聘任。出于公平公正的考虑，董事会还应当引入独立董事制度。同时，中国证监会应当承担起监督的义务，为了保护社会公众利益，有权罢免董事长和总经理。其次，在监事会方面，可以适当增加监事的名额，发挥监事会的监督制约作用，形成合理的公司内部结构。兰邦华（2005）认为综合考虑法律因素、需求因素和限制因素，按照“分头推进、循序渐进”的原则，从会员管理、内部治理、市场经营和发展三个领域设置证券交易所理事会下属的专业委员会，分别承担会员管理、内部治理和证券交易所发展职责。

另有学者认为证券交易所的公司化改制虽必要但非当务之急，需要先平衡证券交易所的经营与监管机制。

从经营的角度，李良才（2006）提出公司制期货、证券等交易所在克服传统交易所产权不明等弊病的同时，会不可避免地产生新的矛盾：股东利益最大化与市场公平效率的平衡、交易参与者与交易所股东之间的利益冲突、优化内部治理与强化外部监督等一系列问题，将构成运营与监管的利益化冲突，这些问题都亟须研究。储诚忠和文建东（2001）认为公司制交易所扮演的商业角色和监管角色之间可能会产生利益冲突。冯果和田春雷（2009）同样认为我国证券交易所的制度表述与其实际运行状况相距甚远。两位学者认为目前证券交易所治理结构的主要弊端在于政府证券监管机构对交易所的干预过度，因而当务之急是通过改革率先使交易所成为真正自主、自治、自律的独立法人，并着力培育良性的市场竞争机制，为证券交易所的深层次改革创造条件。曹潇、张瑜、张弓长和林波（2009）提出，交易所经营与监管任务之间的互替关系及其各自可观测性的不同，是引致经营与监管激励失衡的重要原因。

从监管的角度，曹潇（2011）认为，中国证监会对于交易所有监督控制权，由于我国证券交易所目标并不是会员利益最大化，而是交易所自身的经营发展。因此，交易所没有内在化会员之间以及同市场交易者之间的市场违规行为外部性的激励。由于私人利益与公共利益的冲突，交易所执行经营与监管两项任务的激励存在严重失衡，因而需要改革证券交易所治理结构，设置证券交易所执行经营与监管两项任务的激励平衡机制。郑彧（2008）认为，只有将我国证券交易所准确复位为具有真正意义的自律性会员组织，赋予其在行政监管之外行使自律性的监管功能，才能形成以中国证监会行使宏观监管权力（表现为依法监管）为主，以证券交易所行使微观监管权力（表现为依照契约约束市场参与者的行为）为辅的中间型监管模式。曹潇和陈卫东（2012）认为在传统的激励机制中，委托人对经营与监管任务的执行都是同时连续监督的，因此，委托人要使两项任务由互替关系转变为互补关系的激励成本过大，从而引致连续监督机制低效。

除此之外，在自律监管方面，郝争辉（2021）认为在注册制转变趋势下，发挥证券交易所自律监管职能、实现自律监管与政府监管平衡的问题亟待解决。李响玲（2014）系统梳理我国证券交易所自律监管在新趋势下所面临的现实问题，试图探讨影响和制约交易所自律监管功能行使和发挥的因素，总结境外成熟市场的经验教训，针对公司化、电子化、国际化、专业化趋势下面临的困境、矛盾和挑战，提出相应的对策与建议，以期对目前的状况形成清醒的认识，进而厘清思路，找准前行的方向。黄正华和赵宇（2017）提出证券交易所自律监管是保证证券市场有效运行的重要条件，但我国证券交易所的自律监管过分依附证券监督行政管理，失去了作为证券市场参与者和行政管理之间平衡中介的作用，导致自身监管体系建设的落后，建议应当从强化证券交易所自律监管独立地位，合理协调行政监管与司法监督以及构建科学有效的自律监管体系和内部救济体系等方面予以完善。

三、期货交易所治理现代化研究

期货交易所是期货市场运营的核心，而组织形式的选择是期货交易所最为重要的法律问题之一。根据组织形式的不同，一般可以将期货交易所分为两类：会员制交易所和公司制交易所。两种体制各有特点，对于不同体制的期货交易所，治理结构也大有不同。

学者们对会员制期货交易所和公司制期货交易所的治理结构与机制进行了分析与区分。范抒（2003）从国际上的发展趋势入手，对两种组织形式的期货交易所进行了分析与比较，得出五个结论：（1）从决策效率看，公司制期货交易所更有效率；（2）公司制组织比会员制组织在竞争方面更加灵活、有效；（3）会员制期货交易所比公司制期货交易所面临着相对严重的委托代理问题；（4）公司制有利于解决期货交易所的各种矛盾；（5）公司制便于引入新的战略合作伙伴。范抒还提出，期货交易所从会员制向公司制转化已经成为世界范围内的一种新趋势，我们必须密切关注它的发展动向，并从理论上认真研究其转化的动因和转化后的实际效果，才能在与国际期货交易所的激烈竞争中站稳脚跟，并立于不败之地。游鸿（2017）概括指出，会员制和公司制的区别主要体现在：设立目的不同，会员制交易所为实现公共利益，公司制以营利为目的，但我国目前的公司制属于例外，并不以营利为经营目的；承担责任不同，会员制下的会员无须承担交易中的任何责任，公司制下的股东除交纳股金外，还需要对期货交易所承担有限责任；资金来源与盈余分配方式不同，会员制的资金来源是会员缴纳的会费等，且盈余不分红，公司制的资金来源于股东，公司若有盈利则会将盈余作为红利返还给股东。

多数学者认为中国期货交易所未来现代化治理结构改制的方向是公司制期货交易所。李诗勤（2023）指出我国交易所的自律管理主要是在政府指导和推动下形成的。行政监管具有统一性、权威性、强制性，能够切实贯彻落实国家法律法规，克服市场失灵，保护市场参与者合法利益，维护市场稳定和规范发展。然而，相较行政监管而言，证券交易所在发挥专业知识、效率、灵活性等方面独具优势。此外，证券交易所的自律管理还可以缓和市场与政府之间的矛盾冲突，兼具公共属性。尽管交易所的自律存在两种不同的路径，但最终皆以行政监管与自律管理相结合的双重监管模式存在。王赛德（2006）重点分析了我国期货交易所公司制改制过程中需要克服的问题，认为我国期货交易所现代化治理结构转型过程中遇到的问题与国外相比有自己的特性。由于国外期货交易所的管理层都是职业化的经营管理人员，人力资本专用性很强，因此其利益与期货交易所的绩效直接相关，他们是期货交易所公司制改造的主要推动者。但在我国期货交易所现有治理结构下，期货交易所管理层官僚化严重，再加上任期上的限制，因此缺乏足够的激励来推动期货交易所现代化治理结构变革。另外，我国的期货交易所由行政机构管控，公司制改造中遇到的主要阻力并不是来自其名义上的所有者——会员，而主要是其直接管制机构。

还有一些学者从法律的角度探究我国期货交易所公司制改制的措施。王小丽（2017）对我国期货交易所公司制治理的异化与回归路径进行了研究分析，发现应该通过优化期货市场立法、健全公司现代化治理结构、强化自律监管以及改进政府监管等方式，推动中国金融期货交易所公司制的实至名归。赵万福（2021）则是从期货交易所的法律性质进行探讨，结合我国现有实践来看，考虑到不同组织形式性质及交易机制的差异，既有规范性法律文件无法满足市场发展需求，建议采用公司制与营利性组织形式建构中国期货交易所。

期货交易所现代化治理的另一个研究领域为监管模式。目前，较为成熟的期货监管体系主要有两种：一是由政府机构、期货行业协会和期货交易所共同构建的三级监管体系；二是由政府机构和期货交易所联合构建的两级监管体系。这两种监管体系都涉及政府监管和期货行业自律监管的内容，关于这两方面的有效性和结合方式也有了较多讨论。

曾欣和陈万华（2014）立足期货交易所发展历史和现状，提出了期货交易所改革的构思和建议，对于推进我国期货交易所改制进程，加快期货市场改革创新步伐，具有重要的参考价值。王凌和安瑛晖（2008）在分析了我国期货市场的法律规制、政府监管与市场自律后，提出法律规制、政府监管和市场自律的关系与动态调整方法，不同预设制度下的演进会产生不同的成本和效果，因此得到一个确定的治理模式将变得十分困难。各国在发展期货市场的过程中必须正视文化、政府、法律与交易参与者等方面的特征差异，寻找适合自身发展的演进路径。

孙秋鹏（2017）经过检验发现，中国期货交易所出于促进发展的考虑会默许一些对期货市场和国民经济有害的市场滥用行为存在，而并不能有效地监管期货市场，因此政府监管当局应当介入期货市场之中。他认为：（1）政府监管当局应当主要从事市场监管大框架和主要原则的制定，将制定市场交易规则的主要权力赋予交易所，发挥交易所一线监管的优势；（2）对于交易所不完全监管行为，政府监管当局应当予以坚决制止，必要时可以采取惩罚措施；（3）由于政府和交易所之间存在信息不对称，交易所具有信息优势，政府监管当局应当加强交易所信息汇报制度，建立从期货经纪公司、交易者和现货市场主要生产者、经营者和使用者等相关主体获得信息的渠道；（4）在没有相应的法律赋予监管当局明确监管职责的情况下，对政府监管当局过多地介入交易所的具体运作应保持慎重。

高频交易是近年来国内期货市场兴起的新型交易方式，该方式有利于期货市场功能发挥，但过度的高频交易则会误导市场，损害投资者利益。加强对高频交易的规范和监管对提高期货市场运行效率、保护投资者利益具有重要意义。郭晨光、崔二涛和熊学萍（2021）以美国和欧盟为例，梳理了境外监管机构对高频交易的监管要求，并从监管的经济手段和技术手段出发，对监管制度进行了评价。针对目前我国期货市场日渐兴起的程序化交易，他们认为期货交易所可以借鉴欧美交易所的经验，提前做好高频交易监管布局。一方面，可以建立科学合理、符合市场特点的高频交易资源占用评价体系，根据市场实际情况，采取差异化的经济手段规范高频交易行为；另一方面，可以考虑引入减速带技术手段对高频交易进行规范，但是还需要进一步研究其对现有交易系统和方式的影响。

四、交易类金融机构治理现代化研究展望

总体来看，过往的研究多集中于交易所中的证券交易所和期货交易所两种，而研究内容多为交易所所有制结构对其治理效果的影响，以及监管的外部治理，在未来要实现交易类金融机构治理现代化，可以开辟其他种类交易所治理体系的研究，如黄金交易所、外汇交易所等，或者深入研究证券交易所和期货交易所的内外部治理机制，形成具有中国特色的治理结构。

第五节　登记结算类金融机构治理现代化研究

随着金融风险日益衍化和愈加频发，作为交易流动性和风险聚集地的“金融管道”，登记托管结算机构的重要性日益突出。过往文献对登记结算公司的研究可从区域性和不同主体两方面划分。我国当前两大登记结算类机构为负责股票类登记托管的中国证券登记结算有限公司（简称中证登）和负责债券类登记托管的中央国债登记结算有限责任公司（简称中债登），前者主要负责股票类登记托管，后者是债券类登记托管。因此，对于不同主体，我国登记结算公司按主体分为证券登记与债券登记两大类。

一、区域性登记结算机构治理现代化研究

关于区域性的登记结算，高杨、姚灿灿和董耀平（2017）通过描述区域性典型登记公司的历程，分析了国内交易场所登记结算机构的模式，认为规定区域内交易场所必须接入登记结算机构系统，鼓励各银行与登记结算机构建立合作关系，对接入登记结算系统的交易场所给予补贴等方式能够使交易场所登记结算机构更好地发挥作用，提高平台交易的透明度和公信力。

二、证券登记结算机构治理现代化研究

在证券登记结算机构方面，研究内容主要集中于相关法律法规以及无纸化时代证券登记结算制度的运行与意义。从法律法规的角度，邓丽和丁文严（2009）认为从长期来看，由于法律规范不明确、理论知识欠缺等原因，结算公司与投资者之间的证券登记和存管法律关系并不健全，投资者的委托人地位和合法权益一直未得到认可和保障，司法权力的缺位与低效值得人们反思。张辉（2009）则认为法律未能及时跟上无纸化时代的发展，在证券持有、登记、存管等方面都体现出不适应性，应当在法律层面确认证券间接持有的合法性，建立相对独立的证券登记体系，并修改优化证券二级存管体制，提供适应证券无纸化发展的登记存管法律制度。从无纸化的角度，叶敏（2010）指出证券普遍采取无纸化形式之后，权利人失去了纸质的权利凭证，对证券持有人的判断只能以证券登记机构电子簿记系统内的电子记录为准，登记成为证券权利的存在形态的这一现状。由此提出建议：在证券无纸化的背景下，建立起以证券持有账户为基础，适应集中交易要求和中国国情的证券登记结算法律制度。王艳（2013）指出证券登

记结算机构在证券业务（如开户、客户识别、可疑交易情况等）中起到至关重要的作用，又在反洗钱行政调查中具有效率优势，应得到充分的应用，建立和完善证券登记结算机构与反洗钱工作相关的角色至关重要，因而提出了在反洗钱工作部际联席会议协作架构的基础上，建立人民银行与证券登记结算机构等组织的信息共享机制的建议。张保红（2014）比较了有纸化时代和无纸化时代登记对证券的意义，提出了无纸化时代的我国证券登记结算体制新设计，如实行直接和集中登记、应当以证券账簿和证券账户为归集工具、名义登记则由信托法调整等设想。黎兰（2018）首次结合《民法总则》的规定对证券登记结算机构的非营利性质进行研究，通过比较证券登记结算机构与其他登记机构，给出了证券登记结算机构在无纸化背景下作为证券权利证明机构的发展新思路。张洪发（2020）认为，新《证券法》中涉及的证券服务机构除了相应事务所、从事证券投资咨询、资产评估的其他证券服务机构，还包括证券公司、证券交易所、证券登记结算公司等。新《证券法》赋予了中国证监会范围更广的行政职能。

三、债券登记结算机构治理现代化研究

20 多年前，在充分结合国际经验和国内现实的基础上，我国金融体系的顶层设计者以世界银行技术援助项目的理论研究为依托，坚持实事求是和理论联系实际，在我国债券市场建立了以一级托管为主的中央登记托管体制。这体现了管理部门的高瞻远瞩和大国债市的后发优势，更是金融市场兼顾安全和效率的必然选择。在此后 20 多年的实践中，以一级托管为主的中央登记托管体制不仅是我国债券市场规范发展的重要基石和透明运行的基本保障，还持续发挥着维护国家信用和金融稳定、支持穿透监管、保护投资者权益等重要作用，护航债券市场由小到大、由单一到多层次发展，成为金融市场的重要组成部分（王琼和刘一楠，2021）。徐良堆（2016）阐明了中央登记托管制度的发展历程和意义以及为债券市场做出的贡献，并提出了坚持中央统一托管、以一级托管体制支持债券市场对外开放等建议。张阳和阎维博（2018）认为在我国债券市场，市场化风险防范体系的塑造尤其强调对登记托管结算机构的培育与规范，登记托管结算机构的重要性日益突出。金融科技带来的颠覆性创新也应给予更多的重视，以实现法律价值和市场制度的平衡。

四、登记结算类金融机构治理现代化研究展望

近年来，登记结算体系在全球范围内呈现出跨国界、跨行业、跨场所

的集中统一趋势，社会效益与经济效益日益凸显。目前有一些关于证券登记结算机构治理的法律法规，但对于债券登记结算机构的研究很少，而且学者多数研究其发展历程和对前景的展望。未来要实现债券登记结算机构治理现代化，可以从制定相关的法律法规着手，并开展有关的治理研究。要促进登记结算类金融机构现代化治理的整体发展，就要深入研究各类机构的治理结构、治理机制等，构建完整的现代化治理体系。

第六节　第三方支付机构治理现代化研究

第三方支付是现代金融机构的重要组成部分，也是互联网经济高速发展的产物。第三方支付平台不仅在弥补银行服务功能空白，提升金融交易效率等方面表现突出，也在健全现代金融体系、完善现代金融功能方面发挥着重要作用。由于我国第三方支付市场具有涉及面广、复杂度高、监管主体多等特点，我国学者对第三方支付机构的研究主要集中在其监管外部治理方面，包括行业发展、监管主体、风险管理、支付机构监管定位和消费者权益保护等内容。

一、第三方支付机构治理现代化研究

从监管的风险问题角度，胡娟（2016）对第三方支付的管理、风险分析，以及监管体系和检测认证制度等方面进行了详细的阐述和深入的分析。刘澈、蔡欣、彭洪伟和封莉（2018）认为随着第三方支付的快速发展，其带来的潜在风险和安全隐患也在不断变化，从单纯的资金沉淀风险衍生出了混业经营风险、系统性金融风险等。目前，我国第三方支付监管方面存在立法层次低、科技化水平不高、信息不对称、监管力量薄弱等问题。刘晶晶和戴蓬（2021）认为部分聚合支付平台发生角色异化，突破法律定位，形成资金“二清”和非结算通道两种非法应用模式，对支付生态造成了极大的破坏，严重扰乱了金融管理秩序。为防范聚合支付非法应用带来的巨大风险，应从行政、刑事、行业三个维度优化治理，多手段配合，多路径推进，促使聚合支付行业回归健康发展轨道。张卓林和赵丹（2022）从业务规模、互联网支付、收单业务等方面分析了我国第三方支付的现状，指出我国第三方支付发展过程中面临的问题，包括平台存在一定资金安全风险隐患、行业监管法律制度还不健全、客户信息存在泄露风险、机构监管模式落后导致效率低下等。

从监管的优化和发展角度，杨彪（2013）在系统剖析我国第三方支付发展及监管现状的基础上，基于“市场失灵”理论，论述了对第三方支付实施监管的必要性等。尚睿和吴晓芳（2016）提出了在《非金融机构支付服务管理办法》确立的以人民银行为主的监管框架下，加强第三方支付监管的对策：明确监管理念，推进监管制度改革，创新监管手段，遏制支付服务市场乱象等。危怀安和李松涛（2018）提出引入第三方评估机构实行外部评估并定期汇报、加大对重点机构信息安全检查和披露等多个方面的政策措施。白慧鑫和刘明显（2022）认为我国第三方支付机构存在资金沉淀、客户信息泄露、法律责任不明确、套现等各种风险，需要通过完善法律法规、健全市场准入制度、保护消费者合法权益等措施加强监管。

从借鉴国际相关监管经验发展我国第三方支付机构监管的角度，黄红、吴爱兰和林彧辰（2014）认为在我国现有市场管理机制尚未健全的情况下，有必要借鉴欧美成熟的监管经验，促进我国第三方支付业务稳健发展。蒋先玲和徐晓兰（2014）进一步分析，认为现阶段应在充分考虑第三方支付市场发展特征的基础上，借鉴欧盟和美国相关监管经验，尽快实现第三方支付领域机构监管与功能监管相结合、较低准入门槛与有效过程监管相配套的新型动态监管模式。刘淑波和李雨旋（2018）通过借鉴国外先进立法，建议在监管体制、市场准入和退出机制以及沉淀资金管理等方面优化第三方支付的法律监管。

二、第三方支付机构治理现代化研究展望

未来要实现第三方支付机构治理现代化应综合公司“三会一层”内部治理结构、决策机制、激励约束机制等内部治理机制和监管机构监管与评级、备付金存管、信息披露等外部治理机制，以实现第三方支付机构决策科学化，进而实现相关者利益最大化。

第七节　其他金融服务机构治理现代化研究

一、印钞与造币机构治理现代化研究

印钞与造币机构治理现代化的相关研究相对较少，根据印钞与造币机构的功能定位不同，印钞与造币机构治理又分为印钞造币集团公司治理（即中国印钞造币集团有限公司治理）和各印钞造币子公司治理。

（一）中国印钞造币集团有限公司治理现代化进程

中国印钞造币集团有限公司的成员企业在发展过程中经历了从工厂到公司的改制过程。来自母公司的管控是印钞造币子公司外部治理的重要方面。中国印钞造币集团有限公司坚持实事求是、区别对待的原则推进成员企业的治理建设，因企制宜，探索出董事会制和委派执行董事、专职监事制两种治理模式。董事会制为实行董事会领导下的总经理负责制；委派执行董事、专职监事制是指实行总经理负责制，同时建立总公司委派监事制度，通过完善监控机制加强对其生产经营活动的监督和制约，保证总公司决策的有效落实和企业的规范经营。2017 年以来，中国印钞造币集团有限公司所属企业涉及公司治理、科技管理体制、财务管理体制、激励约束机制、本部内设机构的“五项改革”政策相继出台，为行业未来的发展定位、转型方向、组织架构做出了全面系统的战略安排。

（二）印钞与造币机构治理现代化研究

敖惠诚（2011）认为 2008 年借改革东风，在继承印制传统文化的基础上，全面提升了总公司的形象识别体系，形成了以“印”文化为核心的企业文化体系，确立了“建设国际一流的印钞造币集团”的行业愿景，“责任、创新、效益”的行业核心价值观和“厚德广行、敬业报国”的行业精神。但在认真研究之后，董事会认为所属企业既有的深层次矛盾和问题已经很难通过现有内控手段来解决，必须通过更大力度的改革，引入现代公司治理的经验，建立具有印制行业特点的现代企业制度，从而提高印制企业的核心竞争力和持续发展能力。张杰和顾蓓（2015）提出印钞企业传统的危险源管理存在的主要问题有三个：危险源辨识与风险评价周期过长、危险源辨识与风险评价准确性和全面性不高、信息化安全管理手段严重滞后。刘贵生（2018）认为 40 年来，中国印钞造币历经恢复整顿、布局调整、快速发展、转型升级等重要阶段，走出了一条由小到大、由弱到强的现代化企业振兴之路。杨立杰（2020）认为未来中国印钞造币将进一步优化公司本部组织结构，突出主责主业，强化专业管理职能，对标国际一流水平，完善科技创新管理机制，实现协调高效运转。

相对于一般金融机构，印钞造币行业的特殊性、经营产品的特殊性和管理的特殊性，使得印钞与造币机构在治理上也具有一定的特殊性。在内部治理上，印钞与造币机构更加注重党组织的治理作用，中国人民银行从 1999 年开始对印钞造币行业党的关系实行垂直管理，党的领导核心和政治核心作用得到进一步加强，保证了中国印钞造币事业始终沿着正确的方向、正确的道路不断前进；在外部治理上，产品市场竞争、经理人市场竞争等机制则相对弱化。

二、保障、保险或保护基金公司治理现代化研究

完善的公司治理机制可以降低企业的代理成本，增强企业的核心竞争力，提高经营业绩，实现企业的可持续发展。

（一）保障基金公司治理现代化研究

冯军（2006）认为保险基金管理公司必须从内部治理机制和外部监督机制两个方面来控制治理风险。内部治理机制包括科学的投资决策体系、严格的风险控制流程、合理的激励约束机制。外部监督主要分为市场监督和法律监督两个方面。

（二）保险基金公司治理现代化研究

吴洪和范文亮（2007）认为在建立保险保障基金制度以促进公司治理的进程中，保险保障基金的均一费率可能引起的道德风险及保险保障基金管理委员会的成员组成值得思考，他们认为保险保障基金可以通过参与会员公司董事会风险管理委员会的方式实现其治理现代化。王孟霞和赵明清（2014）认为提高养老保险基金投资收益是解决养老保险基金缺口的关键，如何通过投资实现养老保险基金的保值、增值，是养老金保险基金机构面临的一个主要问题。王月强（2022）对医疗保障基金监管提出了规范医保基金监管、强化医保基金管理人员的安全意识和监管力度、加强“联合监管”等有关建议。雷源平（2022）基于发达经济体运行金融稳定保障基金的经验提出了加强顶层制度建设、多渠道多主体筹集资金、严格基金使用条件、完善多部门协作机制等政策建议。

（三）保护基金公司治理现代化研究

袁康（2023）认为证券投资者保护基金是在防范和处置证券公司风险中用于保护证券投资者利益的资金，有助于弥补证券公司治理的不足，为弱势投资者建立最后的安全网，从而切实保护证券投资者的利益。将投资者保护基金制度与先行赔付制度有效衔接，并通过对投资者保护基金先行赔付的适用条件、赔付资金管理机制、赔付标准和追偿保障机制进行系统性重构，可以实现投资者保护基金先行赔付制度的有机协调和稳健运行。

因此，未来要实现保障、保险或保护基金公司现代化，可以从以上问题着手。

三、金融媒体与博物馆类机构治理现代化研究

（一）金融媒体机构治理现代化研究

关于金融媒体与博物馆类机构治理现代化的研究相对较少。金融媒体治理主要的问题在于金融媒体具有偏见，并且偏见能够影响共同基金的现金流入，这是值得关注的地方。王冬燕（2011）认为如何在建立专业化优势的前提下发展大众市场，是金融媒体面临的一个现实问题。

（二）金融博物馆类机构治理现代化研究

按照法人资格类型不同，金融博物馆类机构治理可以分为公司制金融博物馆类机构治理和非公司制金融博物馆类机构治理。金融博物馆类机构的现代化研究较少，古志明（2014）等认为应该持续完善相应的规章制度。其中，非公司制金融博物馆类机构治理又分为事业单位法人治理和民办非企业单位治理，中国钱币博物馆治理和沈阳金融博物馆治理为事业单位法人治理；长安古钱币博物馆治理、东莞市钱币博物馆治理、天津泉香阁钱币博物馆治理、天津金融博物馆治理、井冈山革命金融博物馆治理、临沂现代金融博物馆治理、西安市民间金融博物馆治理、上海市银行博物馆治理和河北钱币博物馆治理为民办非企业单位治理。

四、金融指数机构治理现代化研究

关于金融指数机构治理现代化的研究相对较少，按照法人资格类型的不同，该类机构的治理又可以分为公司制金融指数机构治理和非公司制金融指数机构治理。我国金融指数机构治理主要为公司制金融指数机构治理，且主要为有限责任公司金融指数机构治理，比如中证指数有限公司、深圳证券信息有限公司、上证指数有限公司以及上证红利指数有限公司等。

五、金融培训机构治理现代化研究

按照法人资格类型不同，金融培训机构治理可以分为公司制金融培训机构治理和非公司制金融培训机构治理。其中，非公司制金融培训机构治理主要是指事业单位法人治理。关于金融培训机构治理现代化的研究相对较少。吴顺达（2001）认为金融培训机构不仅面临着培训量大的问题，更面临着培训手段落后的问题。

第八章　交易与登记结算类金融机构治理现代化研究

交易与登记结算类金融机构是金融服务机构中较为重要的两类，本章对第七章第四节、第五节内容进行了细化，主要包括交易类金融机构中的证券交易所、期货交易所、上海黄金交易所、中国外汇交易中心以及登记结算类金融机构中的中国证券登记结算有限责任公司这五类金融机构治理现代化研究。

第一节　证券交易所治理现代化研究

资本市场是经济发展的引擎，证券交易所在资本市场中扮演着非常重要的角色。交易所作为证券市场的组织者和产品创新者，如何于证券市场监管的第一线优化监管模式、组织形式以提高交易所竞争力，使其更好地适应资本市场内在质量、运行效率和市场监管等方面的新要求，更好地保护中小投资者，成为当前亟须解决的重大课题。经过 1990年至今 30 多年的发展，我国证券市场规模与国际地位发生了翻天覆地的变化。目前，在世界范围内证券交易所治理结构公司化的大趋势下，国内学者对中国证券交易所治理的研究主要集中于我国证券交易所治理结构现存的问题与改革方向。

一、会员制证券交易所治理现代化研究

会员制证券交易所的参加者主要是券商，他们也是会员商，集会员所有权与客户交易权于一身。这样，一方面，券商是证券交易所的会员，享有会员权利，包括对证券交易所的所有权、控制权与对证券市场的监管权；另一方面，券商是证券交易所的客户，有对证券交易所产品或服务的使用

权，并且正是通过这种使用权连接着投资交易双方，参与流通市场业务，发挥中介功能。上文描述的我国传统的证券交易所制度并非真正意义上的会员制，在治理结构上存在着较多问题。

（一）治理结构现代化研究

1. 治理结构存在的问题

我国会员制证券交易所带有强烈的“行政”色彩，属于特殊的非营利组织，对于非营利组织的治理，李维安（2008）提出狭义和广义的非营利组织治理的概念，即狭义的非营利组织治理是一种合同关系，其交易成本低于市场组织的交易成本，在非对称信息的条件下，体现为一种关系合同，以简约的方式规范非营利组织各利害相关者的关系，约束他们之间的活动；从广义层面上看，非营利组织治理涉及广泛的利害相关者，包括出资人、债权人、理事会、管理层、组织员工、受益者、供应商、行业协会、政府和社区等与非营利组织有利害关系的主体，通过一套正式及非正式的制度来协调非营利组织与所有利害相关者之间的利益关系，最终的目的是实现非营利组织决策科学化，从而实现非营利组织的宗旨和各类主体利益的最大化。上述定义，从狭义上明确了在信息不对称情况下，有效进行内部治理结构设计的重要性，从广义上强调了在复杂的利益相关者关系下，有效进行外部治理机制设计的重要性，是一个较为全面的定义，有利于更好地理解非营利组织的治理。

基于会员制证券交易所的非营利性质，鞠敬和沈冬军（2010）认为，会员制下的互助化证券交易所的会员权益不平等、利益冲突导致证券交易所效率低、创新差且互助性治理结构难以筹集资金。廖华（2009）认为，由于证券交易所被券商所控制，无论是在制定交易规则还是在执行交易规则时，证券交易所都会以会员券商的利益为出发点而忽视证券市场的公共利益。同时，会员制证券交易所实行“一员一票”的集体决策机制，效率低下，使交易所对市场环境变化反应迟钝，竞争能力下降。杨大偕和刘伟（2003）也对比了公司制和会员制证券交易所的主要区别，在此基础上指出我国交易所是政府主导下的“会员制”，与真正的会员制有重大区别。潘晴和潘冬（2004）认为，我国证券交易所因以政府推动型为主导有失市场性特征，且结构单一、规模较小、监督弱化，其制度创新在于公司化，并完善相关法规体系，确定交易市场的实体特征，保护投资者，合理分配沪、深、港三家证券交易所功能。曹潇（2011）也表示，从表面上看，我国的证券交易所具有一定的会员制组织特征，但是与其他传统的会员制证券交易所相比，我国的证券公司（会员）实际上并不能支配交易所的决策过程。

交易所事实上仅仅是政府意向和利益的体现者，而不是会员券商维护竞争秩序和共同利益的自然产物。金强（2013）认为，我国的证券交易所从法理和现实中都不能明确证券交易所的实际出资人，是真正的无所有权人，是一个政府强力控制的组织，由于长期积累的收益无法分配，而被交易所管理者用来扩建楼宇、购置设备，甚至变相转为员工福利等，造成我国证券交易成本居高不下。因此，我国证券交易所是一个应有职能缺失，所有权人不清、政府强力控制、其他治理参与主体极度弱化、内部人控制严重的组织形式。

2. 完善治理结构的现代化措施

针对以上会员制证券交易所的治理结构问题，已有学者针对治理结构问题提出了会员制证券交易所现代化治理的改进建议。邱敏欣（2007）通过国际交易所与我国证券交易所组织形式对比和分析，指出我国应尽快实行证交所治理结构的温和改革，加强独立性运作以及进行统一专业化重组。谢增毅（2006）认为我国证券交易所公司治理改革的主要目标是增强交易所自身的独立性，通过改革理事会制度，完善经理制度，提高交易所运营的透明度。他提出我国证券交易所组织结构改制应向公司制治理结构靠近，从而解决交易所产权模糊的问题。赵景琛（2012）也认为，公司制改革可以使所有权结构清晰，治理结构完善，包括引入独立董事制度、完善财务会计制度和信息披露等，我国带有明显行政色彩的会员制证券交易所显然不能适应当前的竞争环境。要想不被市场淘汰，唯有思考我国证券交易所的改革。邢孔禹（2020）同样认为对我国证券交易所进行公司制改革有利于提高其竞争力，利于证券市场市场化的形成，并提出了我国证券交易所公司化的具体设计，并特别强调改制后的公司治理结构可以从以下两方面着手完善：首先，在董事会方面，董事长和副董事长由董事选举产生，经中国证监会核准。总经理由董事长提名，并经董事会聘任。出于公平公正的考虑，董事会还应当引入独立董事制度。同时，中国证监会应当承担起监督的义务，为了保护社会公众利益，有权罢免董事长和总经理。其次，在监事会方面，可以适当增加监事的名额，发挥监事会的监督制约作用，形成合理的公司内部结构。陈风（2012）也认为在我国目前的证券市场体制和相关法律制度下，证券监管部门对证券交易所的活动干预偏多，在一定程度上扭曲了证券交易所作为社团法人之自律组织的本来面目，而证券交易所真正的独立地位是其自身法人治理结构规范化的必要前提。公司化改制可能给证券交易所带来的好处：一是有助于改善证券交易所的治理结构，提高决策效率和完善监督机制，包括增强董事会的独立性、完善财务会计制度、披露公司的重大信息等，这将使交易所的运营更加稳健和透明；二是有助于证券交易所吸纳更多资本，用于技术更新或投资于其他商业领域；三是有助于股东通过转让股份或者分配盈余的方式实现其利益最大化。施廷博（2007）对我国证券交易所公司制改革的具体设计，包括明晰法人产权、完善证券交易所的公司治理结构和合理配置权限等。

（二）监管模式现代化研究

1. 监管模式存在的问题

在自律监管方面，赵福建（2008）通过对证券自律监管体制的国际比较，包括传统自律型证券监管模式下的英国、集中统一监管模式下的美国、中间型监管模式的法国与目前我国证券市场监管体制基本上形成了以中国证监会为主导的政府集中统一监管模式，提出了我国证券自律监管体制的缺陷：政府是交易所的直接发起人，政府构建了交易所的内部规则，控制了交易所的经营大权，交易所自律监管权力不足，受政府影响较深。黄正华和赵宇（2017）通过对国际范围内证券交易所发展路径和主要模式的研究，发现我国证券交易所自律监管功能配置存在“异化”，我国证券交易所的自律行为实质表现为以证监会为代表的行政监督部门的行政管理，违背了证券交易所作为证券公司等市场参与者自我约束的本质。这带来的突出问题是：政府或国家与市场主体间存在较大的矛盾甚至于利益的分化，自律监管者由于自身地位的局限，为了寻求政治支持的最大化，总是站在国家与政府的立场上，常损害市场投资者的利益。刘志华（2008）认为，我国的证券交易所虽然处于“一线监管”的地位，但实际监管力量、监管手段、处分权力明显不足。这种状况一方面增加了政府的监管成本，另一方面由于政府监管固有的失灵风险，也造成了监管效率的降低。中国证监会的行政监管与证券交易所的自律监管界限仍然模糊不清。目前我国证券交易所的现状是，政府证券监管机构对证券交易所干预过度，交易所沦为中国证监会的附属机构，难以确保交易所的自律监管，最典型的表现是证监会控制了交易所的人事安排。孙昌兴和秦洁（2009）提出，在我国，自律组织主要包括证券交易所和证券业协会，目前这两个自律组织均没有发挥应有的作用。证券交易所自律监管面临的主要问题是法律对证券交易所的性质、地位规定不明确；我国证券交易所带有一定的行政色彩，缺乏应有的独立性，不是真正意义上的自律组织，通常被看作准政府机构；证券交易所自律监管权力不足，监管手段缺失，监管力度有待加强，与英、美等国的相关规定相比，中国证券交易所尚缺少两项重要的权力，即对可能的违法违规行为的调查权和实质性的处罚权。侯东德和龙潇（2020）也指出，证券市场由于监管主体分工不明确，政府监管难以克服其刻板性和滞后性的弊端，在政府绝对主导的传统监管模式下自律监管可发挥的作用少之又少，由此导致了制度有空可钻、乱象频发等严重后果。外来制度植入后出现严重的“排异反应”，足以说明政府试图事无巨细管理证券市场的刻板性和滞后性。吴越和马洪雨（2008）也通过实证分析证明我国现行立法未清晰界定证监会与证券交易所监管权配置，表现在对证券交易活动监管操作层面的分工和协作规定不明确；对证券违法、违规行为的处罚权规定缺乏可操作性；对交易所会员、上市公司和证券交易的监管权重叠。这些问题导致了证监会被诉案件的增多、违法案件处罚效率低下，并直接影响了证券交易所自律监管权的有效履行。

2. 完善监管模式的现代化措施

基于上文指出的会员制证券交易所无法有效实施自律监管模式的问题，已有学者给出针对性建议。刘志华（2008）提出完善中国证券交易所自律监管体制的建议：完善理事会（董事会）制度、经理制度，废除证监会对交易所的业务尤其对证券交易品种的事先批准，进一步强化交易所作为自律组织的自治权限。李江波和张群群（2009）基于自律监管目前存在问题的分析，认为嵌在营利性治理结构中的自律监管模式因为存在监管者与交易商的完全闭合关系，从而比市场运行者提供监管的这种新模式具有相对优势。彭冰和曹里加（2005）也指出，交易所自律监管本身具有政府监管不可比拟的优势——更多的灵活性、专业性、低成本、高收入、高竞争力，并且指出形成交易所有效监督的核心在于交易所的产权结构是否明确、交易所之间的竞争是否存在，并提出交易所的产权改为民间性质的合理化，为证券交易所的公司制改革奠定了基础。“放管服”政策的出台，意味着证券行业管理权力结构需要转型，应当放权给行业内部的服务机构，即发挥其自身的自律监管机制，以发挥市场在资源配置中的决定性作用，制定出更加全面、灵活、符合市场快速变化的管理规则，严格规范市场以推动其进一步发展和完善。通过实证研究，刘彦来、陈琛和何瑞卿（2014）以全球主要的 16 家证券交易所为研究样本，运用面板数据及随机效应模型，实证检验了不同监管模式下不同组织形式交易所间竞争力的差异，结果表明，从交易所竞争力指标上看，自律型—公司制交易所竞争力最强，政府主导型—公司制交易所次之，政府主导型—会员制交易所最弱，且三者之间的差异在统计上显著，该结论也为交易所改革提供了有益的经验路径：优化证券监管职权在政府与自律监管组织间的分配，推动政府主导型监管向交易所自律型监管的转变，推进交易所公司化改制与上市，进一步完善交易所监管模式方面的治理问题。曹潇、张弓长和林波（2008）通过对中国证券交易所监管激励分析，对政府与交易所监管权的分配提出：政府对交易所和市场的监管应主要采取间接方式，即在交易所有足够激励的领域，就需要市场监管的职责由交易所来履行，交易所激励不足的领域，通过监管权的分配以强化交易所的监管激励，并遵循自律监管第一、政府监管监督性与补充性为辅的原则。

二、公司制证券交易所治理现代化研究

我国公司制证券交易所是独立的法律主体，在法律上与证券公司相互独立；是独立的经济实体，只为证券公司从事证券交易活动提供所需的物质条件和服务，证券交易所的职员不参与具体的证券交易活动；证券交易所有权向证券发行公司索取证券上市费，并向证券公司收取证券成交的其他费用，具体收费比例按照证券交易所的规定执行，亦可以采取合同方式约定。

（一）公司制证券交易所治理改革现状

崔华、汪伟和张陆洋（2022）通过欧美及亚洲交易所案例分析，总结了全球主要交易所治理变革相关举措和成效，通过国际经验借鉴和启示分析，提出了加快我国交易所治理变革，激发创新活力的相关建议。截至2021年底，全球股票市场总市值排名前 10 的证券交易所除了中国的上海证券交易所和深圳证券交易所以外，均已完成了公司化改造。他们认为，交易所公司化改革的核心是使交易所发展成为一个以客户为主导，以营利为导向的商业机构，形成清晰的战略导向、高效的决策机制和积极的经营策略，内部治理模式的公司化适应交易所国际化竞争的趋势，推动资本市场国际化和一体化发展，并且通过外部治理模式下的政府主导型监管到自律监管的分离和独立，这一监管制度环境的变化，可以实现公众利益最大化。孙成刚（2003）通过比较中外交易所组织模式的演变，认为证券交易所的公司制改革使其走上市场化，逐渐转变为独立运行、自负盈亏、自担风险的证券交易组织。皮六一和陈启欢（2013）根据全球证券交易所产业整合的最新趋势，发现了新趋势的产生是以经济全球化为外因、交易方式的电子化为内因、传统证券交易所公司化为诱因的多重因素影响而形成的。王小丽（2011）认为全球新一轮证券交易所并购浪潮的频现会使我国传统交易所面临竞争压力，进而积极采取更有效率的业务规则和治理机制——公司化改制，认为公司化改制有利于推进政府监管、交易所自律监管的市场化，进而有利于我国证券交易所参与全球竞争。陈美颖（2007）认为全球公司

制改革的浪潮、传统会员制的缺陷、公司制自身的优势，以及我国《证券法》的修改，这些都预示着我国证券交易所将采取的路径——公司制改造。赖衍禹（2016）认为公司化是证券交易所改革以顺应我国资本市场需求和本次《证券法》修订的选择之一，值得获得更多的关注与研究。胡坚和郜全亮（2007）指出，全球证券交易所逐步从非营利性的互助性组织走向营利性的互助性组织，证券交易所也由于跨国联盟和合并而集中度提高且产品日益多元化，全球交易所的发展对我国的证券交易所提出了要求，而公司制改革是保持有效竞争力的必要条件。巴曙松、刘润佐和赵晶（2007）也同样从公司化的角度考察分析全球证券交易所并购活动呈现出鲜明的新趋势，传统的证券交易所往往是会员所有的互助性组织，只有会员才能直接进入交易系统进行交易，这些会员拥有交易所的资产并控制交易所的治理。从 20 世纪 90 年代起西方证券交易所经历了从会员制转变成公司制的公司化（demutualization）过程。他们通过制度经济学分析全球证券交易所并购加快的动因，认为以营利为目的的公司制是推进交易所对外扩张的根本动力。而当前中国的证券交易所依然还是行政色彩十分浓厚的、具有行政级别的事实上的政府机构，这样的机构在国际竞争的背景下，很难有国际竞争的足够动力，同时亚洲地区的交易所已经引起欧美资本投资者注意，要从国际交易所的发展趋势，把握好中国交易所的演变以及整个大中华区交易所的合作乃至整合趋势。赵鹏飞、崔惠玲和周国强（2011）也预测，当前中国证券交易所的基本特征是行政会员制和非竞争性，在全球市场竞争的外部环境和中国市场化改革的内在动力下，中国证券交易所未来的发展路径应该是行政会员制到股份会员制再到公司制，最后在沪深港三大交易所进行战略分工和与海外交易所建立战略联盟的基础上，形成符合中国市场经济的交易所运行制度。万佳丽、孟繁兴和成昌丽（2008）从股份化改革的原因，股份化改革对交易权、所有权、监管和公司治理以及绩效的影响等方面，对目前已经进行股份化改革的证券交易所进行比较，从而初步探讨我国沪深交易所进行股份化改革的必要性和可能采取的改革措施。

（二）治理结构与监管模式现代化研究

1. 治理结构与监管模式存在的问题

在上文指出的公司制证券交易所数量增多的趋势下，更多的学者也对公司制的证券交易所的治理现代化问题进行研究。

在治理结构与自律监管方面，张群群、刘春江和张浩然（2006）围绕中国证券交易所的治理结构问题开展了一项问卷调查，调查显示，国内证券交易所之间存在竞争，竞争的主要原因是政策的争取、投资者入市资金以及新品种的上市，但竞争不充分，交易所的竞争力亟待提高。同时，尽管公司化改制可能有助于在某种程度上解决交易所的治理结构问题，但当时各有关方面对交易所进行公司制改革缺乏信心。孙昌兴和秦洁（2009）认为证券交易所的公司化改革是需要具备一定条件的，而中国目前还不具备这些条件。中国的证券交易所地位不独立、法人治理空有其形、诸多监管功能被证监会架空，使中国的证券交易所缺乏竞争力，未对融入国际化竞争做好准备。此外，作者认为公司制并非解决产权不清这一具有中国特色问题的唯一方式，关键不在于是公司制还是会员制，而在于法律的明确界定。冯果和田春雷（2009）同样认为我国证券交易所的制度表述与其实际运行状况相距甚远。进入 21 世纪和加入 WTO 以来，证券交易所法律定位的混沌不清、独立及自主地位的严重缺失、有效竞争的匮乏，已经对证券市场的业务创新和进一步发展壮大构成了越来越明显的掣肘和体制束缚，其改革不可避免，但盲目与国际接轨，进行证券交易所公司化改造只会扭曲资本市场本已混乱的利益格局。两位学者认为目前证券交易所治理结构的主要弊端在于政府证券监管机构对交易所的干预过度，因而当务之急是通过改革率先使交易所成为真正自主、自治、自律的独立法人，并着力培育良性的市场竞争机制，为证券交易所的深层次改革创造条件。曹潇（2011）认为，中国证监会对于交易所享有绝对的监督控制权，原因在于我国证券交易所目标并不是会员利益最大化，而是交易所自身的经营发展。王小丽（2011）认为当证券交易所从会员制变革为以营利为目标的公司法人之后，“既是运动员又是裁判员”的公司化证券交易所自身上市也很难有效地行使其作为监管者的职责，公司化证券交易所以商业化运作为导向，追求利润的最大化，可能会导致其不能正常发挥自律监管作用，放纵市场中的一些投机行为，漠视社会公益性监管的存在，从而产生与政府监管机构即证监会公共监管职能的冲突。

2. 完善治理结构与监管模式的现代化措施

刘俊海（2005）认为，证交所的监管品牌在于严格监管，而非放松监管。曹潇（2011）认为，证券交易所没有内在化会员之间以及同市场交易者之间的市场违规行为外部性的激励。由于私人利益与公共利益的冲突，交易所执行经营与监管两项任务的激励存在严重失衡，因而需要改革证券交易所治理结构，设置证券交易所执行经营与监管两项任务的激励平衡机制。李志君（2013）指出，在证券交易所国际竞争的压力下，我国交易所进行非互助化改革已是大势所趋。未来我国交易所非互助化后，必然也会产生新的利益冲突，可能的解决途径包括：一是分离交易所的监管业务，即自律组织的监管业务与商业职能分离；二是完善交易所治理结构，包括限制股东持股比例和投票权以防对交易所产生控制，完善董事会治理结构，尤其是增加独立董事比重，提高董事独立性；三是可以尝试采取异地双重上市的方式进入信息披露充分、透明度高、监管严格的证券市场，可以约束控股股东的机会主义，改善公司治理。鞠敬和沈冬军（2010）认为，由于证券交易所非互助化之后可能带来权力滥用等问题，需要在坚持证券交易所自律监管优先原则的前提下，将证券交易所置于政府监督之下，这可以限制交易所垄断权力的滥用或降低业务标准。政府监管非互助化证券交易所既能够发挥自律监管的优点，同时又能克服自律监管的缺陷，从而实现政府监管与非互助化证券交易所监管的互动。

（三）风险管理现代化研究

在风险管理方面，会员制证券交易所和公司制证券交易所均存在治理问题。企业风险管理框架是在内部控制整体框架基础上发展起来的。不断出现的风险使企业日益认识到风险管理的重要性，内部控制逐渐呈现与风险管理靠拢和一体化的趋势。20 世纪 90 年代初期，外包成为企业实施内部审计较为普遍的方式，内部审计的职能开始通过聘用中介机构来实现。这使内审人员须从高于内部控制角度，综合考虑企业内外环境因素，重视对风险的全面分析，既关注审计风险又关注经营风险，据此制定与企业状况相适应的多元审计计划。20 世纪 90 年代以后，知识经济等外部环境的变化引起企业管理重大变革，最明显的就是实施公司治理改革、强化风险管理、改造组织机构和业务流程，而强化风险管理又对内部审计的发展产生巨大影响。很多优秀企业的内部审计，从风险管理的视角持续审视公司治理和企业各个领域的工作，风险管理导向审计（Risk-Management Based Auditing）便应运而生。刘震（2011）指出，我国证券交易所内部审计现状为：内部审计职责定位尚不清晰、内控制度建设和风险管理工作尚待加强、传统内部审计方式不适应发展的需要、内部审计的独立性有待加强、内控监督机制缺乏系统性。作者提出证券交易所应基于风险管理的内部审计，立足于对整体风险管理进行系统审查、分析和评价，制定与业务状况相适应的审计策略。具体而言，建立风险评估指标体系，确定风险评估的范围，了解和评估重要资料来源，收集、研究证券交易所当前发展情况、趋势等行业信息，确定可能对经营目标产生重大影响的关键风险，以及行业中对这些风险的相关控制程序的最佳实务，评估风险防范措施的充分性，实施全面评估与后续审计。

综合上文研究，证券交易所治理要突出交易所高度自律和高效管理的属性，发挥证券交易所公正、权威的第三方作用，以保障证券市场的有序和繁荣。对于我国证券交易所而言，要始终朝着建设具有自身特色的、一流的、国际化的证券交易所的目标前进，努力变得更加专业、透明、高效和公正。

第二节　期货交易所治理现代化研究

一、中国期货交易所发展阶段

游鸿（2017）认为中国期货交易所经历了三个发展阶段，分别是探索阶段、整顿阶段、规范阶段。

探索阶段（1988－1993 年）：1988 年我国首次提出建立期货市场，我国第一家期货交易所，即郑州商品交易所于 1990 年成立，主要交易品种为农产品。在商品期货交易所的早期阶段，期货市场盲目无序发展，市场上种风险事件频发。

整顿阶段（1993－2000 年）：截至 1993 年我国期货交易所达 40 多家，国务院连续出台文件，并对期货行业进行第一次大规模清理整顿，其后确定了 11 家期货交易所。1998 年国务院对我国期货交易所进行了第二次兼并重整，将第一次兼并后确立的 11 家交易所合并为 3 家，并要求期货交易所必须实行不以营利为目的的会员制治理方式。

规范阶段（2000 年之后）：经过一系列清理整顿和完善监管制度后，建立了期货交易保证金保证安全存管制度、构建了风险监管指标体系、建立期货投资者保障基金，我国期货市场进入逐步规范阶段，期货交易额持续稳定增长。

二、期货交易所治理结构现代化研究

期货交易所是期货市场运营的核心，而组织形式的选择是期交所最为重要的法律问题之一。根据组织形式不同，一般可以将期货交易所分为两类：会员制交易所和公司制交易所。两种体制各有其不同的特点，因此对于不同制度的期货交易所，治理结构也大有不同。

学者们对中国期货交易所未来治理结构改革方向有不同见解。王赛德（2006）认为期货交易所要在竞争中生存下来，就必须进行以提高竞争力为导向的公司制改造，否则就会被淘汰。张榳洪（2009）则认为目前我国期

货交易所需要建立真正的会员制。我国期货交易所现在实行的是会员制，但由于中国证监会掌握着交易所高级管理人员任免权，因此产生权利与义务不对称的现象，违背了期货市场的发展规律，严重束缚了期货市场的发展。因此我国应从建立真正的会员制改革入手，充分发挥交易所理事会的作用，积极向现代化会员制靠拢。

常清（2021）认为广东期货交易所实现了体制创新。过去四家期货交易所由于历史的原因，形成了现在的体制。我国期货交易所的体制和国际上的“会员制”“公司制”是完全不同的，而广东期货交易所的股东结构就决定了其交易所体制要具有创新性。

三、期货交易所内部风险管理现代化研究

因为早期我国期货市场制度不够健全，学者们认为期货交易所内部存在风险，将风险进行了归类研究，并进一步识别出期货交易所内部风险的成因。

许春燕（1995）认为期货交易所主要面临的风险包括：套期保值带来的风险、投机图利带来的风险、行情变动带来的风险，同时她认为通过发展会员制、调整会员结构、改变交易方式、完善交易所分线管理制度可以合理有效的控制风险。胡琪（1999）认为我国期货交易所面临的主要风险是经过整顿治理剩下的 15 家期货交易所仍然明显过多，而且品种重复。同时各地方政府都尽力把自己所能约束的企业作为本地期货交易所的会员，把所能控制的资源带进本地期货交易所。这样就降低了市场需要的流动性，违背了期货交易的公平、公正、公开的原则。王煦逸、田澍和陈少军（2004）根据中国证监委的风险监控指标，利用聚类分析得到非正常样本，然后建立了风险预警判别函数，确认了价格波动变化是期货交易所风险最重要的影响因素。徐明棋、冯小冰和陆丰（2005）认为国内许多期货交易所都出现过问题，均是由于其交易所市场风险控制体制的不完善或没有严格地执行风险控制制度而造成的。其中，期货交易所缺乏有效的市场风险预警系统，无法早期发现存在的市场风险隐患，不能及时防范和化解市场风险。

面对期货交易所不断暴露出来的风险，学者们开始研究如何进行期货交易所的内部风险控制。叶志钧（2005）认为期货交易所的风险控制主要由制度建设、市场监控两部分内容组成。在制度建设方面，我国期货交易所在借鉴国外期货市场成功经验的基础上，主要建立了保证金制度、涨跌停板制度、投机头寸限仓制度、无负债结算制度等。徐明棋、冯小冰和陆丰（2005）从上交所风险预警系统的不足之处和下一步发展计划出发，参

考国际经验建立了预警指标体系和预警模型，为下一步搜集数据和模型测试提供了一个基本的思路和依据。王煦逸、田澍和陈少军（2004）根据中国证监委的风险监控指标，利用聚类分析得到非正常样本，然后建立了风险预警判别函数，确认了价格波动变化是期货交易所风险最重要的影响因素，并验证了判别函数和分析结果的有效性。顿颖晖（2022）认为期货交易所全面风险管理框架搭建时应确立风险管理目标、明晰风险偏好和容忍度、完善三道防线及其职能。

四、期货交易所外部监管现代化研究

在期货交易所监管层面上，彭真明（1997）认为应当建立全国统一的期货自律组织。同时，立法应明确规定，所有的期货交易所和期货经营机构都必须是期货业自律组织的会员，否则不得从事期货业务。何剑平、孙秋鹏和关路祥（2005）认为我国期货交易所改制应当是在现有运作体制的基础上，提高利益相关者在交易所决策中的地位，使他们发挥主导作用。政府的作用主要是制定和修改有利于市场健康稳定发展的法律法规，并监控市场主体对这些法律法规的遵守和执行。孙秋鹏（2017）经过检验发现，中国期货交易所出于促进发展的考虑会默许一些对期货市场和国民经济有害的市场滥用行为存在，而并不能有效地监管期货市场，因此政府监管当局应当介入到期货市场之中。他认为：（1）政府监管当局应当主要从事市场监管大框架和主要原则的制定，将制定市场交易规则的主要权力赋予交易所，发挥交易所一线监管的优势；（2）对于交易所不完全监管行为政府监管当局应当予以坚决制止，必要时可以采取惩罚措施；（3）由于政府和交易所之间存在信息不对称，交易所具有信息优势，政府监管当局应当加强交易所信息汇报制度，建立从期货经纪公司、交易者和现货市场主要生产者、经营者和使用者等相关主体获得信息的渠道；（4）在没有相应的法律赋予监管当局明确监管职责的情况下，对政府监管当局过多地介入到交易所的具体运作应保持慎重。胡俞越和杨画画（2020）认为我国期货交易由政府主导创立，中国证监会对各交易所统一监管，长期以来，监管端口前移，期货交易所在市场中同时扮演监管者和交易组织者的角色，“管办不分”的问题较为突出，这种既管又办的体制严重束缚了交易所的创新发展。

第三节 上海黄金交易所治理现代化研究

一、上海黄金交易所内部风险管理现代化研究

在风险管理方面，翟敏和华仁海（2006）认为虽然我国的黄金市场发展取得了一定的成就，但与国际成熟的黄金市场相比较还存在很大差距，主要表现在：（1）市场对外较为封闭，缺少国外会员的参与；（2）交易品种单一；（3）市场规模太小。焦瑾璞（2017）认为随着黄金市场参与主体的不断增加，利用黄金市场税收政策进行涉税犯罪和洗钱的行为有所增加，这些行为严重影响了正常的市场运行秩序。

顾文硕（2021）指出上海证券交易所作为黄金市场，金融基础设施存在以下的风险管理问题：运行风险，主要可分为信息系统运行风险和业务运营风险两大类；流动性风险，通常与轧差程度、保证金制度、结算流程，以及违约瀑布和违约处置程序有关；违约风险，主要来源于会员在结算时或之后无法履行结算义务的风险。上海交易所在强化风险管理时应注意：实施业务连续性计划，应对运行风险；加强保证金管理，防范流动性风险；强化清结算功能，降低违约风险。

二、上海黄金交易所外部监管现代化研究

在监管方面，尹牧（2018）认为随着我国黄金市场的不断扩大和投资者的增加，市场管理与投资者保护方面的问题也日益显现，与黄金市场和黄金交易相关的法律法规也有所欠缺，对投资者在法律层面上的保护不够充分。上海黄金交易所的黄金现货交易由人民银行管理，而负责黄金期货交易的上海期货交易所却处于“中国证券监督管理委员会”的监管之下。

贺婵杜（2019）认为上海黄金交易所中的非金融会员作为黄金市场交易活动的参与者在接受监管时存在监管法律资源供给不足、监管几乎处于真空状态、黄金交易所管理约束力较弱的问题，同时非金融会员缺少监管，影响黄金市场稳健成长，因此人民银行的分支机构应当承担起监管责任：建立健全监管法规体系，提供法律基础；厘清监管部门职责边界，防止监管交叉重叠；建立监管协调机制，形成非金融会员监管合力。

第四节　中国外汇交易中心治理现代化研究

一、中国外汇交易中心治理结构现代化研究

与中国外汇交易中心治理直接相关文献较少。

中国外汇交易中心、中国人民银行研究局联合课题组（2002 年）对 20 世纪 90 年代中期以来我国银行间外汇市场和货币市场进行了分析，并提出应扩大参与者的类型和数量，培育市场中介机构，丰富交易品种，改进汇率生成机制，组织创新银行间市场交易场所以适应市场的未来变化，更好地为参与者提供服务。

在中国外汇交易中心治理层面，则应当设立董事会，吸收大型市场参与者的代表作为非执行董事，这样可以在确保当局指令得以执行的前提下，方便交易场所听取并采纳市场参与者的意见。

二、中国外汇交易中心内部风险管理现代化研究

何国华和陈骏（2004）指出普遍存在的外汇交易结算风险具有灾难性的系统性影响，并将外汇交易结算风险归纳为信用性结算风险和流动性结算风险两种形式，并针对不同形式的特点提出了相应的治理原则和措施。

马玲（2022）认为中国外汇交易中心当前不断升级交易系统，增加交易产品，完善交易机制，延长交易时间，发布 CFETS（中国外汇交易中心）人民币汇率指数，加强市场监测，为人民币汇率形成机制的不断完善提供全面的配套支持。

第五节　中国证券登记结算有限责任公司治理现代化研究

关于中国证券登记结算有限责任公司治理的相关研究很少，主要集中于法律地位、诉讼地位、反洗钱等方面。

一、中国证券登记结算有限责任公司发展现状

邓丽和丁文严（2009）认为从长期来看，结算公司与投资者之间的证券登记和存管法律关系并不健全，投资者的委托人地位和合法权益一直未得到认可和保障。陈伟（2012）在 2005 年国债危机的背景下，研究了在国

债回购诉讼案件中，按照中国证券登记结算有限责任公司与投资者、证券托管参与人之间的法律关系，中登公司应当作为无独立请求权第三人参与到诉讼中。李珍珠（2015）认为只有确立了证券登记结算机构的中央对手方法律地位，证券登记结算机构才能构建登记主体各方责任体系，构建完善的登记结算风险防范和控制体制，以及应对无纸化时代挑战，提高结算效率，防范金融风险，保护投资者权益。

二、中国证券登记结算有限责任公司反洗钱机制优化

王艳（2013）分析了证券登记结算机构在反洗钱工作中的作用，并提出了证券登记结算机构反洗钱工作的建议，即建立中国人民银行与证券登记结算机构等组织的信息共享机制。

目前有一些对于中国证券登记结算有限责任公司内外部治理的法律法规，对其直接的研究也基本都涉及法律地位、法律行为等，对自身治理的研究很少。未来要实现中国证券登记结算有限责任公司治理现代化，可以从与其相关的内外部治理法律法规开展治理现代化研究。

第九章　类金融机构治理现代化研究

在我国金融机构体系中，还有一部分被称为类金融机构，主要包括各类地方金融组织。根据相关监管文件，我国地方金融组织主要包括“7+4”共11类，地方金融组织主要包括小额贷款公司、融资担保公司、区域性股权市场、典当行、融资租赁公司、商业保理公司和地方资产管理公司，以及投资公司、农民专业合作社、社会众筹机构和地方各类交易所4类机构。本章对这11类地方金融组织治理现代化研究进行了总结分析。此外，本章还关注了第三方财富管理公司、民间资本管理机构、拍卖企业、珠宝行等其他类型金融机构治理现代化。

第一节　小额贷款公司治理现代化研究

关于小额贷款公司（以下简称小贷公司）治理的研究较多，主要针对法律地位、可持续发展、公司治理结构和机制、内部风险控制能力、法律监管等五个方面。

一、小贷公司发展现状：法律地位及可持续发展

（一）小贷公司法律地位的明确

郑曙光（2009）认为应该明确界定小额贷款公司的性质定位与监管，通过必要的存设规制与营业规制规范其行为，强化其经营中的风险控制能力。刘国防和齐丽梅（2009）针对小额贷款公司法律地位不明、资金来源不畅、监管体制不顺等问题，提出明确农村小额贷款公司的法律地位，改变其“只贷不存”的模式，完善监管体制，营造同业协作的良好环境，加强小额贷款公司自身的建设。汪彩华和刘哲（2011）认为通过明确法律地位、完善监管体系、设定治理结构三步，能为小额信贷公司创设优良的发展环境和制度保障。

（二）小贷公司可持续发展的实现

邢早忠（2009）指出为实现小额贷款公司的可持续性发展，要明确法律地位、构建科学监管框架、建立有效资金供给机制、建立小额贷款风险分散机制、推动小额贷款产品创新、加大政策扶持力度、建立专门人才队伍。高晓燕、惠建军和马文赫（2010）分析了小额贷款公司融资难、可持续运营难等现状，提出小额贷款公司可持续运营需要拓宽融资渠道，增加资金来源，明确定位，完善公司治理和建立合理的绩效评价机制。高晓燕、任丽华和赵颖（2011）从自身运营、政府支持、业务创新和风险控制等方面，探讨了小额贷款公司可持续发展的策略和发展方向。吴国平（2011）从浙江省小额贷款公司的视角，分别从外部环境和内部环境两个角度寻求小额贷款公司可持续发展的对策。黄加宁（2012）在介绍小额贷款公司发展现状和特点的基础上，分析小额贷款公司目前存在的主要问题，力求找出问题的成因，研究小额贷款公司发展的可持续性，提出客观的发展战略和思路。郭锐（2012）以湖北省实证分析为基础，提出扩大小额贷款公司融资比例，放宽控股约束，加强自身建设，强化内控，是小额贷款公司一条可持续发展路径。茆晓颖（2012）分析了当前农村小贷公司面临的问题和缺陷，并对如何促进农村小贷公司的可持续发展提出了相应的政策建议。张正平、唐倩和杨虎峰（2012）以东部、中部、西部地区的42家小额贷款公司作为研究样本，实证检验了单位贷款成本、贷款利率、机构年龄、平均贷款规模、贷款余额/资产比会影响小额贷款公司可持续发展。曲小刚和罗剑朝（2013）认为影响商业性小额贷款公司可持续发展的因素主要是融资渠道狭窄、金融监管有待改善、政策扶持力度不够，并提出相应建议。周善葆、区永纯和冼美玲（2013）以广西梧州市为例，运用SWOT①方法深入分析新型农村金融机构发展的优势、劣势、机会及威胁，在此基础上提出SOW战略、SWT战略以及优化外部发展环境等促进新型农村金融机构可持续发展的建议。郭军和冯林（2013）以山东省为例，指出小额贷款公司在运营和发展过程中存在的诸多问题，并提出实现可持续发展的建议。周妙燕（2014）以浙江金华为例，剖析了小额贷款公司内部管理失衡、民营资本投资主体金融素质存在缺陷等问题，提出应加强对小额贷款公司的监督管理，谨慎对待民营资本进入金融领域的进程和节奏，适时推进小额贷款公司立法等实现小额贷款公司可持续发展的对策建议。俞伯阳（2015）

① SWOT模型是一种常用的策略性分析工具，用于评估一个项目、组织或个人的优势（Strengths）、劣势（Weaknesses）、机会（Opportunities）和威胁（Threats），帮助识别内部和外部环境的关键因素，为制定战略和做出决策提供指导。

从政府支持、资金供给、业务创新和风险管理方面提出切实可行的发展建议，确保小额贷款公司健康、快速、可持续发展。张彪和王利君（2016）基于合肥市小贷公司运行的现状、产生问题的原因分析，探索可持续发展的对策。杨福明（2016）撰写《民间资本与小额贷款公司可持续发展的相关性研究》时聚焦小额贷款公司可持续发展的机制创新，从公司治理机制、融资机制、经营模式、财务绩效四个层面提出小额贷款公司可持续发展的创新策略。胡金焱和张强（2018）以山东省为例，实证检验了小额贷款公司贷款期限结构对公司可持续发展的影响，短期贷款有助于提高公司的可持续发展水平，中长期贷款对公司的可持续发展产生不利影响。刘达（2021）基于210家小额贷款公司的微观数据，利用OLS、WLS、Robust-WLS方法，分析金融深度、服务广度、支农强度、资源禀赋等因素对小额贷款公司运营能力和可持续战略协同的影响与作用。

二、小贷公司治理结构和治理机制现代化

袁泽清（2008）针对小额贷款公司治理结构，提出四点建议：（1）提高股东条件，优化公司股东结构；（2）根据“三会分设、三权分离”的原则，采取双层结构或单层结构的公司治理架构；（3）建立科学的绩效考核体系，完善激励约束机制；（4）通过培育农村金融市场和经理人市场，完善公司外部治理机制。刘小玄和王冀宁（2011）指出小额贷款公司可以依靠其内生的自我约束和激励机制，依靠缩短与客户企业的距离，以及更贴近实体经济的踏踏实实的努力，来实现其最优目标。王家传和冯林（2011）以山东省小额贷款公司为例，在深入剖析其营运成效与改制困惑的基础上，从制度建设层面提出了该类公司的发展方略。彭春凝（2011）从我国小额贷款公司的治理结构入手，指出应建立健全公司治理的组织结构，健全董事会、监事会和经营管理机构，为公司治理提供组织保证，并以相关政策、法律法规和社会诚信体系为保障。王钢和夏谊（2013）以温州市为例，认为温州的小额贷款公司应抓住温州市金融综合改革试验区的机遇，创新制度设计和融资方式，建立“温州市小额贷款公司融资中心”，可解决小额贷款公司自身融资难的问题，进一步提升其经营管理能力，实现高效、稳健的发展。黄星澍和乐韵（2013）通过分析浙江省小额贷款公司融资瓶颈问题，提出明确其未来发展方向、实施正向激励融资比例政策、允许多元化融资渠道探索等三方面的解决思路。郇蕾蕾和李麟（2014）采用安徽省150家小额贷款公司2010－2012年的调查数据，实证分析了公司治理对小额贷款公司绩效的影响，结果发现公司治理对小额贷款公司的财务可持续性

影响较大，独立董事比例、女性董事、外部审计、董事会规模等与财务可持续性呈显著正相关。杨虎锋和何广文（2014）利用 169 家小额贷款公司的调查数据，分析了治理机制对小额贷款公司财务绩效和社会绩效的影响，提出完善小额贷款公司的治理机制，应重点关注其内部治理机制。毕先萍和蒋萧涵（2014）基于广西 2013 年 191 家小额贷款公司，运用 DEA 方法测算，发现需要完善小额贷款制度设计和监管，重点推进金融市场化改革，加强融资创新、征信和服务等基础设施建设来提高小额贷款公司的财务绩效。杨虎锋（2014）在农村金融创新团队系列丛书《小额贷款公司的制度安排及其绩效评价》一书中以制度经济学、农村金融深化理论为基础，按照目标—过程—绩效的分析框架，对小额贷款公司的制度安排及其绩效进行研究。何婧、何广文和王宇（2015）研究发现政府在小额贷款公司中的参股控股行为，对帮助弱势群体获得信贷支持实现社会绩效的有益影响。何婧、刘甜和何广文（2015）通过对 244 家小额贷款公司的调研数据分析表明，董事会专业程度、政府关联度、独立性会影响小额贷款公司的资产收益性和社会服务性。赵雪梅和王改改（2016）从小额贷款公司自身定位、政策约束、社会绩效管理等方面探究了机构社会绩效与财务绩效协调发展的制约因素，并基于二者协调发展的视角提出机构运行机制创新的若干策略。傅昌銮和朱西湖（2016）以浙江省为例，指出小额贷款公司在财务目标与社会目标之间存在有所取舍的权衡选择。范亚辰、何广文和田雅群（2018）通过 SFA 模型测算小额贷款公司成本效率，发现融资约束导致的经营成本压力能促进小额贷款公司改善成本效率；社会服务目标对成本效率有显著的抑制作用，可能导致小额贷款公司偏离政策初衷。范亚辰、何广文和杨虎锋（2018）基于 407 家小额贷款公司实证检验了融资约束和融资政策对小额贷款公司双重绩效的影响，融资约束对财务绩效有负向影响，对社会绩效有正向影响。田华茂和杨修荣（2020）通过分析小额贷款公司发展现状和存在的问题，提出传统小额贷款公司的转型路径。冯海红（2020）在撰写《小额贷款公司经营绩效与社会福利影响：基于县域信贷市场竞争视角》时分别从理论和实证两个方面展开研究，提出理论分析框架，并构建理论模型，检验信贷市场竞争对小额贷款公司经营绩效和经营行为的影响。范亚辰（2021）以规制经济学为基础，结合制度经济学和博弈论等理论，分析了中央和地方两级融资政策制定及变迁的理论逻辑，系统研究了融资政策对小额贷款公司多重绩效实现的影响。

三、小贷公司内部治理现代化：风险控制

朱明（2010）从法律的视角分析了小额贷款公司内控治理法律问题，包括运行资金、法人治理结构、风险防范三方面。谭中明和梁俊（2011）基于江苏省农村小额贷款公司，剖析了其运营风险，并提出创新信贷风险管理机制和拓宽融资渠道等对策。王明吉和崔学贤（2011）通过对小额贷款公司在河北省发展情况的探究，分析其面临的风险及产生的原因，并提出了规避风险的措施。王增民（2012）指出小额贷款公司在内部审计独立性、内部审计人员素质、内部审计方法等多方面存在问题，提出了转变审计观念，提升内部审计独立性，多方位提高内部审计人员素质，引入信息处理系统、改进审计方法和手段等建议和措施。梅鹏军和汪守宏（2012）发现金融结构与产业结构转型时的冲击、分权体制下监管的滞后、服务目标的漂移、经济长短周期的交叉影响已成为影响小额贷款公司发展的重要风险因素，并提出相应的对策。黄晓梅（2012）深入分析小额贷款公司信用风险产生的原因，认为应在提高小额贷款公司自身信用风险防控能力、优化小额贷款公司风险防控的外部环境两大方面，采取有效的控制与防范措施，推动小额信贷公司的健康发展。朱冰心（2013）在对浙江省小额贷款公司发展现状进行分析的基础上，探讨了小额贷款公司经营过程中面临的风险，并提出了相应的风险防范措施。毕鹏翾（2013）从内部环境、风险评估、控制活动、信息与沟通、内部监督五个方面分析小额贷款公司内部控制问题并提出相应对策。申韬（2013）撰写的《我国小额贷款公司信用风险管理研究》一书中指出，在中国特有的政治经济人的背景下，除了国家和地方政府政策支持之外，小额贷款公司自身的信用风险管理是保障其稳健发展的根本所在。杨旻（2014）以新疆小额贷款公司为例，探讨了在面临经营发展中的诸多风险时，应增强内部风险控制能力，控制小额贷款公司经营中的风险，以促进新疆小额贷款公司的可持续发展。张世春、高杨和麦忠海（2015）通过对广州、佛山、珠海三市小额贷款公司的研究，发现融资渠道多元化程度、风险准备金设置情况、管理层培训频率与小额贷款公司风险控制状况高度相关。

四、小贷公司外部治理现代化：法律监管

陈颖健（2010）提出政府对小额贷款公司的监管权表现出不完整性和侵入性，应建立一个合法、适度、有效的政府监管机制，兼以发挥公司治理机制在防范经营风险方面的作用，探索建立一个符合小额贷款公司特点

的公司治理机制。朱明（2010）从法律的视角分析了小额贷款公司外部运行法律问题，包括法律定位、监管、可持续发展三方面。高婧（2011）根据小额贷款公司的特点，分析了小额贷款公司的洗钱风险，并提出相应的减少洗钱风险的对策。廖检文（2013）基于广州民间金融街的经验，提出对我国小额信贷公司“集聚发展、多元化、监管主体、高度信息化、区域性信用数据库”的创新监管机制。王建文和熊敬（2013）以地方各省的制度与实践为例，深入分析小额贷款公司面临的法律问题及其原因，并在境外立法与实践考察的基础上，提出系统的法律规制思路与立法构想。孙志超（2017）在《小额贷款及融资担保公司风险管理与法律监管》一书中立足于小额贷款公司试点的相关规定以及多家小额贷款公司运营实践，深入探讨小额贷款公司的风险管理及法律监管的问题。

关于小额贷款公司治理的研究较多，涉及多方面，其中多数研究都围绕我国对小额贷款公司法律地位的明确与法律监管展开。未来的研究可以针对相关法律法规开展研究，更加集中于小额贷款公司自身的治理，更好地促进我国小额贷款公司的发展。

第二节　融资担保公司治理现代化研究

现有对融资担保公司治理的研究主要集中于我国融资担保公司治理存在的问题与改革方向。具体来看，融资担保公司主要分为政府性机构和商业性机构两大类。

一、政府性融资担保公司的现存问题和治理重心

对于政府性融资担保公司，陈秋明（2010）指出我国政策性担保公司在治理结构上存在的问题：政策性担保公司国有股权行使主体不明确、未能建立完善的治理结构、未能建立起金融公司应有的治理结构、未能解决“行政超强控制”以及“内部人控制”问题、未能建立起利益相关者利益保障机制。为此，研究人员分别从政府以及企业角度提出了治理现代化的建议与启示。在政府层面，赵全厚和黄蓉（2019）借鉴国际经验，提出政府可以根据发展需要，确定重点扶植的行业和领域，负责对担保基金运作的规范性与运营绩效进行监督评价，但不干预融资担保行业中各主体的市场活动；在企业层面，曲海燕（2021）认为政府性融资担保机构作为财政资金使用的创新方式，应凸显准公共定位，实施政府性融资担保业务分类管

理，降低或者取消其盈利目标，降低其担保与再担保业务的费率，适当提高代偿率等风险容忍度。

二、商业性融资担保公司的治理重心

对于商业性融资担保公司，学者主要从担保效率与风险防范方面开展了研究。文学舟和许高铭（2021）以江苏省224家融资担保公司为研究对象，筛选了190家作为样本，从经济效益和社会效益两个维度构建评价指标体系，运用三阶段DEA模型，发现商业性融资担保公司的担保效率高于政策性融资担保公司，政策性融资担保公司在经济效益和社会效益两个维度均存在产出不足现象，部分商业性融资担保公司经济效益严重低下。李宏伟（2012）结合企业内外部分析，从完善内部治理机制、健全风险分散与补偿机制、建立风险预警系统等方面为企业风险防范提出了优化建议。此外，为应对大数据趋势，张承慧（2019）认为，应推动商业性融资担保机构转型，利用物联网、大数据、区块链等技术提高风险防控和获客能力，利用科技打造多种商业合作模式，探索建立“担保、银行、保险、期货、小贷”等跨行业协同机制。

第三节　区域性股权市场治理现代化研究

根据央行发布的《地方金融监督管理条例（草案征求意见稿）》，“7+4”类金融组织是指以地方性、专业性公司为主的非主流金融组织，其中7类地方金融组织中就包括区域性股权市场。区域性股权市场，是特定行政区域内企业证券非公开发行、转让及为相关活动提供设施与服务的场所。它主要服务于特定区域内的中小微企业，对中小微企业融资、股权流动、上市孵化具有促进作用，在加强金融创新和支持实体经济发展方面发挥着重要的作用。

一、代表性区域股权交易中心的治理特色

自2008年天津股权交易所设立以来，我国区域性股权市场基本形成了“一省一家”的空间格局，其中比较有代表性的为上海、天津、齐鲁、前海、广州、重庆、浙江七大区域性股权市场。

在挂牌方式方面，各区域股权交易所对企业类型、存续期及财务指标等硬性指标的要求有一定的差异，对企业类型没有明确的要求（天津股权

交易中心除外)。在申请方式方面，股权交易中心主要采取“推荐、自荐及保荐（与 IPO 上市保荐制度差异较大）”三种方式，其中上海股权托管交易中心是“推荐”挂牌制度最为成功的典范。

在发展趋势和交易制度方面，蔡雅（2015）在对比美国、日本场外交易市场的基础上，对广东省三家区域性股权交易市场、天津股权交易所、上海股权交易中心进行对比得出区域性股权交易中心与地区经济发展密切相关、发展趋势以券商为主导、企业挂牌软硬性指标限制各不相同等结论。在行业分布方面，陈琪和刘卫（2017）基于 Wind 数据发现，区域性股权市场挂牌企业的行业分布向新兴产业集中，华东、华南地区的股权交易中心向软件和信息技术服务业、互联网和相关服务等产业集中。

二、区域性股权市场现存问题

我国学者对区域性股权交易市场的研究起步较晚，2012 年之前，大多数文献将研究重心聚焦在场外市场层面。2012 年后，随着国家政策的逐步放松，研究开始回归到区域性股权交易市场本身。针对融资效率问题，张文龙、崔慧敏和沈沛龙（2015）利用 DEA 模型发现天津、上海、山东三个区域性股权交易市场的融资效率较低，进一步比较发现提高融资效率应当选取合适的交易模式，提高资金的利用率；国元证券和合肥工业大学联合课题组（2018）通过文献研究、数据搜集、发放调查问卷、实地走访以及与国际场外资本市场发展比较后提出，我国区域性股权市场普遍存在监管政策限制多、政策奖励缺乏针对性、交易市场准入条件高、创新产品少、融资方式单一、融资效率不高、投资者与挂牌企业需求错位、转板对接不通畅、盈利难等问题。孙菲菲（2016）在总结了区域性股权市场特征的基础上，发现目前的主要问题包括各地的业务模式和运作标准不清晰、能否跨区域经营未明确、基本的股权交易模式未能形成、缺乏清晰有效的营利模式、人才培养机制未建立等。白春梅和杨江丽（2017）认为目前中国的区域性股权市场才刚刚起步，交易不活跃、筹资规模有限、尚未建立完善的转板机制，未来各地区域性股权市场应规范经营管理，提高交易活跃度，不断为二板和主板市场输送优质企业，为所在地经济发展做出贡献。

三、区域性股权市场的优化思路

针对发展现状和存在问题，姚禄仕和赵佳卉（2019）使用各区域性股权交易市场官网和 Wind 数据库截至 2017 年 7 月 31 日的数据，发现市场具备一定的融资能力，但是存在地区差异大、融资效率偏低的现状，在此基础上结合现行法律法规，总结出市场政策、信息披露制度、挂牌企业质量三个限制因素。张亨明、汪天倩和黄修齐（2020）利用 PEST 模型[①]对我国区域性股权交易市场的发展状况进行分析，认为推动我国区域性股权交易市场发展，应统一监管制度，分层分特色设板管理，创新设立与不同资本市场对接的双向转板机制，构建企业挂牌业务全服务链，规范企业信息披露制度，加强合格投资者队伍建设，设计有针对性的金融产品，提高投资者金融风险认知水平。

总的来看，区域性股权市场治理（Regional Equity Market Governance）有利于促进区域性股权市场规范健康发展，防范化解金融风险，保护投资者合法权益，而外部监管是区域性股权市场外部治理的主要机制，也是区域性股权市场治理的核心。

第四节　典当行治理现代化研究

典当公司作为专门从事典当活动的特殊金融服务机构，在我国社会经济发展中扮演着重要角色，对于拓宽融资渠道、方便居民生活发挥着重要作用。相对于银行及其他相关金融机构而言，典当行具有方便快捷、信贷门槛低、当期灵活、不需要其他额外担保、抵押或质押范围广泛、贷款的用途比较宽松等特点。现阶段，对典当行的研究主要聚焦风险防控、发展转型等方面。

一、典当行的风险管控研究

典当公司作为一种特殊的金融服务机构，在整个经营过程中面临着各种风险，影响典当公司的盈利水平和稳定发展。杨毅（2018）总结出我国典当公司面临着资金、投资、信用、机制、操作和法律六大风险，在此基础上，对典当公司的发展提出了合理利用金融市场主动扩大资金来源、建立科学的内部治理机制、建立信息共享机制等建议。燕红忠（2008）基于山西典商经验的思考，总结出典当行亟待解决的问题包括宣传力度的加强、市场需求的洞察、完善内部经营机制、加强人才培养等。

---

① PEST 模型是指对宏观环境的分析模型，一般分别对政治（Political）、经济（Economic）、社会（Social）和技术（Technological）这四大类影响企业的主要外部环境因素进行分析。

二、典当行发展趋势的研究

在“互联网+”的大趋势下，郭娅丽（2016）以典当行与网贷平台的合作为研究出发点，认为二者合作模式的本质是债权转让，是典当行拓展融资渠道的一种方式，在此基础上，提出典当行与 P2P 网贷平台合作要解决的核心问题是完善对受让人的利益保护制度：一是以直接融资的思路确立监管的原则、方法和内容；二是以交易自由的理念设计规避风险的具体制度。刘建和、赵欣欣和王干（2017）针对浙江省典当行进行问卷调查，发现最主要的风险为资金风险（客户还款信用风险和二次流通变现风险），基于此，提出对典当企业进行“互联网+”调整，建立互联网平台，为典当行与借款人和投资人建立沟通渠道。总的来说，目前针对典当行现代化治理的研究较为有限，未来研究有必要在此领域进一步探索。

第五节　融资租赁公司治理现代化研究

融资租赁公司的主要融资方式为直接融资和间接融资，前者包括母公司直接融资、上市融资、租赁资产证券化、发债融资等形式；后者包括银行信贷、保理融资等。1981 年我国成立第一家融资租赁公司，由此进入了现代融资租赁时代。在经历了几次高速发展和停滞整改后，近几年又迎来了融资租赁新一轮的发展高峰。窦明（2020）指出，我国融资结构失衡，严重依赖银行信贷渠道，来自非银行融资渠道的资金占比还不到 30%。在学术领域，关于融资租赁公司的治理现代化研究主要可以分为内部、外部两个方向。

一、融资租赁公司的内部治理现代化

在企业的内部治理方面，肖泱（2021）从基于业财一体化的视角研究融资租赁公司财务数据治理，提出依靠数字治理提升财务整体价值的重要思路。于兴波（2020）在简述我国企业产融结合探索过程及主要模式的基础上，分别采用 PEST 和 SWOT 模型对平安租赁产融结合进行深入剖析，为推动企业产融结合提出了法规政策完善、信息披露强化、多元化发展、人才培养加强等建议。何苗（2020）总结了融资租赁公司在参与“一带一路”过程中凸显的问题，针对性地提出了租赁业务本土化、目标国信息渠道多元化、拓宽非银行系租赁公司融资方式与渠道、租赁资产证券化等发

展建议。

相比商业银行可通过吸收居民存款等被动负债方式筹集资金，融资租赁公司因负债主要来源于金融机构，其负债管理本身处于主动负债范畴。但这种负债模式容易导致融资租赁公司面临更多负债渠道狭窄、负债结构不合理等问题。在此背景下，幸丽霞和王雅炯（2022）搭建了负债管理的逻辑框架，具体涵盖了拓宽负债工具广度、通过债务置换提升盈利能力、通过构筑同业分享机制加速资产流转等维度。

随着融资租赁公司的快速发展，出现了市场监管不健全、企业风险体系不完善等突出问题，严重影响了企业健康持续发展。基于此，融资租赁公司内部治理聚焦内部治理结构和治理机制。阮丹（2017）提出了编制项目可行性审核规划、加强项目受理前的风险防控、强化项目租赁期风险防控、提高租赁资产管理水平等风险防控建议。此外，申立敬、王光和史燕平（2021）采用2007－2019年沪深A股企业数据，对我国实体企业参控股融资租赁公司类金融机构产生的经营风险进行实证分析，发现实体企业控股融资租赁公司显著增加了自身的经营风险，参股融资租赁公司未显著增加经营风险。这表明租赁公司应不断培养自身的核心竞争力，提升风险管控的水平。

二、融资租赁公司的外部治理现代化

融资租赁公司的外部治理现代化研究主要从外部监管、信息披露、媒体监督等视角展开。在行业相关法律法规方面，王月（2017）总结得出虽然近年来我国的融资租赁的相关立法正在不断地进行完善，但是我国现行的法律只对基本的直接租赁做出相对细致的法律规范，对其他衍生形式的融资租赁交易规则并没有做出明确的规定。在监管机构的行为方面，刘金凯、邵四华和姜鹏（2020）针对全国市场存在的不开展租赁业务的“壳公司”等融资租赁行业不规范因素，从中国银保监会、各地区政府、民法典等维度制定的规定、条款总结了融资租赁业务合规经营的法制保障。

第六节　商业保理公司治理现代化研究

商业保理公司治理现代化的研究相对较少，需要通过健全风险管理体系、重视行业协会建设等方式实现商业保理公司的可持续发展和现代化治理。

一、商业保理公司内部治理现代化研究

商业保理公司治理现代化研究不仅针对商业保理行业外部治理措施，还需考虑内部治理。从内部治理的角度，李书文、厚朴保理（2016）在《商业保理》一书中，对商业保理内涵、商业保理业务的架构与流程、商业保理公司的市场拓展、商业保理公司的产品管理、商业保理公司的风险管理、商业保理公司的合规管理和商业保理公司的运营管理等进行了阐释，对全面了解商业保理内部治理与实践具有较强的指导作用。

同时，商业保理公司需要建立健全风险管理体系，加强对交易各方的信用评估和风险控制，注重人才培养和管理，以及建立健全内部审计和监督机制。尹小贝（2013）和陶凌云（2014）从不同角度提出了相应的内部治理对策，通过优化公司的融资结构、减少不良资产的产生、提高员工素质和专业水平等，从而促进公司的稳定发展。

二、商业保理公司外部治理现代化研究

从外部治理的角度出发，商业保理公司需要重视行业协会建设，加强行业自律和规范管理，推动行业的健康发展。政府已经出台了相关的法律法规及政策文件，如《中国银保监会办公厅关于加强商业保理企业监督管理的通知》，对商业保理公司的准入门槛、设立条件、经营业务规则等做出了规定。同时，商务部将商业保理公司的监管权交由中国银保监会行使，并将监管权下放给各地的金融监管总局，以减少由中央集中监管产生的盲区。各地金融监管机构加大了对商业保理公司的查处力度，并协助商业保理公司创建行业自律协会，举办论坛供商业保理行业展开交流研讨。张婕（2022）指出商业保理公司的监管现状存在一些问题，需要完善商业保理公司的法律法规，并强化监管主体赋权增能，合理分配监管资源。刘俊卿（2023）认为商业保理是供应链金融体系的重要组成部分，在中国日益完善的金融体系和国内国际双循环经济发展的背景下，商业保理面临诸多机遇和挑战。因此，商业保理公司需要不断完善风控制度、组织架构和法人治理结构，制定业务合同合法和合规模板，制定业务操作手册和业务机制及流程，加强对商业保理业务操作细节的全过程把控等，以应对市场变化和发展需求。

三、商业保理公司治理现代化研究小结

商业保理公司治理现代化旨在通过内部和外部治理措施，提高商业保

理公司的治理能力和结构，适应市场变化和满足客户需求。商业保理公司需要建立完善的风险管理体系，加强对交易各方的信用评估和风险控制，注重人才培养和管理，建立健全内部审计和监督机制。同时，商业保理公司需要重视行业协会建设，加强行业自律和规范管理，并遵守相关的法律法规及政策文件。政府部门也应完善商业保理的法律法规，强化监管主体赋权和监管资源的合理分配，促进商业保理行业的健康发展。通过不断完善治理结构和措施，商业保理公司可以更好地服务客户，应对市场挑战，实现可持续发展。

第七节　地方资产管理公司治理现代化研究

地方资产管理公司治理现代化的研究需要从外部和内部两个方面入手，探索如何建立和完善信息披露制度，设定符合实际的风险监管指标，发展混合所有制，建立完善的财务内控管理体系，实施稳健型的筹资、差异化的投资和可持续利润分配战略，实现地方资产管理公司的可持续发展和现代化治理。

一、地方资产管理公司内部治理现代化研究

从内部治理来看，黄燕茹（2018）从财务管理视角出发，认为地方资产管理公司应建立完善财务内控管理体系，实施稳健型的筹资战略、差异化的投资战略和可持续利润分配战略，从企业发展周期视角实现可持续发展。此外，陈建平（2014）也认为地方资产管理公司应顺应国企改革大潮，发展混合所有制，引进民间资本使股权多元化，动员社会力量参与，实现企业良性发展。

从实务操作视角入手，王彬（2018）撰写的《地方资产管理公司治理与发展》一书以地方资产管理公司前、中、后台体制机制建构为视角，紧扣地方资产管理公司运作的本质和核心议题，建立起理论研究与实务操作的桥梁，对地方资产管理公司的规范运营和健康发展以及不良资产管理行业的治理均具有现实意义。

二、地方资产管理公司外部治理现代化研究

地方资产管理公司治理现代化的研究主要聚焦于地方资产管理公司设立的必要性、优劣势层面以及如何进行有效的外部和内部治理。

早期文献主要探讨了地方资产管理公司设立的必要性和优劣势。陈建平（2014）认为设立地方资产管理公司有助于推动市场化竞争，化解地方债务风险，并强调了地方资产管理公司的优势，如地缘优势明显、机制相对灵活等。然而，地方资产管理公司业务开展受到地域、处置方式相对单一、融资渠道较为狭窄等劣势的限制，制约其进一步发展。倪剑（2015）认为地方资产管理公司的监管思路应以合规监管为主、风险监管为辅，应建立和完善信息披露制度，提高资产处置的透明度和完善相关监管制度。

近年来，研究人员主要关注地方资产管理公司的外部和内部治理。从外部治理来看，倪剑（2015）认为应建立和完善信息披露制度，规范披露程序，明确内部管理职责，及时对外披露信息。同时，应探索设立符合地方资产管理公司实际的风险监管指标，提高资产处置的透明度，并逐步调整和完善相关监管制度。此外，郭志国和张佳（2015）认为可在资金税收方面进行政策扶持。地方资产管理公司资金实力偏弱，地方政府可通过财政注资以及资产划转等方式优化财务结构、增强资金实力，也可以通过提供担保等方式协助地方资产管理公司通过银行贷款、发行债券等方式筹集足够的资金来支持业务的运作，亦可借助民间资本利用资金杠杆推动业务发展。地方政府还可针对地方资产管理公司政策性业务出台一些税收优惠政策，具体可参照四大资产管理公司在开展政策性业务时享受的税收优惠。

第八节　四类地方金融组织治理现代化研究

地方金融组织治理包括投资公司治理、农民专业合作社治理、社会众筹机构治理和地方各类交易场所治理四个方面。

一、投资公司治理现代化研究

投资公司是由地方政府或政府控制的、企业设立的、以吸收社会资金为主要目的，从事股权投资、债权投资、房地产投资等多种投资业务的公司。其主要业务为收购、持有、管理和处置各种资产，包括企业股权、不良资产、房地产、基础设施等，以及为企业提供财务、法律和管理咨询服务等。然而地方性投资公司在发展过程中也存在一些风险和困境，需要加强监管治理。

闵文强、吴铁军和李世献（1996）最早探讨了地方性投资公司发展困境与对策，认为地方性投资公司建立初期存在资金来源有限、融资手段缺乏，以及由于公司性质不够明确和缺乏必要的经营功能导致的经营机制不顺等问题。基于如上问题探讨了地方性投资公司未来的发展模式，主要分为控股公司式、投资银行式和政策银行式三类，为未来探索地方性投资公司发展路径提供了思路。

加强对地方性产业投资公司运营风险的研究不仅可以提前预防和应对风险，提高经营稳定性和经营效率，发挥地方性产业投资公司的积极作用，还有利于降低和化解地方性产业投资公司可能导致的系统性金融风险。近年来，对于地方性产业投资公司的治理研究主要集中在风险评估的指标构建。何东（2013）通过构建地方性产业投资公司风险评估分类指标体系，运用层次分析法确定指标权重，并在此基础上构建了地方性产业投资公司风险评估指数，使对地方性产业投资公司运营风险的评估具备可操作性。周霖和蔺楠（2019）聚焦于企业政治关联与企业风险投资策略选择，分析了不同公司治理机制与风险投资机构特质的调节作用。结果表明，第一，政治关联企业可以通过间接资源效应减少各风投机构间可能出现的利益冲突以及较大的沟通和协调成本给企业带来的负面影响。与此同时，联合投资策略发挥的风险共担、机会创造、信息和资源共享的作用可以给企业带来更好的增值服务。因此，政治关联企业倾向于选择联合投资策略。第二，政治关联企业可以通过间接资源效应降低分阶段投资所带来的谈判成本和契约成本，也可以通过信息效应解决因分阶段投资而造成的资金不足问题。与此同时，分阶段投资策略对企业实行的有效监督可以给创业企业带来更好的增值服务。因此，政治关联企业倾向于选择分阶段投资策略。第三，联合投资策略以及分阶段投资策略会给企业带来代理成本和交易成本，增加企业的经营风险，使得风险规避偏好的高管们可能会放弃这两项给企业带来更好增值服务的战略决策。因此，以股权激励计划为主要特征的激励型公司治理机制能够减弱高管们的风险规避偏好，使他们和股东的利益趋于一致，采用有利于企业发展前景的战略决策。所以，激励型公司治理机制正向调节政治关联与联合投资策略以及分阶段投资策略之间的关系。第四，联合投资策略以及分阶段投资策略会给企业带来代理成本和交易成本，增加企业的经营风险，因此处于信息劣势的股东可能由于认知偏差把企业的这项战略决策视为高管们构建商业帝国的行为，进而会阻止企业选择联合投资策略以及分阶段投资策略。所以，监督型公司治理机制负向调节政治关联与联合投资策略以及分阶段投资策略之间的关系。第五，国有风险投资机构作为本行业的领头羊，可以通过强大的资金实力和丰富的社会网络资源给创业企业带来更好的增值服务，加速创业企业的成长发展，进而有效降低联合投资策略以及分阶段投资策略给创业企业带来的代理成本和交易成本。因此，国有风险投资机构正向调节政治关联与联合投资策略以及分阶段投资策略之间的关系。第六，投资经验丰富的风险投资机构因其敏锐的市场嗅觉、丰富的社会网络资源以及良好的声誉可以给创业企业带来更好的增值服务，加速企业的健康成长，进而有效降低联合投资策略以及分阶段投资策略给创业企业带来的代理成本和交易成本。因此，经验丰富的风险投资机构正向调节政治关联与联合投资策略以及分阶段投资策略之间的关系。

因此，地方性投资公司治理现代化的研究需要从多个方面入手，包括完善资金来源和融资手段、优化公司性质和经营功能、构建风险评估指标体系、探索发展模式和经营机制等。

二、农民专业合作社治理现代化研究

农民专业合作社是指在农村地区设立的以农民为主体、以合作为基础、以专业化经营为特征、以共同发展为目的的社会组织形式。农民专业合作社在资金、技术和市场等方面的资源整合和共享上，更具有优势，能够更好地满足农民在生产经营过程中的需求，促进农民持续增收和农村经济的发展。2015 年 2 月山东省获批开展新型农村合作金融试点工作。根据国务院的要求，山东省承担了探索创新农村合作金融组织与机制的重大责任，并规划到 2017 年底之前基本建成“与山东农村经济相适应、运行规范、监管有力、成效明显的新型农村合作金融框架”，但试点效果并不令人满意。

在问题剖析层面，李瑞芬、许宇博和郭瑞玮（2018）认为，在资金风险层面，因缺少社员收益机制、入社退社较为简单等导致资金互助缺乏有保障且持续性强的可靠资金来源，存在互助资金无保障的筹资风险；在信用风险层面，存在合作社自身信用力不强，仍受主观因素和客观因素影响以及借贷农户的信用意识淡薄等问题；在管理风险层面，存在内外部监管欠缺、管理人员缺乏专业技术以及资金互助制度体系仍不健全等问题。

在治理对策方面，杨楠和周林（2019）基于山东省农民专业合作社信用互助试点调研情况，发现农民对农户新型农村合作金融的知晓度虽然不高，但对合作社发展起到显著影响。因此他们认为，首先，只要宣传到位，对商业农户讲清楚新型农村合作金融是什么，社员就有参与的积极性；其次，发现新型农村合作金融聚焦的是社员农户小规模资金需求，但往往是农业生产规模大的农户对资金的需求更为强烈，而且他们属于农业领域的优质客户，那么新型农村合作金融是否要满足这类需求值得进一步探讨。此外，合作社的产权、治理、经营、监督等制度措施还有待进一步完善。与此同时，李德荃（2020）在《农民专业合作社信用互助模式的内在机制及其优化研究》一书中以山东省农民专业合作社信用互助试点为对象，深入研究农民专业合作社信用互助模式的内在机制，找出山东省农民专业合作社信用互助试点工作中存在的主要问题，提出优化农民专业合作社信用互助模式的具体思路或政策建议。胡振健（2023）认为目前农民专业合作社成员存在异质性、人才激励不足及监督约束不到位三方面问题，而农民专业合作社健康发展的首要任务是优化治理机制。综上所述，农民专业合作社需在治理现代化方面做出努力，推动其可持续发展。从试点合作社开始，应以点带面，加强宣传和培训，提高农民对新型农村合作金融的认识和理解，同时加强管理和监督，完善社员收益机制和入退社机制，提高合作社的信用力和管理水平。通过这些措施，可以不断提升农民专业合作社的内外部环境，增强其自身经济实力和盈利能力，推动新型农村合作金融业务的可持续发展。

三、社会众筹机构治理现代化研究

众筹模式是以众筹网站为中介平台连接投资人和筹资人，使得筹资人能够集中投资人的资金、能力和渠道，使项目获得资金或其他物质支持，加速创意和研发成果转化的经营模式。但众筹监管难度较大，虽然能降低金融系统成本，但其更多的是渠道方面的创新，其监管难度大于传统金融系统。吴光芸和王晓婷（2018）认为公益众筹在显示优势的同时，也出现了公益众筹诈捐、求助人夸大病情、平台缺乏透明度等问题，我国法律的制定在这方面比较滞后，导致网络公益众筹的规范问题亟须治理。曾江洪和甘信禹（2014）研究发现，发起人的个人社会资本和地域社会资本均与项目融资成功率正相关；整个融资过程中存在明显的地域歧视现象，且在融资临近截止期“地域歧视现象”最为显著。

关于社会众筹机构研究较少，现有的外部治理措施主要集中在新闻报道，如民政部社会组织管理局约谈“轻松筹”。轻松筹平台是民政部遴选指定的慈善组织互联网公开募捐信息平台之一。经核查，轻松筹平台出现为不具有公开募捐资格的组织或个人提供公开募捐信息发布服务、对个人求助信息审核把关不严、对信息真实客观和完整性甄别不够等问题，造成不良社会影响。民政部社会组织管理局接到轻松筹平台公开募捐信息发布不规范、个人求助信息审核把关不严格等违规问题举报。2017 年 2 月 16 日，民政部社会组织管理局就此约谈了轻松筹平台（北京轻松筹网络科技有限公司）相关人员。民政部社会组织管理局要求轻松筹严格按照《慈善法》《公开募捐平台服务管理办法》等相关制度规定，立即进行整改，强化公开募捐信息平台主体责任，履行社会责任，共同维护网络募捐良好秩序；积极引导不具有公开募捐资格的组织或个人与具有公开募捐资格的慈善组织合作；对于个人求助信息加强审核甄别及责任追溯，切实做好风险防范提示，避免公众将个人求助误认为慈善募捐。

对于社会众筹机构治理现代化而言，从外部应健全法律法规、政策体系和系统性金融风险防范机制，同时从内部督促众筹平台加强内部控制和风险管理，加强对众筹模式和业务发展中潜在风险的监测，防范企业、项目风险以及非正规金融风险向金融体系传导。对此，吴光芸和王晓婷（2018）提出要加强第三方机构、医疗机构与平台的合作，杜绝平台诈骗事件；完善个人求助的法律法规；建立捐赠人捐赠知情权通道；建立众筹行业协会，规范众筹行业健康发展。

四、地方各类交易场所治理现代化研究

根据国务院《关于清理整顿各类交易场所切实防范金融风险的决定》，地方各类交易场所是指各地区为推进权益（如股权、产权等）和商品市场发展，批准设立的从事产权交易、文化艺术品交易和大宗商品中远期交易等各种类型的交易场所。

作为金融市场的组成部分，地方各类交易场所风险防控工作不容忽视。逄政、徐弘艳、任志伟（2018）和王学勤（2018）分别指出大宗商品现货市场存在借中远期现货交易的名义从事非法期货的行为。赵河山和蒋晓全（2018）认为我国大宗商品市场未能确定适合平台发展的盈利模式，缺少统一的监管主体，并提出建设多层次商品市场体系。在金融资产类交易场所方面，董炉宝和董耀平（2017）认为省级政府应当制定明确的投资者适当性标准，应允许适当的地方性差异。吴晋科（2019）认为，地方各类交易场所存在问题，主要集中在涉嫌违规发行或销售资产管理产品，涉嫌非法开展资产管理业务；投资者适当性管理不严，降低了投资者门槛；涉嫌发行标的或转让对象违规的问题；发行人融资项目审核不严，过分强调国有背景，忽视项目本身；信息披露和风险揭示不足。

从外部治理来看，祁红、张艳萍和郑境辉（2016）认为地方各类交易场所问题成因在于行业规范缺失、地方政府缺乏监管依据，并认为应完善顶层设计，强化日常监管。吴晋科（2019）认为应加强监管协调，明确业

务范围和功能定位。首先，督导建立对地方金融交易场所的规范管理制度，建议参照规范地方股权交易中心的做法，在国家层面出台地方金融交易场所的指导性文件，进一步明晰地方金融交易场所的业务范围和功能定位，明确负面清单和正面清单，夯实规范化经营的制度基础。其次，加大监管力度，稳妥处置存量风险，建立长效监管机制，强化非现场监测和现场检查，对降低投资者门槛、业务标的违规、风险管控不到位、资金托管未真实实现的地方加大处罚惩戒力度，及时叫停相关业务，坚决查处违法违规问题，不断净化市场环境。最后，对于违规涉众的存量业务，按照稳妥审慎的原则分类处置，逐步压缩清理不合规的存量业务，确保新增业务合规合法。谷阳（2022）认为应完善顶层制度设计，结合前期地方交易场所存在风险问题的处理经验，特别是地方金融交易场所发生风险问题时，无法对其做出准确高效处置这一困难，提出我国需要积极健全有关立法，健全有关监督管理细则，促使各地政府监督管理工作的开展。地方交易场所的成立过程需要经由证监局及相关行业部门进行审核，并制定完善的交易规则，对此可以参考我国证券业协会的业务操作规范，规范地方交易场所的设立过程、交易流程。同时要进一步提高其市场透明度，避免投资者在地方交易场所开展交易活动过程中的潜在风险发生。市场监管的作用在此过程中也不容忽视，中央可以厘清自身与地方监管工作的分工，加强对地方政府解决金融风险问题的指导，督促地方政府对其交易场所监管工作的落实，改变传统地方交易场所“重审批、轻监管”的局面。

在内部治理方面，邢凯、戴一爽和杨超（2021）认为，为了解决监管者与交易场所之间信息不对称的问题，可设立行业自律组织帮助监管层及时掌握市场信息。自律协会起到监管机构、交易场所、社会公众三者之间的纽带作用。取得业务许可的交易场所在开业前向自律协会备案，将自身信息真实、准确、完整地报送给自律协会。行业自律协会将对交易场所信息数字化进行管理，建立起全国统一的交易场所运营信息系统，全面记录交易场所运营信息，提示机构风险水平，实现交易场所信息的结构化、动态化、透明化。严格的经营规范与自律管理，有助于建立起良好的市场秩序，提高金融监管透明度。

综上，可从外部和内部两方面进行监管治理。与此同时，交易场所的发展应当顺应新时期发展规划与要求，提升发展质量。从区域经济发展质量与金融市场长期稳定的角度来看，地方交易场所不应以自身盈利为目的，而是以服务实体经济为根本，应将其定位为金融市场基础设施。进一步，将地方交易场所纳入金融市场基础设施，改变其营利性法人的法律地位，强化交易场所服务实体的基本职能，以发展普惠金融为根本目的，能够从根本上防范风险。

第九节　其他类金融机构治理现代化研究

其他类金融机构治理还包括第三方财富管理公司治理、民间资本管理机构治理、拍卖企业治理和珠宝行治理四个方面。

一、第三方财富管理公司治理现代化研究

关于第三方财富管理公司治理的相关研究总体较少，主要集中于行业发展的外部监管方面。李银伟（2013）提出应建立行业自律性监管组织，成立第三方理财行业协会，制定行业准则，进一步明确信息披露主体，确立信息披露标准，完善信息披露违规责任追究机制。宗磊（2015）提出第三方财富管理公司要完善信用制度以增强客户信心。大通全球资本管理（北京）有限公司董事长蔡燕辉（2021）提出，在当前经济放缓的背景下，第三方财富管理机构比较愿意倾听客户的需求，选择在中后台支持下进行资产配置，并在定制财务管理方案和把握宏观政策等方面表现良好。同时，形成一个优秀的财务计划需要两种能力，一是作为专业财富管理机构，核心是在复杂的金融市场环境下，根据客户需求，通过自身专业积累，为客户提供“一站式”资产配置服务；二是协调内外部资源，深入解读宏观经济政策，并提出合理、稳定的资产配置方案。未来，第三方财富管理机构应不断增强自身的投资研究驱动能力、产品选择能力、资产管理能力和投后服务能力，并以正确的理念和优秀的管理者专业素养，进而形成一套令客户满意的财务管理方案。蒋丽丽（2020）提出要提高违法成本，建立和完善惩戒制度。房德东（2021）建议对第三方理财机构从业人员进行管控，并提出要完善我国第三方理财监管的法制体系，加强诚信体系及信息披露制度建设，积极发挥政府在监管过程中的职能。文哲和吴奇龙（2023）认为第三方财富管理公司要明确行业定位，完善风险控制体系，监管部门要加强第三方财富管理方面的投资者教育。

第三方理财机构处于监管的灰色地带，监管实践上多将其视为影子银行或私募基金管理人进行监管。第三方财富管理公司的治理研究较少，现有研究提出了成立行业自律性组织、加强信息披露、强化惩罚等事后治理机制等治理措施。未来应明确第三方财富管理公司的界定，构建一套契合

我国第三方财富管理公司特点的治理体系，强化对我国第三方财富管理公司的治理能力，以实现对第三方财富管理公司的治理体系和治理能力的现代化。

二、民间资本管理机构治理现代化研究

民间资本管理机构的发展历史较短，故对其治理的研究较少。现有对民间资本管理机构治理的研究多集中于治理问题和对策。蔡洋萍（2013）指出民间资本管理机构具有规范并疏通民间融资的功能，提出民间资本管理机构应当找到稳定的经营模式，有关部门应当提高金融服务管理水平，宽进入、严监管。苗雨舒、张艺、眭翘、史潇瑶、黄健和周达峰（2014）指出要建立健全民间资本管理机构法律制度，为其运作提供一个良好的法律环境。时雨（2017）提出了民间资本管理机构应当遵循的几个原则，包括风控首要、稳健经营、分散投资、创新发展。高敏和金洪国（2018）撰写了《民间资本管理》一书，全面系统地介绍了民间资本管理的相关知识和最新研究成果，是一本有关“民间资本流动、使用、作用、价值和未来发展趋势”的学术专著。

关于民间资本管理机构治理的法律法规：2013 年 8 月 7 日，山东省出台《关于加快全省金融改革发展的若干意见》（即“金改 22 条”），将“发展民营金融机构”“引导民间融资健康发展”等表述放在了突出位置，特别提出要积极探索发展民间借贷登记服务中心、民间资本管理公司等，有序对接民间的资金供给和需求，推动民间融资阳光化、规范化发展。在“金改 22 条”出台两个月后，山东省又出台《关于进一步规范发展民间融资机构的意见》，对民间资本管理公司、民间融资登记服务机构等两类民间融资机构的设立做出细致规定，这也是全国首个省级层面出台的规范引导民间融资发展的指导性文件。2018 年 4 月，中国人民银行、中国银保监会、中国证监会、国家外汇管理局正式印发《关于规范金融机构资产管理业务的指导意见》（简称“资管新规”），该文件规范了金融机构资产管理业务，统一了同类资产管理产品监管标准，有效防控了金融风险，引导社会资金流向实体经济，更好地支持经济结构调整和转型升级。

根据企查查网站（https://www.qcc.com）检索的数据，截止到 2023 年 4 月 30 日，我国登记在案的民间资本管理机构共计 954 家。除了山东省（784 家），按照数量从高到低排序，浙江省（34 家）、云南省（33 家）、福建省（31 家）、湖北省（29 家）、江西省（14 家）、广东省（6 家）、湖南省（6 家）、内蒙古自治区（5 家）、北京市（4 家）、贵州省（3 家）、河南省（1

家)、河北省（1 家）、广西壮族自治区（1 家）都有登记在案的民间资本管理机构。除山东省外，多个省份也出台了民间资本管理机构治理的法律法规，如《湖北省工商局省金融办关于当前民间投融资类企业登记注册政策适用问题的意见》《江西省民间融资机构备案管理指引（试行)》等。

我国民间资本管理机构在山东起源，逐渐在全国多地发展起来。在外部治理方面，我国民间资本管理机构治理具有相关的法律法规，且金融机构治理相关法律法规都会把民间资本管理机构纳入其中。在民间资本管理机构的治理方面，当前研究较少，但也提出了加强风控、稳定经营、严格管理等建议。未来应细化对民间资本管理机构的法律法规，在研究中将一般公司治理的框架引入民间资本管理机构的治理并考虑其特殊性。

三、拍卖企业治理现代化研究

我国拍卖企业治理研究很少，多集中于打假、反洗钱等外部治理方面。黄文秋、李继龙和杨勇（2011）对拍卖行业洗钱的方式、原因进行分析，并提出拍卖行业反洗钱工作的建议。宫路（2016）指出侦查机关要通过建立情报信息数据库，成立艺术品犯罪专门侦查小组，严把资金结算关卡等措施来打防洗钱犯罪案件。郑瑶琦（2017）针对拍卖市场打假，提出了进一步规范艺术品市场、加强鉴证体系等建议。

我国拍卖企业发展历史较长，治理的法律法规体系也较完善，但是对于拍卖企业治理的研究相对较少。未来的研究可以更加集中于拍卖企业中国特色的治理方面，针对我国拍卖企业的现状和特点开展研究，以更好地促进我国拍卖企业的发展。

四、珠宝行治理现代化研究

2014 年中国人民银行出台的《关于发布〈金融机构编码规范〉行业标准的通知》中，金融行业标准《金融机构编码规范》将珠宝行纳入“Z-其他”类金融机构，所以本章也将珠宝行视为金融机构加以讨论。我国珠宝行治理相关法律法规主要是《金银管理条例》，该条例规定申请经营（包括加工、销售）金银制品的单位，必须经中国人民银行和有关主管机关审查批准始得营业，对金银珠宝的加工、贩售和处置也要遵守该条例，如珠宝商店可以收购供出口销售的带有金银镶嵌的珠宝饰品，但是不得收购、销售金银制品和金银器材。

学界对珠宝行治理的研究较少，且都是基于一般公司治理的视角进行研究，暂无从金融机构的视角审视珠宝行治理的研究。黄勇和钱子龙（2008）

指出基于珠宝行业产品高价值的特点，为了提高产品或服务的质量，家族珠宝企业既要投入更多更好的物质资源和人力资源，要产权明确，并形成制度保障；又要逐步分散股权，让公司中的外来优秀人员也拥有一定的股份。朱磊、唐子琰、王春燕和亓哲（2021）通过比较加权平均资本成本（Weighted Average Cost of Capital，缩写为 WACC）、经济附加值（Economic Value Added，缩写为 EVA）等指标，发现中金珠宝开展混合所有制改革显著提高了企业价值，其“共同治理人”模式通过非国有股东委派董事参与公司治理对提升企业价值具有促进作用。

目前有一些对于珠宝行外部治理的法律法规，但对于珠宝行治理的研究很少，而且也未有学者将其视为金融机构进行研究。未来要实现珠宝行治理现代化，可以从珠宝行的金融属性入手制定相关的法律法规并开展有关的治理研究。

第十章　境外金融机构治理现代化研究

作为我国金融市场的重要参与主体，境外金融机构治理现代化也是本书在研究金融机构治理现代化的重要组成部分。《金融机构编码规范》将境外中央银行类金融机构作为境外金融机构的唯一类型，加之本书认为境外金融机构还应包括我国境外金融机构即“走出去”的金融机构，本章重点关注境外中央银行类金融机构和我国境外金融机构这两类境外金融机构治理现代化的相关研究。

第一节　境外中央银行类金融机构治理现代化研究

按照境外中央银行类金融机构经营性质不同，可以将我国境外金融机构的治理研究分为境外中央银行类金融机构治理、亚洲基础设施投资银行治理和新开发银行治理三种类型。

一、境外中央银行类金融机构治理现代化研究

境外中央银行类金融机构包括境外中央银行、货币当局、其他官方储备管理机构、主权财富基金和国际金融机构。现有研究主要关注了主权财富基金和国际金融机构。

（一）主权财富基金治理现代化研究

针对主权财富基金，有学者认为，公私融合的身份属性、当下国际关系的结构转型背景和多维的双重治理架构决定了主权财富基金治理的特殊性（周晓虹，2012）。

首先，钱元强（2011）指出，政府治理可以促进主权财富基金收益提升。但是需要注意的是，政府作为行使公共管理职能的管理者和主权财富基金的所有者，应明晰其权力界限，保证公共管理职能和所有者职能的分离（张瑞婷，2012）。苏小勇（2011）认为，必须从主权财富基金的风险管

理、投资目标及利益相关者的博弈过程中完善主权财富基金治理。也有学者指出，应从立法层面明确基金的治理结构（杨曙，2011）。

其次，学者们还针对我国主权财富基金展开了专门研究，并主要从我国与外国主权财富基金合作和基于中投公司的研究两个方面展开。

第一，关于我国与外国主权财富基金合作的研究多立足于“一带一路”背景，宋微（2019）指出，应积极开展主权财富基金合作，共同支持“一带一路”建设。现有学者已经探究了中国与中东国家（张瑾，2016）、中国与俄罗斯（钱晓英和王阳，2015）、中国与韩国（戴利研和赵磊，2014）等主权财富基金的合作策略。薛琰如和张海亮（2014）的研究表明，主权财富基金的共容性投资程度越高，越有利于双方合作的开展。

第二，关于中投公司的研究则主要聚焦于经营效率提升、公司治理改进。李洁、曹晓蕾、蒋昭乙和高峰（2008）和章毅（2008）均分析了中投公司运作过程中存在的问题，并提出了相关解决方式。潘圆圆和张明（2014）认为，为进一步提高中投公司的投资绩效，中国政府、管理部门与中投公司自身都应进行相应调整。魏晓琴、赵腾飞和牛蓓蕾（2015）提出了明确投资目标、分类设置基金等发展建议。喻海燕和郝呈祥（2017）则基于对冲汇率风险视角，对主权财富基金资产配置进行了最优化分析。苗迎春（2010）、李梅和王文静（2011）、李睿鉴（2012）从公司治理的角度出发，分析了中投公司存在的问题，并提出了相关对策建议。

（二）国际金融机构治理现代化研究

学者们开展研究的国际金融机构主要包括国际清算银行、国际货币基金组织、世界银行集团、亚洲基础设施投资银行和新开发银行。

张之骧和范博声（1995）指出国际清算银行的主要职能在于：一是促进国际金融合作；二是协助各国中央银行管理外汇储备；三是货币和经济问题的研究中心；四是代理与信托。张智勇（1998）阐述了国际清算银行的历史与现状，并阐明了中国等九国的中央银行和货币当局加入国际清算银行的重要意义。

李莉莎（2012）指出，国际货币基金组织作为最大的国际金融组织，存在着金融监管低效、危机防控失当、美元霸权利益与责任不对等、内部治理结构失衡、监督职能约束力和执行力有限以及“国际最后贷款人”名不符实等制度缺陷问题（周聖，2019），因此，其组织机制重构势在必行。岳华和赵明（2012）认为，国际货币基金组织是布雷顿森林体系的产物，其治理机制已不能适应当今世界经济发展的新形势，针对国际货币基金组织治理机制的缺陷，从公司治理视角提出新的治理框架设计。周聖（2019）

指出，国际社会应在转变国际货币基金组织治理理念的基础上，建立多元化的国际货币体系，以区域性安排倒逼国际货币基金组织治理结构改革，完善国际货币基金组织监督体系，进一步推动国际货币基金组织“国际最后贷款人”能力建设。谢世清和黄兆和（2022）基于国际货币基金组织最近一次对《国际货币基金组织协定》的修订，归纳了国际货币基金组织具有合法性、可信性和有效性三大特性；从六个方面概述了国际货币基金组织的改革动因；探讨了国际货币基金组织的决策机制、份额和投票权、组织架构与人事制度、监督职能、贷款职能和技术援助职能未来的改革方向。

谢世清和曲秋颖（2012）则基于对比视角，对国际清算银行和国际货币基金组织展开了比较研究。

也有学者对世界银行集团的治理结构展开探讨。例如，张长龙（2007）指出，世行集团的治理结构必须改革。国际金融公司（IFC）不应附属于国际复兴开发银行（IBRD）；选区和董事名额须调整，董事和行长的任职资格与选拔程序应明文规定；发展中国家应获得更多的投票权。

二、亚洲基础设施投资银行治理现代化研究

学者们主要从亚投行的运营机制和亚投行的治理结构两个方面展开研究。

关于亚投行的运营机制，刘东民、李远芳、熊爱宗和高蓓（2017）在研究中指出了亚投行的四点战略定位，即尊重发展中国家需求的开发银行、具有良好财务可持续性的开发银行、坚守高标准的开发银行和重视国际合作的开发银行。提出了六点亚投行的业务创新方向，一是将城市化作为基础设施投资的重点方向之一；二是以国际基础设施投资公司模式推动项目建设；三是建立离岸人民币境外投资基金；四是以“经济特区”模式推进城市化建设和跨境园区建设；五是实施绿色金融；六是在亚投行旗下设立亚洲金融公司，实施市场化运作。徐秀军（2018）关注了亚投行业务运营的风险控制。同时，王萍（2019）认为，亚投行外部问责机制主要来自公众的监督即客户咨询和申诉机制，而内部问责机制却存在问责程序缺乏强制力和审查标准模糊等问题，完善相关法律政策、建立独立监察组和引入第三方处理问责争议是提升其内部问责机制的有效路径。也有学者基于比较视角，指出亚投行运营所处国际制度环境中的强制机制、模仿机制和规范性机制使得亚投行在运营制度目标、业务领域和环境与社会保障制度等方面与传统多边开发银行逐渐趋同（朱杰进和胡馨予，2022）。

关于亚投行的治理结构，陈宇峰和黄冠（2015）的研究指出，亚投行

的股权分配以国内生产总值（GDP）为准可能导致各成员国误解中国牵头建设亚投行的良好初衷，并在接下来的谈判中出现反弹行为；同时，随着亚投行成员国数量的不断增加，当前股权分配可能无法保证亚洲国家的优势地位。顾宾（2015）从法律视角解读了亚投行的资本份额与决策机制和组织与治理结构。邝梅和谢超（2017）则基于多元视角，对比分析了亚投行、亚洲开发银行和世界银行三者间治理结构的异同。

王丽华（2016）从宏观视角出发，分析探讨了亚投行参与区域金融治理的行为表现。陈明睿和曹松（2023）分析了亚洲基础设施投资银行对全球经济治理体系的完善作用，倡议成立亚洲基础设施投资银行正是中国主动承担更多国际责任、积极提供国际公共产品、完善全球经济治理体系的建设性举动。

三、新开发银行治理现代化研究

关于金砖国家新开发银行的研究较少，已有研究主要围绕新开发银行的内部治理结构展开。例如，陈燕鸿和郑建军（2017）指出，新开发银行的治理结构在借鉴已有多边发展银行长期实践的基础上进行了大胆的创新，其弱化董事会职能并明显强化行长领导的管理层职能，确立了发展中国家和借款国的主导地位，在大国平权的同时使弱小成员有机会“发声”。这既在一定程度上克服了已有多边发展银行治理结构的弊端，有利于完善国际发展融资体系；又能激发“金砖国家”积极求同存异，有利于大力推进国际“南南合作”。吴瑕（2020）则研究了新开发银行治理结构中存在的问题，例如因监督机构缺失及非常驻董事制度的实行导致银行问责性降低，董事和行长代表性不足弱化银行合法性，行长轮值制影响银行政策延续性和平权决策机制降低银行效率等，并指出应从设立协调监督机构及常驻与非常驻相结合的董事制度，提高董事及行长代表性，建立轮值行长选举体系及不信任案程序，确立加权决策机制及非创始国补偿机制等方面对其内部治理制度进行创新。冯玲和黄煜（2023）通过探索投融资国际合作新模式，提出新型多边机构须满足发展中国家需求、强调财务可持续性、开展国际多元主体合作三点战略定位；通过创新投融资国际合作新模式，提出以重大项目为抓手、以境外合作园区为平台、以互联网投融资平台为依托的投融资国际合作新模式。

第二节　我国境外金融机构治理现代化研究

按照境外金融机构所属行业不同，可以将我国境外金融机构的治理研究分为我国银行业境外金融机构治理、我国保险业境外金融机构治理、我国证券业境外金融机构治理和其他行业境外金融机构治理四种类型。

一、银行业境外金融机构治理现代化研究

学术界对银行业境外金融机构颇为关注，现有研究主要探讨了银行业境外金融机构经营发展、监督监管与作用影响等方面的内容。

关于银行业境外金融机构的经营发展，杨明奇（2010）通过考察不同国家与地区对跨国银行境外分支机构的存款保险安排，分析了影响不同国家和地区跨国银行境外分支机构存款保险选择的主要因素，并在借鉴国际经验和结合我国国情的基础上，提出了我国对外国银行分支机构和本国银行境外分支机构存款保险的可行选择。张邯玥和田高良（2008）从中国商业银行海外分支机构运作和管理的角度，分析探讨了中国商业银行国际化经营中存在的若干问题并提出了相关建议。谢臻、魏刚和丁佳（2010）则探讨了我国商业银行的海外经营效率。蓝天旻（2015）对中资商业银行在国际化战略背景下如何推动离岸人民币筹资业务发展提出了建议。田素华、何琳、王清晨和窦菲菲（2017）实证了中国银行业国际化过程中追随客户对外直接投资（OFDI）的行为特征，研究结论表明，我国银行境外分行设立受到了中国非金融类企业对外直接投资的显著影响。葛正灿（2017）基于“一带一路”和“走出去”的背景，对我国银行业海外经营业务结构特征和面临的主要风险进行了分析，并依次提出了相关风险防控的建议。

关于银行业境外金融机构的监督监管，随着银行国际化程度的加深，对银行海外分支机构的监管已引起我国金融监管当局的高度重视，其监管内容包括对银行海外分支机构设立的监管、业务经营监管、跨国经营外汇监管和海外机构组织形式的监管等方面（郑娟，2000）。赵宇霆（2000）从法律视角出发，构建了中国跨国银行的法律监管体系。张铁强（2003）根据我国商业银行跨境经营的现状和特点，分析了我国商业银行的境外机构监管存在的问题，论述了我国加强对商业银行境外机构监管的国际法依据，并从我国银行监管当局和商业银行母行的角度提出加强境外分支机构监管的对策措施。王峰和李君莉（2005）的研究指出，现行的中资银行境外机构监管法律制度尚存在诸多不足，极不利于中资银行境外机构的风险防范。

因此，有必要结合国际惯例和他国的立法经验，从规范市场准入监管、业务经营监管、保护性监管和加强监管国际合作等方面对中资银行境外机构监管法律体系进一步完善。也有学者从母国监管的视角展开研究，李金泽（2003）指出，我国十分重视跨国银行的母国监管，但是现有境外机构准入监管规则存在各种局限性。根据巴塞尔协议的规定和国际金融监管实践，对跨国银行集团及其海外分支机构的法律监管应以母国的并表监管为核心，在母国监管当局和东道国监管当局之间建立持续性的信息交流与合作（李斌，2004）。然而，我国作为母国监管跨国银行的海外分支机构尚处于较低水平，需要加强相关方面的立法和司法，提高本国跨国银行的国际竞争力（陈瑱，2004）。

关于银行业境外金融机构的作用影响，安蕾和蒋瑛（2020）的研究表明，银行的境外分支机构数量与中国企业对该经济体的直接投资正相关，这一研究结论为我国提升银行国际化水平以推动实体企业“走出去”提供了政策依据。

二、保险业境外金融机构治理现代化研究

随着我国对外开放程度的进一步加深，越来越多的保险公司选择走出去，实现跨境经营，以提高公司竞争力（郝臣、李飞和王旭，2013）。

现有学者主要关注了保险公司国际化经营中治理问题与保险公司境外机构治理效率提升的问题。在保险公司经营国际化方面，郝臣、李飞和王旭（2013）的研究指出，我国保险公司跨境经营是我国保险业未来发展的必然选择，然而目前我国保险公司产品市场国际化程度还明显不足，需要特别注意的是我国保险公司跨境经营过程中因制度环境落差所导致的法律监管与政治风险、投资决策科学性、跨境经营本土化和人才培养等问题。郝演苏、张文峰和杨雪君（2013）则以国家主权个性为研究主线，借助PEST模型和波特的五力模型，采用理论研究、实证分析和国际比较的方法，系统研究和总结了外资保险境外发展的一般规律。在保险公司境外经营效率提升方面，徐光润（2005）指出，面对新的机遇和挑战，保险经营机构应坚持“安全性、流动性、盈利性”原则，加强内部经营管理；监管机构应正视存在的问题，从加强协作联合监管机构、加强对外币偿付能力的监管、利用现代科技手段、提高监管效率等方面入手，加强对保险外汇境外运用的监管，有效防范和控制投资风险，提高我国保险业管理水平。兰东娟和宋军刚（2009）通过对当前我国保险业保险资金境外投资面临风险的分析，采取理论与案例相结合的方式，从保险监管方式、内部风险控制、资产负

债匹配、投资比例限制及投资人才储备等方面提出了我国保险资金境外投资风险的具体策略和措施。

三、证券业境外金融机构治理现代化研究

随着我国证券市场对外开放度逐步扩大，国际化对中国证券市场产生的积极影响逐渐显现（陈峥嵘，2006）。开展境外业务的市场特别是美国、欧洲、中东及非洲市场在国际一级市场中占据着重要地位，首次公开募股（Initial Public Offering，缩写为 IPO）发行数量和金额位居前列，市场容量大于A股市场，开展境外业务对中国证券公司的业务发展十分重要（胡斌、梅辛欣和潘峰，2014）。

总体而言，现有学者主要关注了银行业、保险业和证券业境外金融机构治理的相关问题，而对其他行业境外金融机构治理的探讨较少，相关研究有待进一步深入。

参考文献

[1] 安蕾，蒋瑛. 中资银行境外分支机构与对外直接投资[J]. 南开学报（哲学社会科学版），2020（03）：57-66.

[2] 安雪梅，陈乃新. 论我国证券公司治理结构的完善与法律规制[J]. 现代财经（天津财经学院学报），2004（06）：21-24.

[3] 巴曙松，刘润佐，赵晶. 全球证券交易所的并购趋势：从公司化角度的考察[J]. 国际经济评论，2007（02）：31-35.

[4] 巴曙松，刘孝红，牛播坤. 转型时期中国金融体系中的地方治理与银行改革的互动研究[J]. 金融研究，2005（05）：25-37.

[5] 白春梅，杨江丽. 区域性股权市场国内研究综述[J]. 时代金融，2017（20）：190-191.

[6] 白慧鑫，刘明显. 浅谈第三方支付的风险与监管[J]. 中国管理信息化，2022（01）：53-56.

[7] 白玉琴. 我国证券监管体制的演进、评析与完善[J]. 法律适用，2006（07）：77-80.

[8] 白智奇，陈艳，王晰. 国有上市公司业绩与高管隐性腐败——基于行为经济学视角[J]. 科研管理，2018（02）：100-107.

[9] 北京师联教育科学研究所. 证券投资基金管理公司内部控制指导意见[M]. 北京：学苑音像出版社，2005.

[10] 本刊编辑部. 走向现代治理的中国金融业[J]. 中国金融，2014（19）：19-23.

[11] 毕鹏翾. 小额贷款公司内部控制问题及对策研究[J]. 财会通讯，2013（23）：79-81.

[12] 毕先萍，蒋萧涵. 小额贷款公司财务绩效研究——以广西为例[J]. 学术论坛，2014（10）：62-68.

[13] 边永平. 金融委办公室地方协调机制：新时代金融监管的利剑[J]. 甘肃金融，2020（03）：1.

[14] 步艳红. 银行理财转型之路[J]. 中国金融，2020（06）：73-75.
[15] 蔡鄂生. 我国金融租赁业的现状与发展模式[J]. 中国金融，2011（14）：9-10.
[16] 蔡伟宏. 国家博弈、制度形成与全球金融治理[J]. 国际经贸探索，2015，31（08）：102-116.
[17] 蔡雅. 广东省区域股权市场研究[D]. 暨南大学，2015.
[18] 蔡燕辉. 第三方财富管理机构发展路径[J]. 经济，2021（12）：100.
[19] 蔡洋萍. 民间资本管理公司可行性及运行分析——基于规范民间融资的视角[J]. 海南金融，2013（06）：81-84.
[20] 蔡英玉，孙涛. 信托公司为什么“刚性兑付”——基于声誉机制的解释[J]. 财贸经济，2017（07）：78-90.
[21] 曹德云. 保险资管行业高质量发展新举措[J]. 中国金融，2023（04）：63-65.
[22] 曹德云. 推进保险资管高质量发展[J]. 中国金融，2022（03）：52-54.
[23] 曹国俊. 金融机构 ESG 鉴证：现实需要、国际借鉴与框架构想[J]. 西南金融，2022（11）：57-71.
[24] 曹汉飞，曹桂春. 企业集团财务公司风险管理探析[J]. 武汉金融，2005（07）：34-35.
[25] 曹汉飞. 财务公司风险管理的总体策略[J]. 企业改革与管理，2006（05）：18-19.
[26] 曹丽. 论证券交易所的公司化发展趋势[J]. 河南金融管理干部学院学报，2002（06）：32-33.
[27] 曹茜娟，王大贤. 外汇管理内部审计区块链平台搭建研究[J]. 审计观察，2021（05）：49-53.
[28] 曹廷求，钱先航. 公司治理与风险管理：基于治理风险视角的分析[J]. 会计研究，2011（07）：73-77.
[29] 曹廷求，张光利，位华，李维安. 银行治理、治理机制与治理风险——首届银行治理研讨会综述[J]. 经济研究，2010（09）：149-154.
[30] 曹潇，陈卫东. 证券交易所内部随机监督激励协调决策机制设计[J]. 统计与决策，2012（14）：152-155.
[31] 曹潇，张弓长，林波. 中国证券交易所监管激励分析：政府与交易所监管权分配[J]. 河北科技大学学报，2008（01）：83-86.
[32] 曹潇，张瑜，张弓长，林波. 基于多任务模型的证券交易所经营、监

管激励失衡内在机理分析[J]. 河北科技大学学报，2009（03）：279-284.
[33] 曹潇. 中国证券交易所治理现状、问题及其经营与监管博弈分析[J]. 唐山学院学报，2011（06）：76-78+81.
[34] 曹兴权. 金融行业协会自律的政策定位与制度因应——基于金融中心建设的考量[J]. 法学，2016（10）：79-88.
[35] 曹宇. 优化体制机制建设 强化投资者保护 全面提升银行保险资管机构公司治理水平[J]. 中国信用，2020（08）：8-11.
[36] 曹源芳，王家华. 金融机构经营风险的"羊群效应"与政府审计治理机制研究——基于 2016 年金融机构资产负债损益审计结果的分析[J]. 经济体制改革，2017（03）：142-146.
[37] 曾刚，吴语香. 消费金融助力"双循环"发展[J]. 中国金融，2020（14）：31-33.
[38] 曾江洪，甘信禹. 社会资本对众筹项目融资成功率影响的实证研究[J]. 技术经济，2014（11）：90-95-115.
[39] 曾欣，陈万华. 期货交易所公司治理改革[M]. 北京：中国金融出版社，2014.
[40] 曾欣. 证券公司的治理结构风险及其改进[J]. 财经问题研究，2000（01）：28-33.
[41] 曾志耕. 加强金融监管 规范金融创新——"金融创新与风险管理"研讨会综述[J]. 经济研究，2012（02）：159-160.
[42] 陈彬，邓霆. 公司治理对保险公司绩效影响的实证检验——以 24 家中资财产保险公司为例[J]. 社会保障研究，2013（01）：104-112.
[43] 陈风. 坚持、放弃抑或改良?——对我国证券交易所组织形式改革的审思[J]. 江西社会科学，2012（11）：160-163.
[44] 陈共炎. 股权结构对证券公司治理机制的影响[J]. 经济理论与经济管理，2004（03）：45-50.
[45] 陈共炎. 内部控制与证券公司治理[J]. 证券市场导报，2004（10）：13-18.
[46] 陈共炎. 证券公司治理机制与对策[M]. 北京：中国财政经济出版社，2005.
[47] 陈海嵩. 生态环境治理现代化中的国家权力分工——宪法解释的视角[J]. 政法论丛，2021（05）：95-104.
[48] 陈嘉. 论资产管理公司商业化转型及对策[J]. 中央财经大学学报，

2008（03）：46-49.
[49] 陈建平. 地方版资产管理公司发展探析[J]. 西南金融，2014（11）：18-22.
[50] 陈景东，张蕾. 金融机构公司治理中的股东作用[J]. 中国金融，2021（15）：62-64.
[51] 陈骏，林婧华，徐捍军. 企业内部控制的腐败治理功能——基于隐性腐败视角的经验研究[J]. 吉林工商学院学报，2018（06）：29-36.
[52] 陈立辉，刘西川. 农村资金互助社异化与治理制度重构[J]. 南京农业大学学报（社会科学版），2016（03）：111-122+159-160.
[53] 陈玲. 信用评级机构法律制度的完善研究[M]. 上海：上海人民出版社，2021.
[54] 陈美桂. 保险公司声誉、市场占有率与保险中介业务违规行为关系研究[J]. 上海经济研究，2015（06）：19-26.
[55] 陈美颖. 我国证券交易所组织形式的路径选择——以《证券法》修改为背景[J]. 新疆大学学报（哲学人文社会科学版），2007（06）：21-24.
[56] 陈明睿，曹松. 论亚洲基础设施投资银行对全球经济治理体系的完善[J]. 产业创新研究，2023（03）：119-121.
[57] 陈南辉. 金融资产管理公司的监管模式研究[J]. 湖北社会科学，2012（07）：56-59.
[58] 陈琪，刘卫. 发展我国区域性股权市场研究[J]. 上海经济研究，2017（01）：32-40.
[59] 陈祺. 区块链运用于保险资产管理监管中的思考[J]. 上海保险，2018（04）：6-9.
[60] 陈琼，杨胜刚. 消费金融公司发展：国际经验与中国的对策[J]. 中国金融，2009（20）：60-63.
[61] 陈琼蕾. 对消费金融公司发展模式的研究与借鉴[J]. 金融纵横，2016（08）：76-83.
[62] 陈秋明. 论政策性担保公司治理结构的制度安排[J]. 现代财经（天津财经大学学报），2010（07）：42-46.
[63] 陈士林. 我国证券投资基金管理人信赖义务的理论分析[J]. 上海金融，2010（10）：88-91.
[64] 陈仕华，郑文全. 公司治理理论的最新进展：一个新的分析框架[J]. 管理世界，2010（02）：156-166.

［65］陈四清．开创金融服务中国式现代化新局面[J]．中国金融，2022（21）：13-15.
［66］陈四清．完善金融治理体系提升金融治理能力[J]．中国金融，2020（01）：14-16.
［67］陈四清．完善全球金融治理[J]．中国金融，2018（15）：10-12.
［68］陈瑱．论母国对跨国银行的监管[J]．商业研究，2004（17）：158-161.
［69］陈伟．中国证券登记结算有限责任公司诉讼地位探讨[J]．法制博览（中旬刊），2012（04）：220-221.
［70］陈伟光，钟列炀．全球数字经济治理：要素构成、机制分析与难点突破[J]．国际经济评论，2022（02）：60-87+6.
［71］陈为雷．从关系研究到行动策略研究——近年来我国非营利组织研究述评[J]．社会学研究，2013（01）：228-240+246.
［72］陈熹，张立刚．激发内生秩序：数字普惠金融嵌入乡村治理的路径优化[J]．江西社会科学，2021（10）：58-67.
［73］陈向东，陈春光．浅析金融资产管理公司的运作问题[J]．金融理论与实践，2000（11）：34-36.
［74］陈小荣，尹继志．金融控股公司监管研——美国经验及其借鉴[J]．湖北社会科学，2013（12）：103-107.
［75］陈晓琳．我国信用评级机构法律监管问题研究[J]．现代营销（学苑版），2021（06）：126-127.
［76］陈昕，林晓璇．上市券商公司治理结构特征与经营绩效关系的实证研究——基于盈利性与抗风险性视角[J]．中国注册会计师，2013（05）：58-65.
［77］陈学彬．论金融机构激励约束机制[M]．上海：复旦大学出版社，2006.
［78］陈彦达，王玉凤，张强．我国金融科技监管挑战及应对[J]．金融理论与实践，2020（01）：49-56.
［79］陈燕鸿，郑建军．金砖国家新开发银行治理结构创新性研究[J]．东南学术，2017（04）：121-128.
［80］陈毅．我国证券公司治理绩效的因子分析[J]．财经理论与实践，2014（05）：46-50.
［81］陈颖健．小额贷款公司监管的法律思考[J]．金融理论与实践，2010（03）：84-88.
［82］陈宇峰，黄冠．亚投行治理的风险防范——析政治文化变化对股权

分配方式的影响[J]. 开放导报，2015（04）：35-39.
[83] 陈雨露，马勇. 金融体系结构、金融效率与金融稳定[J]. 金融监管研究，2013（05）：1-21.
[84] 陈雨露，马勇. 现代金融体系下的中国金融业混业经营：路径、风险与监管体系[M]. 北京：中国人民大学出版社，2009.
[85] 陈雨露. 全球新型金融危机与中国的外汇储备战略[M]. 北京：经济科学出版社，2014.
[86] 陈雨露. 数字经济与实体经济融合发展的理论探索[J]. 经济研究，2023（09）：22-30.
[87] 陈雨露. 走好中国特色金融发展之路 全面建设社会主义现代化国家[J]. 红旗文稿，2023（10）：9-12+1.
[88] 陈雨露. 深刻理解和把握金融高质量发展[N]. 学习时报，2023-11-15（001）.
[89] 陈兆松. 我国证券公司治理结构：国际比较与优化策略[J]. 西南金融，2007（12）：56-57.
[90] 陈峥嵘. 证券公司对外开放疾进[J]. 银行家，2006（10）：81-84.
[91] 陈植. 事前事中事后预警机制全面守护消费者 金融业反诈打赌治理体系基本形成[N]. 21 世纪经济报道，2022-03-15（003）.
[92] 陈忠阳. 金融机构风险管理机制有效性研究——对风险管理长效机制问题的思考[J]. 国际金融研究，2006（05）：58-64.
[93] 程福垒. 内部审计在我国央行治理中的作用[J]. 河北金融，2016（04）：24-26+47.
[94] 程雪军，李心荷. 金融科技背景下的消费金融公司发展困境与出路探析[J]. 金融与经济，2020（08）：74-80.
[95] 储诚忠，文建东. 证券交易所的公司化及其影响[J]. 证券市场导报，2001（07）：8-12.
[96] 丛林. 金融租赁的风险控制体系研究[J]. 金融论坛，2015（12）：12-17.
[97] 丛林. 金融租赁业的机遇与挑战[J]. 中国金融，2015（19）：57-59.
[98] 崔华，汪伟文，张陆洋. 交易所治理机制与创新发展国际经验研究及启示[J]. 中国货币市场，2022（08）：87-92.
[99] 崔宇琪. 论证券交易所的公司制改革[J]. 中国市场，2014（38）：73-74+79.
[100] 崔志楠，邢悦. 从“G7 时代”到“G20 时代”——国际金融治理机

制的变迁[J]. 世界经济与政治，2011（01）：134-154+159.
[101] 戴凤举. 论我国再保险业发展的几个问题[J]. 保险研究，2000（05）：1-3+32.
[102] 戴金平，曹方舟. 中国全球金融治理地位的测度与评估[J]. 中国外汇，2021（07）：11-14.
[103] 戴利研，赵磊. 主权财富基金对国际投资格局的影响[J]. 学习与探索，2014（08）：93-97.
[104] 戴璐，吴志华. 企业集团财务公司的管理与治理效应[J]. 经营与管理，2007（07）：11-12.
[105] 戴翔. 欲行万里路必长 世间难觅捷径短——浅谈信托公司的数据治理工作[J]. 中国信息化，2022（03）：73-74+72.
[106] 邓杰. 浅议银行治理的特殊性[J]. 商，2015（23）：197.
[107] 邓丽，丁文严. 证券登记与证券存管法律关系之辨[J]. 法律适用，2009（03）：40-43.
[108] 邓智琦. 金融资产管理公司的定位及运作模式探析——兼谈对“债转股”的思考[J]. 甘肃金融，2000（07）：10-11.
[109] 丁爱华. 论金融生态视角下保险中介机构监管模式的完善[J]. 南京审计学院学报，2006（01）：34-37.
[110] 丁灿. 农商行公司治理实践与反思[J]. 中国金融，2018（21）：52-54.
[111] 丁国荣. 中国证券公司领导权配置模式及其对公司绩效的影响分析[J]. 复旦学报（社会科学版），2010（06）：18-28.
[112] 丁涵. 完善地方金融监管协调机制问题[J]. 时代金融，2020（12）：8-13.
[113] 丁攀，邢增艺，陈富节. 货币经纪业务的国际比较及对我国的启示[J]. 福建金融，2010（02）：54-56.
[114] 丁志杰. 全球金融治理改革的中国主张[J]. 中国金融，2016（18）：22-23.
[115] 董宝茹. 外资征信机构监管若干问题探讨[J]. 征信，2015（10）：24-26.
[116] 董炉宝，董耀平. 金融资产交易场所的个人投资者适当性制度现状分析与建议[J]. 清华金融评论，2017（08）：79-82.
[117] 董少鹏. 金融管理体系变革将带来三大效应[N]. 证券日报，2023-03-18（A01）.

[118] 董小君，石涛. 当前国内金融风险治理的若干问题研究[J]. 中共中央党校（国家行政学院）学报，2022，26（05）：82-90.
[119] 董小君，宋玉茹. 我国金融治理水平影响因素探讨[J]. 学术交流，2021（10）：88-100+192.
[120] 董小君，宋玉茹. 中国金融治理水平与金融稳定性的动态关系研究[J]. 武汉金融，2021（11）：3-10.
[121] 董迎秋，海霞，杨丹，陆野. 中国式现代化新征程上保险业服务实体经济研究[J]. 保险理论与实践，2023（07）：1-15.
[122] 都本伟. 农村信用社法人治理研究[M]. 北京：中国金融出版社，2009.
[123] 窦明. 融资租赁公司融资方式研究[J]. 合作经济与科技，2020（04）：68-69.
[124] 杜金富，张红地. 消费金融公司治理结构分析[J]. 中国金融，2021（21）：51-52.
[125] 杜娟. 期货公司内部控制问题与对策研究[J]. 财会学习，2020（15）：228-230.
[126] 杜小艳，刘晶晶，杨雨薇. 证券投资基金管理公司治理结构与投资业绩关系研究[J]. 改革与战略，2016（10）：76-79.
[127] 杜正茂，龙文军. 我国农业保险经营机构发展研究[J]. 保险研究，2009（02）：59-64.
[128] 段晓亮，王慧敏. 乡村振兴背景下农村生态环境治理的困境与对策[J]. 农业经济，2022（04）：62-63.
[129] 顿颖晖. 期货交易所全面风险管理框架研究[J]. 产业创新研究，2022（10）：60-62.
[130] 范抒. 期货交易所组织体制的国际比较[J]. 求索，2003（04）：56-58.
[131] 范小雯. 我国证券公司股权结构与治理缺陷[J]. 南开经济研究，2003（06）：76-78.
[132] 范亚辰，何广文，田雅群. 融资约束、融资政策与小额贷款公司双重绩效的实现[J]. 经济经纬，2018（05）：129-135.
[133] 范亚辰，何广文，杨虎锋. 融资约束、社会服务与小额贷款公司成本效率[J]. 管理现代化，2018（02）：4-7.
[134] 范亚辰. 融资政策对小额贷款公司多重绩效的影响研究[M]. 北京：中国财政经济出版社，2021.

[135] 范云朋，尹振涛. 金融控股公司的发展演变与监管研究——基于国际比较的视角[J]. 金融监管研究，2019（12）：38-53.
[136] 方国春. 我国相互制保险公司治理主体权利与配置研究[J]. 保险研究，2016（08）：69-80.
[137] 方明浩，许荣，赵昶. 险资股权投资的结构性改革研究——基于险资投资的倒U形效应分析[J]. 经济理论与经济管理，2021（03）：40-57.
[138] 房德东. 我国第三方理财机构的监管问题研究[J]. 现代商业，2021（06）：85-87.
[139] 房飞，王大树. 构建"一带一路"国际金融新治理体系的中国方案[J]. 财会月刊，2021（20）：129-134.
[140] 房辉. 我国期货公司构建全面风险管理体系的思考[J]. 金融理论与实践，2006（08）：73-75.
[141] 房永斌. 论完善公司治理结构对加强保险公司风险管理的作用[J]. 保险研究，2007（11）：47-49.
[142] 封思贤. 我国证券公司风险管理体系研究[J]. 当代经济管理，2006（01）：58-62+57.
[143] 冯根福，丁国荣. 中国证券公司内部治理影响公司经营效率的实证分析[J]. 财经理论与实践，2011（01）：30-36.
[144] 冯果，田春雷. 临渊羡鱼莫如退而结网——关于我国证券交易所组织形式改革的一点反思[J]. 法学评论，2009（05）：27-34.
[145] 冯海红. 小额贷款公司经营绩效与社会福利影响：基于县域信贷市场竞争视角[M]. 北京：经济科学出版社，2020.
[146] 冯军. 保险基金管理公司的治理研究[J]. 保险研究，2006（10）：66-69.
[147] 冯军. 证券投资基金管理公司的双重委托代理关系及内部治理研究[J]. 当代经济科学，2006（03）：119-121.
[148] 冯军. 证券投资基金管理公司的双重委托代理关系与综合治理选择[J]. 金融与经济，2006（10）：30-33.
[149] 冯玲，黄煜. 全球治理视角下投融资国际合作新模式的探索——以亚投行和新开发银行为例[J]. 金融理论与实践，2023（01）：110-118.
[150] 冯兴元. 论农村信用社系统金融机构的产权、治理与利益关系[J]. 社会科学战线，2017（02）：31-40.

[151] 冯永琦，刘韧. 新冠肺炎疫情冲击下金融治理动向、应对措施及发展趋势[J]. 金融经济学研究，2020（03）：51-61.

[152] 冯永琦，于欣晔. 后疫情时代全球金融治理体系建构与中国策略选择[J]. 东北亚论坛，2020（06）：51-64+124-125.

[153] 傅才武，李俊辰. 乡村文化空间营造：中国乡村文化治理的空间转向[J]. 深圳大学学报（人文社会科学版），2022（05）：5-15.

[154] 傅昌銮，朱西湖. 小额贷款公司双重目标的权衡——以浙江省为例的实证分析[J]. 农业经济问题，2016（06）：74-80+111-112.

[155] 高红波，张立胜. 浅析金融资产管理公司运作中的问题[J]. 黑龙江金融，2001（05）：37-38.

[156] 高杰英，王婉婷. 国际金融治理机制变革及中国的选择[J]. 经济学家，2016（08）：65-71.

[157] 高婧. 小额贷款公司洗钱风险及监管对策[J]. 中国金融，2011（20）：78-80.

[158] 高敏，金洪国. 民间资本管理[M]. 成都：西南交通大学出版社，2018.

[159] 高西庆，夏丹. 证监会在解释和发展证券法中的作用[J]. 证券市场导报，2006（04）：8.

[160] 高曦，纳鹏杰，李昊承. 企业集团财务公司董事会治理与风险管理研究[J]. 中国集体经济，2014（07）：75-76.

[161] 高晓燕，惠建军，马文赫. 略论小额贷款公司所遇困境与可持续运营[J]. 现代财经（天津财经大学学报），2010（06）：10-14.

[162] 高晓燕，任丽华，赵颖. 我国小额贷款公司可持续运营再探讨[J]. 现代财经（天津财经大学学报），2011（03）：15-22.

[163] 高杨，姚灿灿，董耀平. 国内交易场所登记结算机构的模式分析与政策建议[J]. 产权导刊，2017（02）：54-56.

[164] 高英，何钧. 我国金融资产管理公司现行治理结构的制度安排及评价[J]. 北京工商大学学报（社会科学版），2005（06）：35-39.

[165] 高迎欣. 为推进中国式现代化贡献金融力量[J]. 中国金融，2023（01）：9-11.

[166] 高玉臣. 强化财务公司全面风险管理[J]. 中国金融，2021（16）：92-93.

[167] 葛正灿. 对我国商业银行境外经营风险防范问题的思考[J]. 金融与经济，2017（03）：66-68.

[168] 耿协峰. 全球性地区治理的观念生成和实现路径——兼以互联互通的政策扩散为例[J]. 国际政治研究，2021（04）：80-105+7-8.
[169] 耿志民. 论证券交易所的公司化改革[J]. 学术论坛，2006（01）：104-108+119.
[170] 宫路. 艺术品拍卖市场洗钱案件侦查问题研究[J]. 江苏警官学院学报，2016（05）：70-74.
[171] 古志明. 高校博物馆学生志愿者讲解员的培养与发展——以广东金融学院广州货币金融博物馆为例[J]. 赤峰学院学报（自然科学版），2014（09）：194-196.
[172] 谷阳. 地方交易场所风险问题分析及发展建议[J]. 环球市场，2022（26）：134-136.
[173] 顾宾. 亚投行的治理结构[J]. 中国金融，2015（13）：61-63.
[174] 顾海峰，闫君. 公司治理、资本监管与银行风险承担[J]. 财经理论与实践，2020（06）：2-9.
[175] 顾凌骏，黄威栋，张伟，胡金焱. 我国信托行业的政策逻辑与发展路径研究[J]. 治理现代化研究，2022（06）：31-38.
[176] 顾文硕. 黄金市场金融基础设施风险管理[N]. 中国黄金报，2021-01-19（05）.
[177] 关伟，沈飞国. 我国保险集团公司治理研究：现状、问题及政策建议[J]. 中国物价，2021（10）：79-81.
[178] 郭晨光，崔二涛，熊学萍. 境外高频交易监管制度对我国期货市场监管的启示——基于经济和技术手段的视角[J]. 金融发展研究，2021（02）：65-72.
[179] 郭定方. 公司治理视角下的银行高质量发展[J]. 中国金融，2023（04）：59-60.
[180] 郭东. 证券监管体制的缺陷与社会证券监管力量的崛起[J]. 证券市场导报，2007（12）：51-58.
[181] 郭静. 银行保险机构声誉风险防控监管体系研究[J]. 农村经济与科技，2021（10）：116-118.
[182] 郭军，冯林. 小额贷款公司可持续发展研究——以山东省为例[J]. 东岳论丛，2013，34（10）：173-176+180.
[183] 郭闿钰. 我国金融控股公司内部风险控制法律问题研究[J]. 保定学院学报，2022（03）：40-47+54.
[184] 郭清马. 银行系金融租赁：扩张、风险与对策[J]. 当代经济管理，

2010（04）：69-71.

［185］郭锐. 小额贷款公司可持续发展路径探析——基于湖北省的实证分析[J]. 武汉金融，2012（06）：60-62.

［186］郭少泉. 建设现代商业银行公司治理体系[J]. 中国金融，2018（14）：42-44.

［187］郭树清. 不改善金融结构 中国经济将没有出路[J]. 国际经济评论，2012（04）：9-16+4.

［188］郭树清. 积极地、审慎地探索和创造[J]. 中国中小企业，2012(08)：72-75.

［189］郭树清. 完善公司治理是金融企业改革的重中之重[J]. 中国农村金融，2020（14）：6-9.

［190］郭娅丽. 典当行与网贷平台合作模式的法律规制[[J]. 理论月刊，2016（08）：119-125.

［191］郭晔. 论中国式社会治理现代化[J]. 治理研究，2022（03）：89-100+127-128.

［192］郭志国，贾付春. 新地方金融监管体制下完善地方资产管理公司监管体系研究[J]. 金融发展评论，2020（02）：64-77.

［193］郭志国，张佳. 地方资产管理公司发展路径研究[J]. 新金融，2015（04）：45-49.

［194］郭周明，田云华，王凌峰. “逆全球化”下建设国际金融新体制的中国方案——基于“一带一路”研究视角[J]. 国际金融研究，2020，393（01）：44-53.

［195］国元证券和合肥工业大学联合课题组. 我国区域性股权市场的发展、问题和改革研究[J]. 金融监管研究，2018（04）：55-70.

［196］韩佼，张佳婧. “资管新规”背景下银行理财业务转型[J]. 河北金融，2022（02）：57-59.

［197］韩立岩，李燕平. 中国上市银行特许权价值与风险行为[J]. 金融研究，2006（12）：82-91.

［198］韩晓宇. 金控集团治理边界与监管[J]. 中国金融，2018（18）：91-93.

［199］韩越. 浅析期货公司内部控制问题与对策[J]. 中国商论，2018（21）：77-78.

［200］郝臣，白丽荷，崔光耀. 我国保险公司股东治理有效性实证研究——基于偿付能力的视角[J]. 当代经济管理，2016（12）：84-90.

[201] 郝臣，崔光耀，白丽荷. 保险公司治理对偿付能力影响实证研究——基于公司治理评价视角[J]. 金融与经济，2016(08)：50-56.

[202] 郝臣，崔光耀，李浩波，王励翔. 中国上市金融机构公司治理的有效性——基于2008－2015年CCGI^NK的实证分析[J]. 金融论坛，2016（03）：64-71.

[203] 郝臣，董迎秋，马贵军，曹嘉宁，冯子朔. 中国式保险治理现代化进程研究——基于1979－2022年的1000部法律法规文件[J]. 保险职业学院学报，2023（03）：21-31.

[204] 郝臣，李飞，王旭. 我国保险公司跨境经营问题研究[J]. 保险研究，2013（11）：70-77.

[205] 郝臣，李维安，王旭. 中国上市金融机构是否有效治理——风险承担视角[J]. 现代财经（天津财经大学学报），2015（11）：12-21.

[206] 郝臣，李艺华，崔光耀，刘琦，王萍. 金融治理概念之辨析与应用——基于习近平总书记2013－2019年567份相关文件的研究[J]. 公司治理评论，2019（01）：69-89.

[207] 郝臣，李艺华. 习近平总书记关于治理的重要论述研究——基于2013-2019年594份文件的分析[J]. 理论与现代化，2020（02）：5-14.

[208] 郝臣，李元祯，刘振杰，徐建，王励翔，孟乾坤. 全面提升新冠肺炎疫情治理能力的若干建议[J]. 审计观察，2020（03）：18-22.

[209] 郝臣，李元祯. 治理的发展与展望[J]. 审计观察，2021（02）：25-29.

[210] 郝臣，刘琦. 我国中小型保险机构治理质量研究——基于2016－2019年公开数据的治理评价[J]. 保险研究，2020（10）：79-97.

[211] 郝臣，马贵军. 我国保险资管公司治理与优化[J]. 中国金融，2023（04）：72-73.

[212] 郝臣，钱璟，付金薇，崔光耀. 我国保险业治理的发展与优化研究[J]. 西南金融，2018（01）：41-50.

[213] 郝臣，钱璟. 保险公司董事会治理、公司绩效与偿付能力[J]. 金融发展研究，2018（03）：12-20.

[214] 郝臣，石懿，郑钰镜. 从治理指数看上市金融机构治理质量[J]. 金融市场研究，2022（02）：9-20.

[215] 郝臣，孙佳琪，钱璟，付金薇. 我国保险公司信息披露水平及其影响研究——基于投保人利益保护的视角[J]. 保险研究，2017(07)：

64-79.
[216] 郝臣，郑钰镜，崔光耀，石懿. ESG 的起源与本质探析[J]. 审计观察，2022（07）：86-91.
[217] 郝臣，郑钰镜，石懿，崔光耀. ESG：本质、发展与应对[R]. 研究报告，2022.
[218] 郝臣，郑钰镜，石懿. 国内外保险公司治理原则研究[J]. 保险理论与实践，2021（12）：118-135.
[219] 郝臣. 保险法人机构治理评价新思路[J]. 上海保险，2018（04）：10-13.
[220] 郝臣. 保险公司治理、投资效率与投保人利益保护[M]. 沈阳：东北大学出版社，2021.
[221] 郝臣. 保险公司治理的优化[J]. 中国金融，2017（16）：80-81.
[222] 郝臣. 金融机构治理手册[M]. 北京：清华大学出版社，2023.
[223] 郝臣. 我国保险机构监督机制有效性研究[M]. 沈阳：东北大学出版社，2021.
[224] 郝臣. 我国保险治理法律法规研究：1979－2022[M]. 天津：南开大学出版社，2023.
[225] 郝臣. 我国中小型保险机构治理研究[M]. 天津：南开大学出版社，2022.
[226] 郝臣. 中国金融治理：体系构成与能力提升[EB/OL]. https：//www.sohu.com/a/392331177_620823，2020-04-30.
[227] 郝旭光，戴轶. 中外证券公司治理结构的比较分析[J]. 福建论坛（人文社会科学版），2005（08）：18-21.
[228] 郝旭光，黄人杰. 信息披露监管问题研究[J]. 财经科学，2014（11）：41-48.
[229] 郝演苏，张文峰，杨雪君. 影响外资保险公司境外发展的国家主权个性因素研究[J]. 保险研究，2013（05）：3-13.
[230] 郝演苏. 防范系统性风险的双刃剑[J]. 经济，2013（08）：96-97.
[231] 郝争辉. 注册制下我国证券交易所的自律监管[J]. 法制博览，2021（05）：110-111.
[232] 何德旭，张雪兰. 从金融视角看中国式现代化道路[J]. 中国社会科学，2023（05）：26-46+204-205.
[233] 何东. 地方性产业投资公司运营风险评估[J]. 宏观经济研究，2013（10）：74-78.

[234] 何国华，陈骏. 外汇交易结算风险治理研究[J]. 中国货币市场，2004（05）：3.
[235] 何剑平，孙秋鹏，关路祥. 从环境角度分析期货交易所非互助化改造的动因[J]. 南开经济研究，2005（05）：82-89.
[236] 何杰，杨丹. 什么影响着中国基金管理公司的投资业绩[J]. 财贸经济，2010（01）：44-50.
[237] 何婧，何广文，王宇. 政府持股对小额贷款公司社会绩效的影响研究[J]. 上海金融，2015（08）：82-85.
[238] 何婧，刘甜，何广文. 董事会结构对小额贷款公司目标选择的影响研究[J]. 农村经济，2015（10）：62-65.
[239] 何苗. "一带一路"背景下融资租赁企业发展思考[J]. 财会通讯，2020（04）：137-142.
[240] 何贤杰，孙淑伟，朱红军，牛建军. 证券背景独立董事、信息优势与券商持股[J]. 管理世界，2014（03）：148-162+188.
[241] 何雄伟，卢小祁. 我国生态环境治理主体优化和协调策略——基于利益相关者视角分析[J]. 企业经济，2022（12）：69-77.
[242] 贺婵杜. 人民银行分支机构对上海黄金交易所非金融类会员的监管实践探析[J]. 金融经济，2019（22）：21-22.
[243] 洪艳蓉. 我国证券监管独立性的检讨与制度完善[J]. 法律适用，2018（03）：82-92.
[244] 侯东德，龙潇. 放管服视角下证券服务机构自律治理的法理思考[J]. 重庆社会科学，2020（01）：123-136.
[245] 侯外林. 关于完善我国证券投资咨询法规制度的思考[J]. 南方金融，2010（05）：62-65.
[246] 胡斌，梅辛欣，潘峰. 中国证券公司开展境外业务的路径分析[J]. 银行家，2014（07）：88-91+7.
[247] 胡滨，程雪军. 金融科技、数字普惠金融与国家金融竞争力[J]. 武汉大学学报（哲学社会科学版），2020（03）：130-141.
[248] 胡滨，范云朋. 后疫情时代中小银行改革与发展[J]. 中国金融，2020（21）：25-26.
[249] 胡代胜. 集中统一的证券期货监管体系初露端倪——从全国证券期货监管工作会议看中国证监会的角色定位[J]. 银行与企业，1995（08）：8-9.
[250] 胡伏秋. 构建中国特色财务公司治理架构[J]. 中国金融，2021

（21）：48–50.
[251] 胡海峰，王爱萍. 中国参与全球金融治理体系改革的思路和策略——基于存量改革和增量改革的视角[J]. 天津社会科学，2017（03）：92–98.
[252] 胡坚，郜全亮. 国际证券交易所的发展趋势及对我国的启示[J]. 南方金融，2007（05）：31–33.
[253] 胡键. 经济全球化的新态势与全球经济治理的变革[J]. 国际经贸探索，2022（08）：101–114.
[254] 胡金焱，张强. 贷款期限结构对小额贷款公司可持续发展的影响——以山东省为例[J]. 理论学刊，2018（01）：60–70.
[255] 胡娟. 第三方支付技术与监督[M]. 北京：北京邮电大学出版社，2016.
[256] 胡梦达，郑浩然. 绿色金融风险评价指标体系构建与治理对策[J]. 统计与决策，2020（24）：129–132.
[257] 胡琪. 对我国期货市场风险的思考[J]. 新疆经济管理干部学院学报，1999（01）：36–38.
[258] 胡强. 我国券商治理风险及对策[J]. 证券市场导报，2006（01）：58–62.
[259] 胡仕炜. 注册制下证监会监管角色的重新定位[J]. 法制博览，2015（14）：249–251.
[260] 胡松. 金融控股公司的治理机制——基于金融控股公司运行特征的分析[J]. 经济经纬，2008（05）：93–96.
[261] 胡莹莹. 中国证券交易所改革——从会员制到公司制[J]. 江西教育学院学报（社会科学版），2007（02）：27–28.
[262] 胡颖，叶羽钢. 产权、公司治理与保险公司效率[J]. 科学•经济•社会，2007（04）：36–41.
[263] 胡颖，叶羽钢. 我国保险公司效率影响因素的实证研究[J]. 暨南学报（哲学社会科学版），2008（04）：28–34+154.
[264] 胡俞越，杨画画. 呼之欲出的广州期货交易所[J]. 中国金融，2020（21）：56–57.
[265] 胡振健. 基于委托代理的农民专业合作社治理机制研究[J]. 农村实用技术，2023（04）：15–17.
[266] 黄大禹，凌丹，邹梦婷. 经济政策不确定性与商业银行绩效——结构特征、影响机制与治理[J]. 上海经济研究，2022（08）：60–78.

[267] 黄红，吴爱兰，林彧辰. 第三方支付机构监管的国际经验与启示[J]. 福建金融，2014（12）：24-27.
[268] 黄加宁. 小额贷款公司的可持续发展研究[J]. 浙江金融，2012（02）：59-63.
[269] 黄娟. 我国上市保险公司内部控制评价研究[J]. 保险研究，2012（05）：45-52.
[270] 黄人杰. 对基金管理人的激励制度研究[J]. 金融理论与实践，2009（06）：42-45.
[271] 黄素. 浅析我国保险公估业的发展[J]. 金融经济，2010（02）：85-87.
[272] 黄文秋，李继龙，杨勇. 对拍卖行业反洗钱工作的思考[J]. 西部金融，2011（07）：55-56.
[273] 黄小龙，田政. 我国期货公司风险管理问题浅析[J]. 价格理论与实践，2010（07）：55-56.
[274] 黄小强. 我国互联网消费金融的界定、发展现状及建议[J]. 武汉金融，2015（10）：39-41.
[275] 黄晓春. 党建引领下的当代中国社会治理创新[J]. 中国社会科学，2021（06）：116-135+206-207.
[276] 黄晓梅. 小额贷款公司信用风险的控制与防范[J]. 企业经济，2012（11）：163-166.
[277] 黄晓星，丁少芬. 基层治理结构与政府数据治理——以Z市T区网格化管理及其专项行动为例[J]. 公共行政评论，2022（03）：21-39+196.
[278] 黄星澍，乐韵. 小额贷款公司融资渠道的现状、困境与出路[J]. 浙江金融，2013（10）：63-66.
[279] 黄燕茹. 地方资产管理公司实施财务战略管理的研究[J]. 财务与会计，2018（02）：53-54.
[280] 黄勇，钱子龙. 我国珠宝首饰行业家族企业资本结构初探[J]. 现代商业，2008（14）：23-24.
[281] 黄运成，李畅. 我国证券公司治理缺陷的根源及其出路[J]. 证券市场导报，2004（10）：10-13.
[282] 黄运成，徐锦文. 证券公司风险管理[M]. 北京：中国财政经济出版社，1999.
[283] 黄正华，赵宇. 中国证券交易所自律监管发展对策研究[J]. 海南金

融，2017（07）：57-66.

[284] 季松，叶蜀君. 重新构建证券投资咨询业务法律体系研究[J]. 证券市场导报，2013（05）：68-72.

[285] 贾琛. ESG视角下银行公司治理[J]. 中国金融，2022（16）：67-68.

[286] 贾灵强. 企业集团财务公司落实公司治理准则的难点与对策[J]. 现代金融导刊，2023（09）：67-71.

[287] 贾翔夫. 新形势下我国金融控股公司发展现状及监管对策[J]. 现代管理科学，2018（09）：79-81.

[288] 江津，王凯. 我国保险公司治理机制有效性研究——基于上市保险公司的实证检验[J]. 保险研究，2015（01）：62-71.

[289] 江生忠. 保险中介教程[M]. 北京：机械工业出版社，2001.

[290] 姜宝泉，张弛. 《征信机构管理办法》执行中存在的问题与建议[J]. 征信，2014（05）：31-32.

[291] 姜楠. 我国信用评级机构监管框架设计[J]. 经济纵横，2014（07）：55-59.

[292] 姜楠. 信用评级机构监管研究后危机时代[M]. 北京：经济日报出版社，2014.

[293] 姜晓萍，李敏. 治理韧性：新时代中国社会治理的维度与效度[J]. 行政论坛，2022（03）：5-12.

[294] 蒋海，叶康为. 我国金融控股公司激励相容的监管机制设计[J]. 暨南学报（哲学社会科学版），2014，36（07）：32-42+162.

[295] 蒋岚. 论我国再保险监管存在的问题及对策[J]. 金融经济，2011（10）：48-50.

[296] 蒋丽丽. 经济新常态下第三方财富管理的风险规避研究[J]. 中国商论，2020（02）：99-100

[297] 蒋先玲，徐晓兰. 第三方支付态势与监管：自互联网金融观察[J]. 改革，2014（06）：113-121.

[298] 焦瑾璞. 稳步推进黄金市场改革[J]. 中国金融，2017（01）：31-33.

[299] 焦新利. 对转型期金融资产管理公司监管问题的若干思考[J]. 金融发展研究，2008（07）：77-78.

[300] 金栋. 城市信用社问题与发展研究[J]. 生产力研究，2004（11）：84-86.

[301] 金强. 证券交易所公司化改制过程中治理边界的变迁[J]. 现代管理科学，2013（06）：84-86+96.

[302] 鞠敬，沈冬军. 非互助化证券交易所监管权的功能定位[J]. 经济体制改革，2010（06）：104-109.
[303] 康晓光，韩恒. 分类控制：当前中国大陆国家与社会关系研究[J]. 社会学研究，2005（06）：73-89+243-244.
[304] 孔德晨. 金融监管机构改革迈出重要一步[N]. 人民日报海外版，2023-05-23（003）.
[305] 孔凡斌，王苓，徐彩瑶，许正松. 中国生态环境治理体系和治理能力现代化：理论解析、实践评价与研究展望[J]. 管理学刊，2022（05）：50-64.
[306] 孔令强，黄雨昕，俞春江. 完善中国评级机构公司治理，促进行业高质量发展[J]. 金融市场研究，2021（05）：62-75.
[307] 寇业富，孙逸竹，魏芳泽. 我国专业自保公司的公司治理监管效率研究[A]2020/2021 中国保险与风险管理国际年会论文集[C]. 清华大学经济管理学院中国保险与风险管理研究中心、伦敦城市大学卡斯商学院、东北农业大学经济管理学院，2021.
[308] 寇业富，徐焉可，侯丹蕾. 我国专业自保公司市场行为监管效率评价研究[A]2022 中国保险与风险管理国际年会论文集[C]. 清华大学经济管理学院中国保险与风险管理研究中心、湖南大学金融与统计学院，2022.
[309] 匡洪燕，周泉恭. 证券投资基金组织治理效率和优化路径探究[J]. 当代财经，2007（12）：64-66.
[310] 邝梅，谢超. 比较视角下的亚投行治理结构[J]. 河北学刊，2017，37（05）：127-131.
[311] 赖衍禹. 我国证券交易所的缺憾及公司化模式的借鉴——以《证券法》修改为背景[J]. 公民与法（法学版），2016（03）：44-47.
[312] 兰邦华. 证券交易所设置专业委员会的诸多考虑[J]. 银行家，2005（08）：92-95.
[313] 兰东娟，宋军刚. 我国保险资金境外投资风险防范探析[J]. 保险研究，2009（01）：91-95.
[314] 兰磊，陈岚. 注册制改革下证监会监管机制的转变研究[J]. 时代金融，2020（23）：6-7+22.
[315] 兰日旭. 新中国金融发展历程[J]. 中国金融，2019（19）：166-167.
[316] 蓝天旻. 人民币国际化背景下中资商业银行境外筹资研究[J]. 新金融，2015（08）：27-32.

[317] 雷源平. 主要发达经济体金融稳定保障基金运行机制及对我国的启示[J]. 海南金融，2022，406（09）：65-73.
[318] 黎兰. 证券登记结算机构法律问题研究[D]. 成都：四川省社会科学院，2018.
[319] 黎四奇. 金融机构高管薪酬治理：基于公平性正义的立场[J]. 法商研究，2021（01）：151-162.
[320] 李斌. 论对跨国银行海外分支机构的母国监管[J]. 南京大学学报（哲学. 人文科学. 社会科学版），2004（03）：112-119.
[321] 李成，马国校，李佳. 基于进化博弈论对我国金融监管协调机制的解读[J]. 金融研究，2009（05）：186-193.
[322] 李春雷，彭杳雯. 中小银行设立理财子公司的路径[J]. 中国金融，2019（02）：67-70.
[323] 李德荃. 农民专业合作社信用互助模式的内在机制及其优化研究[M]. 北京：经济科学出版社，2020.
[324] 李东方. 证券监管机构及其监管权的独立性研究——兼论中国证券监管机构的法律变革[J]. 政法论坛，2017（01）：74-87.
[325] 李东荣. 构建互联网金融风险治理体系[J]. 中国金融，2016（12）：9-11.
[326] 李栋. 关于金融资产管理公司改革发展的思考[J]. 经济研究参考，2011（16）：64-68.
[327] 李光文. 论保险代理公司的现状和发展方向[J]. 甘肃科技，2006（08）：245-246+227.
[328] 李桂花，杨雪. 乡村振兴进程中中国农村生态环境治理问题探究[J]. 哈尔滨工业大学学报（社会科学版），2023（01）：120-127.
[329] 李国安. 论全球金融治理体系的“多元一体”构建[J]. 厦门大学学报（哲学社会科学版），2020（02）：118-126.
[330] 李汉光. 基于多任务委托—代理模型的农业政策性银行公司治理问题研究[J]. 财经理论与实践，2009（01）：22-25.
[331] 李宏伟. 2012. 我国融资担保类企业风险防范机制建设研究[J]. 金融理论与实践（12）：46-50.
[332] 李洪江，尹宏波. 金融资产管理公司的激励与约束机制——兼论金融资产管理公司的改革[J]. 山东工商学院学报，2006（05）：42-47.
[333] 李慧. 基于内部资本市场理论的我国集团财务公司功能研究[J]. 云南社会科学，2013（04）：68-73.

[334] 李慧聪，李维安，郝臣. 公司治理监管环境下合规对治理有效性的影响——基于中国保险业数据的实证研究[J]. 中国工业经济，2015（08）：98-113.
[335] 李慧颖. 金融资产管理公司发展现状、监管困境及治理研究[J]. 海南金融，2021（04）：59-66.
[336] 李慧颖. 金融资产管理公司监管困境及治理研究[J]. 黑龙江金融，2021（02）：26-29.
[337] 李佳岚，万迪昉，陈楠. 交易所治理结构和监管权限对金融创新的影响：理论与实证[J]. 管理工程学报，2022（04）：1-13.
[338] 李建，窦尔翔. 绿色金融发展的现实困境与塔福域治理模式构建[J]. 福建论坛（人文社会科学版），2020（08）：113-125.
[339] 李建伟，王伟进. 社会治理的演变规律与我国社会治理现代化[J]. 管理世界，2022（09）：1-15+62.
[340] 李江波，张群群. 证券交易所自律监管模式的形成和发展[J]. 财贸经济，2009（01）：26-31+136.
[341] 李洁，曹晓蕾，蒋昭乙，高峰. 世界各国主权财富基金运作模式比较及对中国的启示[J]. 现代经济探讨，2008（11）：70-73.
[342] 李金泽. 我国银行境外准入监管法制存在的问题与对策[J]. 法学评论，2003（05）：113-121.
[343] 李俊久. 全球金融治理：演进动力、内在缺陷与变革逻辑[J]. 社会科学，2022（04）：120-132.
[344] 李俊生，高青，邢红玉. 关于加强征信合规管理的几点思考[J]. 征信，2018（04）：49-53.
[345] 李莉莎. 国际货币体系变革中的组织机制重构——以国际货币基金组织为视角[J]. 理论月刊，2011（03）：141-143.
[346] 李良才. 证券等金融交易所治理结构的公司化改革趋势研究[J]. 时代法学，2006（05）：69-74.
[347] 李林鸾. 国家金融监督管理总局党委书记李云泽：奋力开创新时代金融监管工作新局面[N]. 中国银行保险报，2023-05-19（001）.
[348] 李梅，王文静. 我国主权财富基金运营面临的问题与对策[J]. 财会月刊，2011（29）：14-16.
[349] 李梦宇. 国际金融业数据治理特征与启示[J]. 清华金融评论，2021（05）：35-38.
[350] 李明星. 我国金融租赁业发展研究[J]. 生产力研究，2011（11）：

76-78.
[351] 李楠. 基于公司治理理论的证券公司监管研究[J]. 兰州学刊，2010（05）：35-38.
[352] 李念慈. 交易所治理结构比较研究[J]. 企业技术开发，2014，33（27）：134+153.
[353] 李琪，刘文. 我国金融资产管理公司资本监管影响及应对策略[J]. 现代管理科学，2018（10）：9-11.
[354] 李青原，陈世来，陈昊. 金融强监管的实体经济效应——来自资管新规的经验证据[J]. 经济研究，2022（01）：137-154.
[355] 李秋菊. 我国货币经纪行业功能定位及发展建议[J]. 债券，2013（03）：36-40.
[356] 李全喜. 全球生态治理视域下习近平生态文明思想的重要贡献[J]. 学习与实践，2022（05）：41-48.
[357] 李嵘. 我国证券公司治理机制实证研究[M]. 北京：法律出版社，2008.
[358] 李瑞芬，许宇博，郭瑞玮. 农民合作社内部资金互助风险现状调查分析——以内蒙古为例[J]. 会计之友，2018（04）：98-101.
[359] 李睿鉴. 主权财富基金的委托代理人问题及其投资策略[J]. 经济研究参考，2012（50）：54-59.
[360] 李诗林. 我国新一轮金融监管体制改革的动因、考量与未来展望[J]. 价格理论与实践，2023（03）：44-51.
[361] 李诗勤. 元规制视阈下我国期货交易所自律管理研究[J]. 东莞理工学院学报，2023（02）：88-93.
[362] 李书文，厚朴保理. 商业保理[M]. 北京：中国民主法制出版社，2016.
[363] 李腾，钟明. 利益相关者视角下我国保险公司独立董事制度有效性研究[J]. 保险研究，2019（09）：60-73.
[364] 李巍. 金砖机制与国际金融治理改革[J]. 国际观察，2013（01）：33-40.
[365] 李维安，曹廷求. 商业银行公司治理：理论模式与我国的选择[J]. 南开学报，2003（01）：42-50.
[366] 李维安，曹廷求. 商业银行公司治理——基于商业银行特殊性的研究[J]. 南开学报，2005（01）：83-89.
[367] 李维安，崔光耀. 从绿色金融到绿色治理：推动金融机构绿色治理

转型[J]. 金融市场研究，2023（02）：97-104.

[368] 李维安，郝臣. 金融机构治理及一般框架研究[J]. 农村金融研究，2009（04）：4-13.

[369] 李维安，郝臣等. 国有控股金融机构治理研究[M]. 北京：科学出版社，2018.

[370] 李维安，李慧聪，郝臣. 保险公司治理、偿付能力与利益相关者保护[J]. 中国软科学，2012（08）：35-44.

[371] 李维安，刘振杰. 农村信用社的公司治理[J]. 中国金融，2016（18）：56-58.

[372] 李维安，邱艾超，牛建波，徐业坤. 公司治理研究的新进展：国际趋势与中国模式[J]. 南开管理评论，2010（06）：13-24+49.

[373] 李维安，王励翔，孟乾坤. 上市金融机构治理风险的防范[J]. 中国银行业，2019（07）：75-77.

[374] 李维安. “绿色管理”：后金融危机时代管理新趋势[J]. 南开管理评论，2009（06）：1.

[375] 李维安. 依靠治理创新释放制度红利[J]. 南开管理评论，2013（06）：1.

[376] 李维安. 证券交易市场自身首先要构建现代治理结构[J]. 南开管理评论，2008（02）：1.

[377] 李文沁. 金融控股公司风险防范与公司治理的策略[J]. 统计与决策，2005（15）：121-122.

[378] 李响玲. 论新趋势下的证券交易所自律监管[M]. 北京：中国法制出版社，2014.

[379] 李向东，王哲良. 外汇管理领域绩效审计浅析[J]. 河北金融，2020（07）：22-24.

[380] 李晓庆，杨帆，朱苏祺，曹广喜. 公司治理效率、外部治理与商业银行绩效[J]. 江淮论坛，2021（01）：44-53.

[381] 李鑫. 市场化债转股的发展现状与问题分析[J]. 新金融，2018（10）：46-51.

[382] 李延振，徐茂龙. 关于推进证券投资咨询制度变革的若干思考[J]. 证券市场导报，2010（01）：13-17+39.

[383] 李妍. 金融监管制度、金融机构行为与金融稳定[J]. 金融研究，2010（09）：198-206.

[384] 李扬. 加快构建包容审慎的金融科技治理机制[J]. 农村金融研究，

2021（11）：10-13.

［385］李阳. 互联网金融控股公司风险监管研究[J]. 经济师，2023（03）：101-102.

［386］李艺华，郝臣. 外部治理对保险公司风险承担的影响研究——基于外部监管和产品市场竞争视角[J]. 保险研究，2019（12）：65-80.

［387］李银伟. 第三方理财产品的信息披露及监管对策[J]. 现代管理科学，2013（08）：77-79.

［388］李永华. 新资本监管框架下金融资产管理公司发展策略研究[J]. 新金融，2018（04）：57-61.

［389］李永萍. 村庄公共性再造：乡村文化治理的实践逻辑——基于福建省晋江市 S 村移风易俗的实证分析[J]. 中国农业大学学报（社会科学版），2021（03）：72-82.

［390］李勇杰. 论保险经纪公司的发展策略[J]. 改革与战略，2008（06）：48-50.

［391］李有星，潘政. "条块关系"视角下地方金融监管双重领导体制构建[J]. 治理研究，2023（01）：81-94+159.

［392］李有星，王琳. 金融科技监管的合作治理路径[J]. 浙江大学学报（人文社会科学版），2019（01）：214-226.

［393］李展，叶蜀君. 中国金融科技发展现状及监管对策研究[J]. 江淮论坛，2019（03）：54-59.

［394］李珍珠. 证券登记结算机构的法律地位分析[J]. 法制博览，2015（06）：94-95.

［395］李志君. 非互助化证券交易所利益冲突的解决途径[J]. 理论观察，2013（03）：34-36.

［396］梁冰，姜志宇. 我国金融资产管理公司运行情况、存在问题及对策建议[J]. 经济研究参考，2005（19）：28-31.

［397］梁军，王小栓. 当前金融资产管理公司运行中存在的问题及对策[J]. 农村金融研究，2001（11）：13-16.

［398］梁涛. 奋力构建中国特色银行保险业公司治理机制[J]. 中国金融，2020（15）：12-15.

［399］廖斌. 中美证券公司法人治理结构的比较[J]. 财经科学，2003（02）：107-112.

［400］廖凡. 全球金融治理的合法性困局及其应对[J]. 法学研究，2020（05）：37-54.

[401] 廖华. 顺潮流而动抑或逆之——也论我国证券交易所法律性质的选择[J]. 法商研究，2009（03）：40-47.
[402] 廖检文. 小额贷款公司监管的机制创新——基于广州民间金融街的启示[J]. 金融经济学研究，2013（05）：119-128.
[403] 廖强. 制度错位与重建：对我国信托业问题的思考[J]. 金融研究，2009（02）：54-63.
[404] 廖士光，骆玉鼎. 中国期货经纪公司治理有效性研究[J]. 广东金融学院学报，2007（05）：46-54+63.
[405] 林川，曹国华. 盈余管理、社会责任、外部治理与银行创新能力[J]. 金融论坛，2014，19（12）：3-9+25.
[406] 林璟. 央行治理视角下的风险导向审计[J]. 中国内部审计，2013（11）：56-57.
[407] 林楠. 中国证券公司的法人治理结构缺陷及创新研究[J]. 经济体制改革，2004（01）：136-138.
[408] 林雯，黄坤，王琦. 互联网环境下证券投资咨询乱象分析及监管建议[J]. 证券市场导报，2019（07）：73-78.
[409] 凌菲. 证券公司治理研究[J]. 中国外资，2013（22）：146.
[410] 刘彬，陈伟光. 制度型开放：中国参与全球经济治理的制度路径[J]. 国际论坛，2022（01）：62-77+157-158.
[411] 刘博. 金融委办公室地方协调机制新进展[J]. 中国金融，2022（02）：32-34.
[412] 刘澈，蔡欣，彭洪伟，封莉. 第三方支付监管的国际经验比较及政策建议[J]. 西南金融，2018（03）：42-47.
[413] 刘成昆，周晓春. 利益相关者理论的金融机构治理分析[J]. 中国青年政治学院学报，2005（02）：108-113.
[414] 刘达. 新发展阶段商业化微型金融机构可持续发展能力研究——以小额贷款公司为例[J]. 西南大学学报（社会科学版），2021（06）：64-76+258.
[415] 刘东民，李远芳，熊爱宗，高蓓. 亚投行的战略定位与业务创新模式[J]. 国际经济评论，2017（05）：149-166+8.
[416] 刘冬姣，李立，李晶晶. 市场约束对财产保险公司风险承担行为的影响——基于 48 家财产保险公司非平衡面板数据的实证分析[J]. 江西财经大学学报，2018（01）：69-79.
[417] 刘凤. 我国金融控股公司监管问题研究[J]. 河北金融，2022（08）：

7-10.

[418] 刘贵生. 中国印钞造币事业的振兴与发展[J]. 中国金融，2018（09）：17-19.

[419] 刘国防，齐丽梅. 农村小额贷款公司发展问题研究[J]. 经济纵横，2009（12）：94-97.

[420] 刘辉. 论地方金融监管权的法治化重构[J]. 宁夏社会科学，2021（03）：58-66.

[421] 刘慧敏，陈宝卫. 内部审计在中央银行治理和风险控制中的作用[J]. 审计文摘，2008（01）：86-87.

[422] 刘家养. 基于博弈分析基础上的保险中介道德问题研究[J]. 沿海企业与科技，2008（07）：21-23.

[423] 刘建和，赵欣欣，王干，杜景顺，王玉斌. 2017. 典当行业务创新及转型升级对策研究——基于浙江省典当行业的问卷调查分析[J]. 会计之友（19）：58-63.

[424] 刘建英. 我国保险经纪业的发展现状与展望[J]. 经纪人学报，2006（02）：5-8.

[425] 刘江会，宋瑞波. 我国证券承销市场中券商违规失信的表现与原因分析[J]. 管理世界，2003（12）：16-24.

[426] 刘金凯，邵四华，姜鹏，陈君. 融资租赁业务创新模式研究——以天津市融资租赁业为例[J]. 华北金融，2020（11）：45-52.

[427] 刘金霞，齐青婵. 我国国有控股保险集团公司治理结构研究[J]. 浙江金融，2008（06）：47+37.

[428] 刘晶. 金融控股集团母公司控制权约束机制的研究——以欧盟立法经验为启示[J]. 新金融，2022（12）：57-62.

[429] 刘晶晶，戴蓬. 聚合支付非法应用风险及治理研究[J]. 中国人民公安大学学报（社会科学版），2021（06）：79-86.

[430] 刘静海. 我国金融租赁业发展研究[J]. 时代金融，2020（25）：18-21.

[431] 刘久彪，马广珺. 基于金融危机教训的我国信用评级机构监管政策选择[J]. 开发研究，2012（03）：89-91.

[432] 刘俊海. 证券交易所的公司化趋势及其对中国的启示[J]. 甘肃政法学院学报，2005（04）：24-33.

[433] 刘俊卿. 新时代商业保理风险对策研究[J]. 现代营销（上旬刊），2023（03）：71-73.

[434] 刘力，王伟. 我国政策性银行治理结构的演进与优化研究[J]. 区域金融研究，2014（10）：4-10.
[435] 刘力臻. 全球金融治理的困境、变革及中国参与方式[J]. 社会科学战线，2020（11）：56-64.
[436] 刘任重，李栋. 地方中小银行治理风险问题研究——基于内外部协同治理视角[J]. 理论探讨，2023（01）：162-168.
[437] 刘赛英. 对基层外汇局内部审计程序的探讨[J]. 审计与理财，2019（11）：23-25.
[438] 刘淑波，李雨旋. 论第三方支付的法律监管[J]. 电子科技大学学报（社科版），2018（04）：94-99.
[439] 刘伟，史晓玥，刘美玲. 我国金融租赁监管研究[J]. 合作经济与科技，2018（18）：76-77.
[440] 刘卫平，任兆麟，薛高，夏汶钰. 金融科技监管机制研究及建议[J]. 西部金融，2018（07）：55-58.
[441] 刘小微. 打破激进经营恶性循环，发展人民需要的保险事业[J]. 金融经济，2017（07）：13-15.
[442] 刘小玄，王冀宁. 新兴小型金融机构的产权和法人治理机制[J]. 经济学动态，2011（02）：31-38.
[443] 刘新立，董峥. 论我国保险公司的整合风险管理[J]. 保险研究，2003（02）：31-34.
[444] 刘兴成. 流动性增强背景下区域合作治理模式的生成[J]. 探索，2022（06）：146-157.
[445] 刘彦来，陈琛，何瑞卿. 全球主要证券交易所监管模式、组织形式与竞争力研究[J]. 上海金融，2014（09）：62-67.
[446] 刘艳红. 网络时代社会治理的消极刑法观之提倡[J]. 清华法学，2022（02）：173-192.
[447] 刘银喜，赵淼. 公共价值创造：数字政府治理研究新视角——理论框架与路径选择[J]. 电子政务，2022（02）：65-74.
[448] 刘咏. 保险机构消保体系应加快融入公司治理[J]. 中国农村金融，2020（15）：44-46.
[449] 刘瑜. “机构改革再启动”系列报道之三金融监管体系再升级[J]. 民主与法制，2023（12）：31-34.
[450] 刘玉焕. 保险中介监管特征和趋势探讨[J]. 上海保险，2012（12）：41-45+60.

[451] 刘则福，兰桂红. 财务公司建设与治理实践[M]. 北京：中国宇航出版社，2011.

[452] 刘增学，王雅鹏，张欣. 中国证券公司风险约束机制的建立[J]. 金融研究，2004（12）：97-105.

[453] 刘震. 风险管理导向内部审计在证券交易所的运用分析[J]. 经济师，2011（07）：186-187.

[454] 刘志华. 中国证券交易所自律监管体制的问题及其改进[J]. 理论前沿，2008（11）：41-43.

[455] 刘志兰，范建国. 城市信用社法人治理结构与风险防范[J]. 金融理论与实践，2005（01）：52-53.

[456] 刘志伟. 中国式地方金融：本质、兴起、乱象与治理创新[J]. 当代财经，2020（02）：52-64.

[457] 刘志洋，马亚娜，岳琳琳. 宏观审慎监管对财富分配不平等的影响研究——兼论金融监管与共同富裕的关系[J]. 金融监管研究，2022（12）：78-95.

[458] 龙海明，林胜. 农村信用社产权结构及治理机制改革研究[J]. 财经理论与实践，2006（03）：38-42.

[459] 卢骏，曾敏丽. 金融混业经营趋势下我国证券公司的治理结构及其发展策略[J]. 南方金融，2011（10）：51-54+48.

[460] 芦娜娜. 金融控股公司关联交易风险防范对策分析[J]. 产业创新研究，2023（03）：122-124.

[461] 鲁桐.《G20/OECD 公司治理原则》修订及影响[J]. 中国金融，2018（09）：85-87.

[462] 鲁桐. 金融控股集团公司治理的关键[J]. 中国金融，2017（16）：22-23.

[463] 陆岷峰，欧阳文杰. 地方金融监管机构的职责，痛点与监管方向研究[J]. 北京财贸职业学院学报，2020（01）：8.

[464] 陆岷峰，沈黎怡. 期货公司风险管理现状、诱因与稀释策略[J]. 湖南财政经济学院学报，2017（02）：13-20.

[465] 陆岷峰，徐博欢. 金融乱象与金融治理——基于改革开放 40 年金融整治经验[J]. 财经科学，2018（10）：60-72.

[466] 陆岷峰，周军煜. 金融治理体系和治理能力现代化中的治理科技研究[J]. 广西社会科学，2021（02）：121-127.

[467] 陆蓉，李良松. 家族共同持股对基金管理公司业绩与风险的影响研

究[J]. 金融研究，2008（02）：140-151.
[468] 路运锋. 证券公司独立董事与大股东的博弈分析[J]. 中州学刊，2005（03）：52-54.
[469] 罗伯川. 证券公司内部控制制度指南[M]. 北京：中国金融出版社，1997.
[470] 罗来东. 我国金融资产管理公司混业经营的实践与思考[J]. 西南金融，2016（08）：68-71.
[471] 罗珊梅，郝玉贵. 政治治理、管理层权力与隐性腐败——基于权力约束政策的视角[J]. 云南财经大学学报，2019（05）：87-100.
[472] 罗胜，邱艾超. 基于公司治理系统论的金融机构治理风险研究[J]. 保险研究，2008（12）：57-62.
[473] 吕彬彬. 消费金融公司开展资产证券化的可行性与风险管理——基于发起机构视角[J]. 上海金融，2019（02）：69-73.
[474] 吕成龙，范良聪. "触不可及"还是"近在咫尺"？——证监会内幕交易执法的风格与逻辑[J]. 证券法苑，2019（01）：19.
[475] 吕成龙. 谁在偷偷地看牌?——中国证监会内幕交易执法的窘境与规范检讨[J]. 清华法学，2017（04）：157-176.
[476] 吕光桦. 证券公司股权结构与公司绩效的相关性分析[J]. 经济问题，2007（08）：61-63.
[477] 吕晶. 货币经纪公司外汇经纪业务发展现状及建议[J]. 中国外汇，2022（07）：62-64.
[478] 吕可夫，于明洋，阮永平，郑凯. 一线金融监管的治理效应及其作用机制——兼论《证券交易所管理办法》的修订效果[J]. 金融监管研究，2021（01）：86-114.
[479] 吕乾. 我国汽车金融发展现状与发展对策研究[J]. 现代经济信息，2015（20）：318.
[480] 马九杰，周向阳. 农村资金互助社的所有权结构、治理机制与金融服务[J]. 江汉论坛，2013（05）：59-65.
[481] 马玲. 我国外汇市场在改革创新中砥砺前行[N]. 金融时报，2022-11-16（003）.
[482] 马其家，涂晟，李敏. 论巴西证券监管改革对我国监管转型的借鉴[J]. 河北法学，2015（07）：43-52.
[483] 马述忠，郭继文. 数字经济时代的全球经济治理：影响解构、特征刻画与取向选择[J]. 改革，2020（11）：69-83.

[484] 马新彬. 我国中央银行内部审计部门风险导向审计模式研究[J]. 审计研究，2015（06）：108-112.
[485] 茆晓颖. 农村小额贷款公司可持续发展研究[J]. 农业经济问题，2012（09）：57-63.
[486] 梅鹏军，汪守宏. 宏观视角下的小额贷款公司发展风险探析[J]. 南方金融，2012（09）：44-48.
[487] 门莉，陈新. 单一法人城市信用社公司治理存在的问题及有效途径[J]. 商场现代化，2008（14）：90.
[488] 孟存鸽. 农村资金互助社的治理困境与完善路径[J]. 现代经济探讨，2018（11）：51-57.
[489] 苗迎春. 论中国主权财富基金管理[J]. 内蒙古社会科学（汉文版），2010，31（03）：105-108.
[490] 苗雨舒，张艺，眭翘，史潇瑶，黄健，周达峰. 民间资本管理公司法律制度构建研究[J]. 云南大学学报（法学版），2014（02）：91-95.
[491] 闵文强，吴铁军，李世献. 地方性投资公司发展的困难与对策[J]. 计划与市场，1996（01）：35-37.
[492] 缪若冰. 中国证监会的制度环境及法律影响组织社会学的分析[J]. 中外法学，2020（01）：206-223.
[493] 穆争社，蓝虹. 论农村信用社法人治理结构的特征[J]. 金融研究，2007（01）：12-27.
[494] 倪剑. 地方资产管理公司的定位与监管研究[J]. 上海金融，2015（01）：49-53.
[495] 倪受彬，张艳蓉. 证券投资咨询机构的信义义务研究[J]. 社会科学，2014（10）：101-110.
[496] 聂飞舟. 信用评级机构法律监管困境及金融危机后的改革出路[J]. 法学，2011（03）：59-66.
[497] 聂华. 我国证券公司的治理缺陷及完善路径探析[J]. 企业经济，2012（06）：160-162.
[498] 牛成立. 健全公司治理筑牢信托公司转型发展的根基[J]. 当代金融家，2020（10）：3.
[499] 牛建波，李胜楠. 证券公司共同治理模式的探讨[J]. 审计与经济研究，2003（04）：60-63.
[500] 牛建波. 中外证券公司治理结构比较分析[J]. 管理科学，2004

（01）：36-40.
［501］牛锡明. 大型银行集团公司的治理[J]. 中国金融，2017（16）：12-14.
［502］欧明刚，孙庆瑞. 基金治理结构的比较研究[J]. 证券市场导报，2001（05）：27-33.
［503］欧阳. 把好 AMC 转型监管之门[J]. 中国金融家，2011（02）：92-93.
［504］欧阳越秀. 我国财产保险公司偿付风险管理能力研究——基于 C-ROSS 视角的 45 家财险公司经验数据[J]. 保险研究，2016（03）：57-63.
［505］潘功胜. 外汇管理改革发展的实践与思考——纪念外汇管理改革暨国家外汇管理局成立 40 周年[J]. 中国金融，2019（02）：9-13.
［506］潘静. 从政府中心规制到社会共治：互联网金融治理的新视野[J]. 法律科学（西北政法大学学报），2018（01）：67-77.
［507］潘敏. 商业银行公司治理：一个基于银行业特征的理论分析[J]. 金融研究，2006（03）：37-47.
［508］潘敏. 银行管制与商业银行公司治理[J]. 经济评论，2006（02）：125-130.
［509］潘前进，陈众. 我国信托业董事会治理对其经营绩效的影响研究[J]. 现代管理科学，2016（11）：42-44.
［510］潘晴，潘冬. 我国证券交易所的公司化改造[J]. 安徽工业大学学报（社会科学版），2004（04）：25-26.
［511］潘圆圆，张明. 中国主权财富基金投资策略的转变及其原因[J]. 上海金融，2014（09）：28-35.
［512］庞介民. 证券公司风险监控研究[M]. 北京：中国财政经济出版社，2005.
［513］逄政，徐弘艳，任志伟. 大宗商品电子交易平台违规认定[J]. 中国金融，2018（16）：82-83.
［514］彭冰，曹里加. 证券交易所监管功能研究——从企业组织的视角[J]. 中国法学，2005（01）：83-90.
［515］彭春凝. 论我国农村小额贷款公司的公司治理结构[J]. 农村经济，2011（10）：54-57.
［516］彭飞，向宇. 消费金融公司国际比较及其借鉴[J]. 西南金融，2014（07）：39-42.

[517] 彭耿，殷强. 基金管理公司治理与基金业绩相关性实证研究[J]. 湖南科技大学学报（社会科学版），2014（03）：101-107.
[518] 彭彦曦. 完善地方银行公司治理[J]. 中国金融，2020（23）：37-39.
[519] 彭阳. 国际经济治理中的国家安全泛化：法理剖析与中国应对[J]. 国际法研究，2022（05）：87-107.
[520] 彭真明. 期货市场监管体制研究[J]. 华中师范大学学报（哲学社会科学版），1997（05）：18-25+130.
[521] 彭中仁，万昕. 基于决策体系的视角规范信托公司的治理[J]. 企业导报，2012（17）：57.
[522] 皮六一，陈启欢. 全球证券交易所产业整合新趋势及思考[J]. 证券市场导报，2013（02）：12-18.
[523] 戚聿东，刘欢欢. 数字经济背景下金融科技的创新发展与监管转型——基于监管沙盒视角[J]. 经济与管理研究，2022（04）：67-81.
[524] 齐岳，刘彤阳，郭怡群. 股市剧烈波动中券商违规事件公司治理研究[J]. 财会通讯，2018（11）：63-67+129.
[525] 祁红，张艳萍，郑境辉. 地方交易所风险分析及其发展建议[J]. 金融发展评论，2016（03）：93-95.
[526] 綦相. 国际金融监管改革启示[J]. 金融研究，2015（02）：36-44.
[527] 钱晓英，王阳. 中俄主权财富基金合作分析[J]. 商业研究，2015（11）：111-116.
[528] 钱元强. 主权财富基金及其政府治理初探[J]. 中国行政管理，2011（11）：37-41.
[529] 强强. 我国保险监管体系现状及改进建议[J]. 国家行政学院学报，2010（02）：91-95.
[530] 乔法容. 论金融业的失信治理及诚信生态建设[J]. 当代经济研究，2018（12）：46-50.
[531] 秦龙. 中国债券市场微观结构研究[D]. 北京：中国社会科学院研究生院，2018.
[532] 秦启根，王稳. 后危机时代的保险监管创新——基于企业风险管理的视角[J]. 保险研究，2010（10）：26-33.
[533] 秦亚青. 全球治理趋向扁平[J]. 国际问题研究，2021（05）：55-72+139.
[534] 卿爱娣. 地方资产管理公司的监管问题研究[J]. 现代金融导刊，2022（09）：69-72.

[535] 邱艾超，罗胜. 保险公司治理转型：从行政型治理到经济型治理[J]. 保险研究，2010（01）：43-46.
[536] 邱艾超. 多任务委托代理、考核难度与金融机构薪酬激励——基于保险业的证据[J]. 技术经济与管理研究，2022（08）：58-64.
[537] 邱艾超. 国有金融机构董事会治理能力现代化的关键因素研究[J]. 财务管理研究，2020（01）：27-30.
[538] 邱国栋，任博. 金融科技抑制合谋掩饰行为：响应中国式现代化建设的治理对策[J]. 中国软科学，2023（02）：73-85.
[539] 邱敏欣. 论我国证券交易所组织形式的改革[J]. 现代商业，2007（21）：208-210.
[540] 曲海燕. 2021. 我国政府性融资担保体系存在的问题及对策[J]. 投资与合作（07）：37-38.
[541] 曲小刚，罗剑朝. 商业性小额贷款公司可持续发展的评价和影响因素[J]. 西北农林科技大学学报（社会科学版），2013（03）：98-103.
[542] 人民银行乌鲁木齐中心支行课题组. 内部审计在金融机构治理风险与控制中的模式分析[J]. 新疆金融，2007（07）：16-18.
[543] 任保平，李婧瑜. 我国数字经济治理体系现代化的制约因素及实现路径[J]. 学习与实践，2023（02）：24-33+2.
[544] 任春华，卢珊. 互联网金融的风险及其治理[J]. 学术交流，2014（11）：106-111.
[545] 任贵州，曹海林. 乡村文化治理：能动空间与实践路向[J]. 云南民族大学学报（哲学社会科学版），2021（05）：98-106.
[546] 任建春，卢峰，卢燕. 农村信用社单一产权模式改革[J]. 中国金融，2011（17）：72-73.
[547] 任建春. 股权再造完善农信社法人治理[J]. 银行家，2013（04）：100-111.
[548] 任梦杰. 财务公司模式下的企业集团财权制度安排[J]. 会计之友，2016（14）：23-28.
[549] 任晓刚. 数字政府建设进程中的安全风险及其治理策略[J]. 求索，2022（01）：165-171.
[550] 任勇，毕鑫鑫. 保险代理有限公司风险管理研究[J]. 商品与质量，2011（S2）：59-60.
[551] 阮丹. 融资租赁公司风险防控策略分析[J]. 财会通讯，2017（32）：105-109.

[552] 阮郁. 金融控股公司内部风险治理存在的问题及改进建议[J]. 财务与会计，2020（22）：81-82.
[553] 赛铮. 保险科技发展背景下的保险监管现代化转型[J]. 金融理论与实践，2020（10）：106-111.
[554] 沙浩. 证券公司治理机制对其市场风险与效率的影响[J]. 金融与经济，2011（04）：59-61.
[555] 尚达曼. 未来全球金融治理[M]. 北京：中信出版社，2020.
[556] 尚睿，吴晓芳. 第三方支付机构发展趋势和监管对策探析[J]. 甘肃金融，2016（10）：17-20.
[557] 申立敬，王光，史燕平. 2021. 实体企业金融化风险研究——基于参控股融资租赁类金融机构的视角[J]. 投资研究（05）：17-32.
[558] 申韬. 我国小额贷款公司信用风险管理研究[M]. 北京：经济管理出版社，2013.
[559] 沈吉利. 信托公司利益相关者公司治理理论和模式[J]. 上海政法学院学报：法治论丛，2014（06）：7.
[560] 沈吉利. 信托公司治理法律问题研究[M]. 上海：上海社会科学院出版社，2012.
[561] 沈伟. 逆全球化背景下的国际金融治理体系和国际经济秩序新近演化——以二十国集团和“一带一路”为代表的新制度主义[J]. 当代法学，2018（01）：32-49.
[562] 沈伟. 数字经济时代的区块链金融监管：现状、风险与应对[J]. 人民论坛·学术前沿，2022（18）：52-69.
[563] 沈圳. 金融资产管理公司管理体制改革完善探析[J]. 行政事业资产与财务，2019（15）：37-39.
[564] 沈振宇，王金圣，薛爽，蔡祥. 我国证券公司治理模式嬗变的实证分析[J]. 财贸经济，2004（02）：35-38.
[565] 盛斌，马斌. 全球金融治理改革与中国的角色[J]. 社会科学，2018（08）：13-26.
[566] 施廷博. 我国证券交易所公司制改革的法律思考[J]. 湖北广播电视大学学报，2007（08）：100-101.
[567] 时雨. 山东企业集团下设立民间资本管理公司的发展模式研究[J]. 现代商业，2017（17）：63-64.
[568] 史建平，周素彦. 农村信用社产权制度改革：理论，绩效与出路[J]. 中央财经大学学报，2004（01）：6.

［569］舒米.IPO企业现场检查监管创新之举［J］.时代金融，2017（28）：1.
［570］宋爱清.城市信用社法人治理结构实现有效制衡的路径选择［J］.河南金融管理干部学院学报，2003（05）：96-97.
［571］宋道雷，郭苏建.多元协同与基层下沉：中国城市文化治理的基层实践［J］.治理研究，2023（01）：125-135+160.
［572］宋国友.国际金融治理的当前困境、改革取向与中国政策［J］.天津社会科学，2019，226（03）：100-105+112.
［573］宋国友.全球量化宽松、新兴经济体与国际金融治理［J］.国际观察，2013，122（02）：73-79.
［574］宋立.推进金融治理体系和治理能力现代化［J］.中国金融，2020（03）：12-14.
［575］宋明，王国军.保险公司关联交易监管：核心问题及优化路径［J］.保险研究，2022（02）：3-16.
［576］宋明.保险行业公司治理监管迭代的取向与路径——以控制权规制为中心［J］.江海学刊，2018（04）：218-224+239.
［577］宋且生.外汇管理系统开展绩效审计之探讨［J］.金融与经济，2013（01）：92-93.
［578］宋微.开展“一带一路”主权财富基金合作的实施路径分析［J］.国际贸易，2019（04）：28-33.
［579］宋一程，刘宗治.资管新规以来商业银行理财业务监管环境变迁与思考［J］.新金融，2021（01）：40-43.
［580］宋颖.试论我国证券交易所的公司制改革［J］.中国证券期货，2012（02）：27-28.
［581］宋宇.我国金融控股公司监管的改进和完善［J］.黑龙江人力资源和社会保障，2021（12）：138-140.
［582］苏卫东，初昌雄.金融机构治理关乎社会责任与金融稳定［J］.中国市场，2012（29）：41-44.
［583］苏小勇.主权财富基金的组织结构与治理机制探讨［J］.商业时代，2011（01）：43-44+131.
［584］苏扬.完善地方金融监管协调机制思考［J］.青海金融，2018（12）：36-39.
［585］眭依凡，王改改.大学治理体系与治理能力现代化：高质量高等教育体系建设的必然选择［J］.中国高教研究，2021（10）：8-13.
［586］孙波，刘世汉.金融资产管理公司的市场定位及其业务创新——兼

论加入 WTO 之后金融资产管理公司的生存和发展[J]. 财经问题研究，2000（10）：19-22.
[587] 孙昌兴，秦洁. 我国证券自律监管中存在的问题与完善对策[J]. 法治研究，2009（10）：23-30.
[588] 孙成刚. 从中外比较看中国证券交易所组织模式的演变[J]. 河南金融管理干部学院学报，2003（02）：73-75.
[589] 孙飞，孙立. 对加快我国信托公司治理制度创新的思考[J]. 金融管理与研究（杭州金融研修学院学报），2005（12）：15-17.
[590] 孙飞. 信托治理优化论[M]. 北京：中国经济出版社，2005.
[591] 孙菲菲. 区域性股权交易市场的运行特征与发展建议[J]. 证券市场导报，2016（04）：56-62.
[592] 孙福珍. 金融资产管理公司运营中存在的问题及对策[J]. 山东财政学院学报，2001（05）：30-33.
[593] 孙海鹏. 关于贷款公司可持续发展的意见[J]. 商，2016（32）：1.
[594] 孙茂林，焦新利，张文娟. 金融资产管理公司监管中的几个问题[J]. 山东经济战略研究，2003（09）：36-37.
[595] 孙铭. 保险经纪公司内部控制问题及对策措施探讨[J]. 企业改革与管理，2019（18）：34-35.
[596] 孙秋鹏. 期货交易所自律监管的有效性研究[J]. 首都经济贸易大学学报，2017（03）：40-45.
[597] 孙涛，蔡英玉. 委托代理、激励机制与信托公司治理[J]. 东岳论丛，2019（12）：113-126+192.
[598] 孙天琦. 建立金融业批发市场行为监管体系[J]. 中国金融，2021（05）：19-21.
[599] 孙希芳，王晨晨. 农信社股份制改革对县域经济增长的影响研究[J]. 财经研究，2022（04）：154-168.
[600] 孙杨，尚震宇. 中国证券投资基金的治理机制缺陷与改进策略[J]. 财经科学，2008（02）：33-40.
[601] 孙宇菲. 金融科技引发的风险及其监管对策研究[J]. 全国流通经济，2019（33）：176-177.
[602] 孙志超. 小额贷款及融资担保公司风险管理与法律监管[M]. 北京：中国政法大学出版社，2017.
[603] 邰蕾蕾，李麟. 公司治理对小额贷款公司绩效影响的实证研究[J]. 华东经济管理，2014（06）：86-89.

［604］谈毅. 金融科技的善用与善治[J]. 人民论坛，2021（17）：60-63.
［605］谭人友，徐鹏. 中国金融租赁行业面临的问题及优化路径[J]. 对外经贸实务，2017（04）：7-10.
［606］谭中明，梁俊. 农村小额贷款公司运营风险及其防范——基于江苏省的调研分析[J]. 农村经济，2011（10）：51-53.
［607］唐宪. 我国证券公司风险控制机制的缺陷及对策——来自被风险处置证券公司的解析[J]. 软科学，2007（02）：102-105.
［608］唐秀琴. 金融业自律组织存在的问题及对策[J]. 黑龙江金融，2005（07）：4-5.
［609］唐宜超. 微观视角的地方金融控股公司风险管理研究[J]. 投资与创业，2021（12）：127-129.
［610］陶凌云. 商业保理发展的现状与对策——基于浦东 33 家商业保理企业的调查分析[J]. 新金融，2014（06）：18-22.
［611］田宏杰. 中国金融监管现代化研究：以全球化为视角的分析[M]. 北京：中国人民大学出版社，2023.
［612］田华茂，杨修荣. 小额贷款公司转型发展的路径[J]. 银行家，2020（02）：40-43.
［613］田慧芳. 全球治理新格局与中国角色[J]. 中国金融，2016（18）：28-29.
［614］田军. 我国证券公司治理的制约因素与绩效评价[J]. 经济问题，2002（02）：26-27.
［615］田雷，孙倩. 内审在金融机构公司治理中的作用[J]. 中国金融，2021（16）：44-46.
［616］田雷. 国有中小银行公司治理建设[J]. 中国金融，2020（21）：27-29.
［617］田素华，何琳，王清晨，窦菲菲. 中国跨国银行发展的客户追随模式检验[J]. 上海经济研究，2017（09）：47-58.
［618］田宇. 我国银行保险代理的经济学分析[J]. 决策与信息（财经观察），2006（05）：67-69.
［619］田玉麒，陈果. 跨域生态环境协同治理：何以可能与何以可为[J]. 上海行政学院学报，2020（02）：95-102.
［620］田泽望. 浅析信托公司内部控制与风险管理[J]. 财经界，2019（33）：41-42.
［621］仝德良，许秀梅. 浅谈基金管理公司治理结构的改进[J]. 财经理论

与实践，2002（S1）：75-76.
[622] 推动金融市场健康发展的一项重要举措[N]. 上海证券报，2005-08-12（A03）.
[623] 庹国柱. 相互保险机构应对偿付能力监管的困境和出路[J]. 保险理论与实践，2022（02）：33-46.
[624] 万福. 我国证券投资基金公司监督机制初探[J]. 经济纵横，2007（24）：36-37.
[625] 万佳丽，孟繁兴，成昌丽. 证券交易所股份化改革的国际比较[J]. 科技信息（科学教研），2008（12）：224-226.
[626] 汪彩华，刘哲. 小额贷款公司发展的法律障碍及对策分析[J]. 前沿，2011（06）：97-101.
[627] 汪京京. 我国信托公司治理特征研究——基于引入境外战略投资者前后的比较[J]. 时代金融，2017（05）：19-21.
[628] 汪龙海，刘建华. 我国期货公司现状诊断研究[J]. 经济问题探索，2014（01）：155-160.
[629] 汪洋. 强化地方资产管理公司监管[J]. 中国金融，2020（02）：64-66.
[630] 王爱晶. 国外汽车金融经营管理模式对我国的启示[J]. 金融与经济，2009（04）：37-40.
[631] 王佰茹. 相互保险公司内部监管具体化研究——基于相互保险公司与股份保险公司的区别[J]. 上海保险，2018（02）：28-31.
[632] 王彬，林晓楠. “十二五”规划中金融业综合经营的“防火墙”制度考虑——以美国沃克尔规则为视角[J]. 福建金融，2014（01）：51-56.
[633] 王彬. 地方资产管理公司治理与发展[M]. 北京：法律出版社，2018.
[634] 王斌，王宇航. 保险公估业存在的问题及对策研究[J]. 浙江金融，2007（01）：46+52.
[635] 王博，刘永余，刘澜飚. 我国融资租赁业风险与监管研究[J]. 金融监管研究，2015（03）：99-109.
[636] 王超，黄英君. 中国系统重要性保险机构评定研究——基于层次分析法和 TOPSIS 评价模型[J]. 西南金融，2019（02）：33-40.
[637] 王聪，宋慧英. 中国证券公司股权结构、市场结构与成本效率的实证研究[J]. 金融研究，2012（05）：80-92.

[638] 王萃彦. 我国融资租赁监管法律制度存在问题及完善路径[J]. 商业经济研究，2015（06）：106-108.
[639] 王达，高登·博德纳. 主权债券泡沫、美元依赖性与数字金融对全球金融治理的挑战[J]. 国际经济评论，2020（05）：123-136+7-8.
[640] 王冬燕. 金融专业媒体发展的路径[J]. 青海师范大学学报（哲学社会科学版），2011（06）：24-26.
[641] 王峰，李君莉，王前锋. 中资银行境外机构监管的立法缺陷与完善[J]. 管理现代化，2005（06）：50-52.
[642] 王刚，郭志远，黄玉. 消费金融公司面临的挑战与对策[J]. 中国金融，2022（22）：39-41.
[643] 王刚. 地方资产管理公司监管框架[J]. 中国金融，2017（15）：60-62.
[644] 王钢，夏谊. 小额贷款公司融资模式创新研究——以温州为例[J]. 中共浙江省委党校学报，2013（03）：105-111.
[645] 王国刚，赵伟霖. 中国式现代化建设中的现代金融体系构建[J]. 经济理论与经济管理，2023（05）：4-21.
[646] 王国海，曹海毅. 证券公司的治理结构：理论分析与现实考察[J]. 财经理论与实践，2004（05）：53-58.
[647] 王国海. 中国证券公司治理研究[M]. 长沙：湖南人民出版社，2006.
[648] 王惠凌，蒲勇健，腾进华. 金融控股公司的内部治理问题[J]. 商业时代，2005（26）：30-34.
[649] 王慧莹，田芝健. 以精神生活共同富裕为价值导向的公共文化治理研究[J]. 社会主义研究，2022（04）：107-114.
[650] 王佳. 地方法人金融机构治理中党组织作用研究——以 Y 市为例[J]. 时代金融，2019（25）：64-66.
[651] 王家传，冯林. 农村小额贷款公司营运成效与发展方略：以山东省为例[J]. 农业经济问题，2011，32（07）：54-61+111.
[652] 王建国，张安山，高煜. 中央银行金融监管的外部环境及其治理[J]. 能源基地建设，1997（06）：59-60.
[653] 王建文，熊敬. 小额贷款公司的法律规制与立法构想[J]. 国家检察官学院学报，2013，21（01）：144-153.
[654] 王建文. 中国证监会的主体属性与职能定位：解读与反思[J]. 法学杂志，2009（12）：41-44.

[655] 王建雄. 法治视野下的国际金融治理现代化研究[M]. 北京：人民出版社，2022.
[656] 王炯. 中小银行公司治理优化对策[J]. 中国金融，2022（23）：41-43.
[657] 王俊寿. 金融监管助推中国式现代化[J]. 中国金融，2023（06）：42-44.
[658] 王康，朱锦强. 中国金融控股公司监管及优化对策研究——基于中美比较的视角[J]. 中央财经大学学报，2021（12）：34-44.
[659] 王克力. 浅谈信托公司独立董事的重要作用及其有效性[J]. 时代金融，2012（33）：182-183.
[660] 王镭. 关于我国金融公司发展现状及对策的探究——基于汽车金融公司实践案例的分析[J]. 中国集体经济，2014（13）：92-93.
[661] 王立荣，刘力臻. 增强中国在全球金融治理中制度性话语权的战略路径分析[J]. 社会科学战线，2018（05）：246-250.
[662] 王丽华. 亚投行参与区域金融治理的法律分析[J]. 法学，2016（02）：76-84.
[663] 王琳. 地方金融监管的合作治理路径[J]. 清华金融评论，2021（05）：65-68.
[664] 王凌，安瑛晖. 期货市场的法律规制、政府监管与市场自律[J]. 西北农林科技大学学报（社会科学版），2008（02）：78-82.
[665] 王孟霞，赵明清，吕东东. 基于模糊收益率的养老保险基金投资研究[J]. 经济数学，2014（01）：29-34.
[666] 王名，孙伟林. 我国社会组织发展的趋势和特点[J]. 中国非营利评论，2010（01）：1-23.
[667] 王明吉，崔学贤. 河北小额贷款公司风险分析及防范策略[J]. 财会月刊，2011（36）：45-47.
[668] 王铭利，陆峰，高爽. 保险公司内部治理对经营绩效的影响——基于中资保险公司的经验数据[J]. 商业经济研究，2022（02）：150-153.
[669] 王诺方，吴迪. 保险集团公司治理中关联交易的监管对策研究[J]. 山西财政税务专科学校学报，2022（05）：23-27.
[670] 王萍. "一带一路"框架下亚投行贷款条件性问责机制研究[J]. 社会科学家，2019（04）：113-119.
[671] 王千. 中国金融机构治理风险的现状分析与对策选择[J]. 郑州大

学学报（哲学社会科学版），2010（06）：85-89.
[672] 王琼，刘一楠. 我国债券市场登记托管体制的历史沿革[J]. 债券，2021（09）：53-60.
[673] 王韧. 中国绿色金融治理效应评估及绿色政策选择——基于334家公众公司的微观数据[J]. 宏观经济研究，2021（06）：133-145.
[674] 王赛德. 期货交易所治理结构演变的经济分析[J]. 商业时代学术评论，2006（14）：59-60.
[675] 王天恩，肖珊珊. 中国信托业的困境与战略选择[J]. 当代经济科学，2007（02）：5.
[676] 王文. 互联网金融控股公司风险分析及监管应对措施分析[J]. 质量与市场，2022（20）：184-186.
[677] 王文静. 股份制企业内部控制制度建设与完善研究[J]. 营销界，2019（21）：40-41.
[678] 王文莉，孙倩，胡平仂. 农村信用社最优股权结构问题研究——基于双重委托代理理论的实证分析[J]. 宏观经济研究，2015（11）：13.
[679] 王文莉，张艳，胡平仂. 外部治理对农村信用社服务能力影响的研究——基于陕西省调研数据[J]. 未来与发展，2017（05）：69-76.
[680] 王稳，田满霞. 我国寿险公司治理效率评价的实证研究[J]. 保险研究，2020（12）：3-17.
[681] 王娴，闫琰. 集团内金融机构公司治理问题与对策[J]. 中国金融，2020（15）：35-37.
[682] 王香月. 我国贷款公司发展的现状和对策研究[J]. 现代经济信息，2015（05）：367-368.
[683] 王湘波，曾德明. 世界经济发展的新动力：公司治理完善与创新[J]. 南开管理评论，1999（06）：52-55+3.
[684] 王小丽. 跨国并购新趋势下我国证券交易所公司化的法律思考[J]. 上海金融，2011（11）：47-51.
[685] 王小丽. 我国期货交易所公司制治理的异化与回归路径——基于中国金融期货交易所的分析[J]. 吉林广播电视大学学报，2017（10）：75-77.
[686] 王晓，罗龙飞. 信用评级机构监管的国际经验及政策建议[J]. 浙江金融，2016（12）：45-49.
[687] 王晓英，彭雪梅. 国有上市保险公司股权结构对经营绩效的影响研

究[J]. 保险研究，2011（04）：28-35.
[688] 王秀丽. 完善中国农村信用社外部治理的思考[J]. 南方金融，2012（02）：49-53.
[689] 王煦逸，田澍，陈少军. 中国期货交易所风险判别分析模型[J]. 山西财经大学学报，2004（06）：102-106.
[690] 王学军，陈友倩. 数字政府治理绩效生成路径：公共价值视角下的定性比较分析[J]. 电子政务，2021（08）：53-66.
[691] 王学勤. 合约市场界定与交易场所监管[J]. 中国证券期货，2018（03）：12-23.
[692] 王艳. 我国保险公司的治理与风险防范[J]. 当代经济研究，2013（05）：65-70.
[693] 王艳. 证券登记结算机构在证券业反洗钱工作中的作用研究及政策建议[J]. 金融与经济，2013（09）：74-76.
[694] 王耀辉，姚广. 期货公司合规风险管理[M]. 长春：吉林科学技术出版社，2011.
[695] 王应贵. 我国金融租赁公司经营现状、发展模式与重点风险控制[J]. 武汉金融，2017（10）：26-31+36.
[696] 王颖. 地方金融监管问责机制研究[J]. 北方金融，2019（04）：79-83.
[697] 王宇佳，张曦. 我国相互保险公司监管问题研究[J]. 商，2015（42）：84.
[698] 王玉忠. 改进城市信用社单一法人社公司治理结构的建议[J]. 新疆金融，2006（12）：51.
[699] 王月. 融资租赁合同立法相关问题[J]. 法制博览，2017（03）：268.
[700] 王月强. 医疗保障基金监管的问题检视与法律优化研究[J]. 卫生软科学，2022，36（01）：17-19+25.
[701] 王增民. 小额信贷公司内部审计研究[J]. 西北农林科技大学学报（社会科学版），2012，12（03）：79-82.
[702] 王筝. 金融租赁公司风险管理体系构建初探[J]. 中央财经大学学报，2015（03）：47-54.
[703] 王志凯. 中国金融业治理与创新发展研究[J]. 中共浙江省委党校学报，2010（05）：116-120.
[704] 王仲会. 我国期货公司的公司治理结构研究[A]. 第二届期货高管年会论文集[C]. 中国证券报、北京期货商会，2008.

[705] 王自力. 我国金融监管体系与监管模式的重新探讨[J]. 金融研究，2000（12）：79-85.
[706] 危怀安，李松涛. 我国第三方支付信息安全监管政策框架及对策[J]. 中国行政管理，2018（11）：45-49.
[707] 魏革军. 金融治理若干问题的思考[J]. 中国金融，2020（09）：21-23.
[708] 魏恒荣. AMC 持股形式及其对企业治理结构的影响[J]. 西北第二民族学院学报（哲学社会科学版），2004（02）：64-69.
[709] 魏华，刘金岩. 商业银行内部治理机制及其对银行绩效的影响[J]. 南开学报，2005（01）：77-82.
[710] 魏晓琴，赵腾飞，牛蓓蕾. 我国主权财富基金的投资绩效评价研究[J]. 金融发展研究，2015（01）：11-16.
[711] 魏瑄. 国内系统重要性保险机构监管对保险集团的影响[J]. 中国保险，2016（11）：29-31.
[712] 温暖. 多元共治：乡村振兴背景下的农村生态环境治理[J]. 云南民族大学学报（哲学社会科学版），2021（03）：115-120.
[713] 温长庆. 中国金融控股公司的风险透视与监管应对——兼论中国金融监管的主框架[J]. 金融论坛，2020（05）：33-45.
[714] 文军，刘雨航. 面向不确定性：新发展阶段中国社会治理的困境及其应对[J]. 地理科学，2022（03）：390-400.
[715] 文学舟，许高铭. 基于三阶段 DEA 模型的民营中小企业融资担保效率研究——以江苏省 190 家融资担保公司的调查为例[J]. 金融理论与实践，2021（01）：27-35.
[716] 文哲，吴奇龙. 第三方财富管理行业的经营现状、风险及应对[J]. 清华金融评论，2023（01）：81-84.
[717] 翁榕涛. 广期所有望建成亚太时区有定价权的国际化交易所[N]. 21 世纪经济报道，2021-04-21（003）.
[718] 吴东霖. 宏观审慎视角下金融控股公司穿透监管研究[J]. 西部金融，2022（02）：65-68.
[719] 吴光芸，王晓婷. 基于互联网平台的社会互助模式及监管研究——以公益众筹为例[J]. 改革与战略，2018（11）：49-53.
[720] 吴国平. 略论小额贷款公司可持续发展的对策研究——以浙江省小额贷款公司运行情况为视角[J]. 特区经济，2011（09）：53-55.
[721] 吴洪，范文亮. 保险保障基金制度及其公司治理效应研究[J]. 保险

职业学院学报，2007（06）：46-50.
[722] 吴晋科. 地方金融资产交易场所发展现状及风险问题研究[J]. 金融经济，2019（08）：84-86.
[723] 吴均. 治理结构与风险管控——浅析金融控股公司亟待完善的若干问题[J]. 现代金融，2021（06）：21-26.
[724] 吴曼华，田秀娟. 中国地方金融监管的现实困境，深层原因与政策建议[J]. 现代经济探讨，2020（10）：6.
[725] 吴崎右. 中国期货公司监管制度体系研究[M]. 北京：经济科学出版社，2011.
[726] 吴秋生，黄贤环. 财务公司的职能配置与集团成员上市公司融资约束缓解[J]. 中国工业经济，2017（09）：156-173.
[727] 吴顺达. 西部开发与金融教育[J]. 长春金融高等专科学校学报，2001（03）：1-5.
[728] 吴涛. 增值型内部审计在外汇局应用现状、问题及建议[J]. 武汉金融，2016（01）：66-68.
[729] 吴瑕. 新开发银行内部治理规制研究[J]. 上海财经大学学报，2020（05）：138-152.
[730] 吴晓灵. 冷静面对国际金融危机 提升中国金融业信心[J]. 中国金融，2008（23）：8-10.
[731] 吴晓灵. 中国金融改革开放大事记[M]. 北京：中国金融出版社，2008.
[732] 吴学民. 商业银行公司治理的探索[J]. 中国金融，2021（01）：43-44.
[733] 吴勋，王彦. 证券市场审计失败与审计监管——基于证监会 2001－2016 年处罚公告的分析[J]. 中国注册会计师，2017（07）：6.
[734] 吴吟秋. 对资金紧缺型企业集团财务公司的监管思考[J]. 浙江金融，2006（04）：27-28.
[735] 吴元贞. 中国期货公司内控管理实务[M]. 北京：中国金融出版社，2009.
[736] 吴越，马洪雨. 证监会与证券交易所监管权配置实证分析[J]. 社会科学，2008（05）：12.
[737] 吴卓. 证券交易所组织形态和法人治理[M]. 上海：东方出版中心，2006.
[738] 伍兵. 我国证券公司生存危机的外部制度与内部治理缺陷[J]. 求

索，2005（09）：23-25.
[739] 武建华. 推动政策性银行可持续发展[J]. 中国金融，2021（19）：68-69.
[740] 奚庆. 基金管理公司经营层持基激励的选择与完善[J]. 商业研究，2011（08）：78-82.
[741] 奚庆. 我国证券投资基金管理人公司治理中基金份额持有人利益优先原则适用研究[J]. 政治与法律，2011（03）：78-84.
[742] 奚庆. 中国证券投资基金管理人公司治理问题研究[M]. 北京：法律出版社，2012.
[743] 习近平. 当前经济工作的几个重大问题在[J]. 求是，2023（04）：4-9.
[744] 习近平. 加快构建新发展格局 把握未来发展主动权在[J]. 求是，2023（08）：4-8.
[745] 夏彬. 我国基金管理人激励机制分析[J]. 南方金融，2005（03）：50-51+62.
[746] 向静林，艾云. 地方金融治理的三个维度：基于经济社会学视角的分析[J]. 学术论坛，2020，43（02）：60-67.
[747] 向静林，艾云. 政府治理创新的层级差异及其组织根源——以互联网金融治理为例[J]. 学海，2021（03）：111-119.
[748] 向静林，欧阳璇宇，艾云. 金融治理波动的过程和机制——一个三层分析框架[J]. 社会学研究，2022（01）：112-135+228.
[749] 向静林，邱泽奇，张翔. 风险分担规则何以不确定——地方金融治理的社会学分析[J]. 社会学研究，2019（03）：48-74.
[750] 向静林. 互联网金融风险与政府治理机制转型[J]. 社会科学研究，2021（01）：74-82.
[751] 肖波，宁蓝玉. 中国文化治理研究三十年：理论、政策与实践[J]. 湖北民族大学学报（哲学社会科学版），2023（01）：42-52.
[752] 肖继辉，彭文平. 基金管理公司内部治理及其效应分析——以开放式基金为样本[J]. 审计与经济研究，2010（01）：105-112.
[753] 肖捷. 关于国务院机构改革方案的说明[N]. 人民日报，2023-03-08（003）.
[754] 肖强. 论我国证券投资基金治理结构的缺陷及其完善[J]. 法学杂志，2007（05）：43-46.
[755] 肖文博，岳靓. 浅析我国汽车金融现状与发展对策[J]. 金融经济，

2017（12）：31-32.

[756] 肖泱. 基于业财一体化视角的融资租赁公司财务数据治理研究[J]. 中国管理信息化，2021，24（17）：114-117.

[757] 肖宇，许可. 私募股权基金管理人信义义务研究[J]. 现代法学，2015（06）：86-97.

[758] 谢磊. 我国期货公司治理结构亟需完善[N]. 期货日报，2004-04-09.

[759] 谢世清，黄兆和. 当代国际货币基金组织的改革[J]. 宏观经济研究，2022（02）：167-175.

[760] 谢世清，曲秋颖. 国际清算银行与国际货币基金组织之比较研究[J]. 宏观经济研究，2012（09）：36-40.

[761] 谢世清. 我国消费金融公司发展的困境与出路[J]. 上海金融，2010（04）：82-85.

[762] 谢伟. 银行理财子公司差异化发展[J]. 中国金融，2019（14）：52-54.

[763] 谢晓霞，邓路，马婧. 保险公司治理结构与资本结构研究[J]. 保险研究，2011（12）：97-101.

[764] 谢晓霞，李进. 股权结构、董事会特征与业绩研究——中国保险公司的治理结构分析[J]. 保险研究，2009（08）：90-95.

[765] 谢增毅. 我国证券交易所的组织结构与公司治理：现状与未来[J]. 财贸经济，2006（06）：17-22.

[766] 谢增毅. 证券交易所组织结构和公司治理的最新发展[J]. 环球法律评论，2006（02）：226-235.

[767] 谢臻，魏刚，丁佳. 我国商业银行海外经营效率研究[J]. 投资研究，2010（02）：41-44.

[768] 邢芙伟. 中国农村信用社合理股权结构模式初探——以江苏省为例[J]. 中国农村观察，2010（01）：11.

[769] 邢会强. 国务院金融稳定发展委员会的目标定位与职能完善——以金融法中的“三足定理”为视角[J]. 法学评论，2018（03）：88-98.

[770] 邢凯，戴一爽，杨超. 强监管常态下地方交易场所风险分析及对策[J]. 企业经济，2021，40（08）：96-103.

[771] 邢孔禹. 证券交易所公司制改革的法律思考[J]. 农村经济与科技，2020（06）：139-140.

[772] 邢早忠. 小额贷款公司可持续发展问题研究[J]. 上海金融，2009（11）：5-11.
[773] 幸丽霞，王雅炯. 流动性风险控制导向下的负债管理——基于融资租赁公司的思考[J]. 财会月刊，2022（10）：70-76.
[774] 熊爱宗，张斌. 中国参与全球金融治理策略[J]. 开放导报，2016（05）：27-31.
[775] 熊光清，蔡正道. 中国国家治理体系和治理能力现代化的内涵及目的——从现代化进程角度的考察[J]. 学习与探索，2022（08）：55-66.
[776] 胥迪亚. 对完善农村信用社法人治理结构的对策建议[J]. 金融经济，2014（10）：216-217.
[777] 徐滇庆. 加速城市信用社改革[J]. 财经问题研究，2004（12）：32-38.
[778] 徐凡，陈晶. 新型大国协调模式下提升中国全球金融治理能力的思考——基于G20与G7的比较视角[J]. 国际贸易，2021（02）：89-96.
[779] 徐枫，林志刚，张跃文. 党组织参与金融机构公司治理的理论逻辑、实践困境和对策建议[J]. 湖北社会科学，2022（10）：77-85.
[780] 徐光润. 保险外汇资金境外运用问题探析[J]. 保险研究，2005（04）：36-37.
[781] 徐华，李思荟. 内部治理、外部监管与保险公司风险承担[J]. 保险研究，2013（12）：116-123.
[782] 徐金麟，王凯. 进一步健全金控集团公司治理[J]. 中国金融，2020（15）：30-31.
[783] 徐良堆. 债券中央登记托管体制及中央结算公司的实践[J]. 债券，2016（11）：30-33.
[784] 徐林，许鹿，薛圣凡. 殊途同归：异质资源禀赋下的社区社会组织发展路径[J]. 公共管理学报，2015（04）：122-130+159.
[785] 徐明棋，冯小冰，陆丰. 上海期货交易所风险预警系统的再建[J]. 上海经济研究，2005（04）：76-84.
[786] 徐诺金. 加快推进中国特色社会主义金融治理体系和治理能力现代化的思考[J]. 征信，2020（01）：1-5.
[787] 徐顽强. 数字化转型嵌入社会治理的场景重塑与价值边界[J]. 求索，2022（02）：124-132.

［788］徐小迅，刘兵军，徐永久. 信托公司治理结构和风险控制研究[J]. 金融教学与研究，2006（02）：64-66.
［789］徐秀军. 亚投行的业务运营风险控制[J]. 中国金融，2018（19）：93-94.
［790］徐瑜璐. 论注册制下的证券市场治理权能转向[J]. 河北法学，2020（12）：163-175.
［791］徐忠. 新时代背景下中国金融体系与国家治理体系现代化[J]. 经济研究，2018（07）：4-20.
［792］许春燕. 谈期货交易所的风险控制[J]. 中国流通经济，1995（04）：21-22.
［793］许建平. 制衡是城商行公司治理的关键[J]. 中国金融，2020（21）：19-22.
［794］许俊伟. 新时代我国互联网金融治理——基于政府规制的反思与优化[J]. 理论月刊，2020（04）：85-93.
［795］许开国，倪乐竞，郁苗. 金融行业自律组织建设的国际经验及对我国的启示[J]. 金融纵横，2015（12）：45-50.
［796］许敏敏，郭琦. 保险公司治理指数模型构建、测算与评价——以财险公司为例[J]. 会计之友，2019（18）：55-62.
［797］许文彬，王希平. 消费金融公司的发展、模式及对我国的启示[J]. 国际金融研究，2010（06）：47-54.
［798］许志超. 金融资产管理公司的激励约束机制[J]. 经济理论与经济管理，2003（11）：17-20.
［799］薛贵. 金融资产管理公司集团管控模式的思考——基于制度框架与组织博弈视角[J]. 银行家，2016（12）：36-38.
［800］薛楠. 银行消费金融公司发展策略[J]. 中国金融，2019（09）：53-54.
［801］薛琰如，张海亮. 主权财富基金如何进入东道国市场?——基于共容性投资的动态信号博弈分析[J]. 北京理工大学学报（社会科学版），2014（06）：74-77.
［802］薛颖. 在治理整顿中强化外汇、外债管理——访国家外汇管理局局长唐赓尧[J]. 中国金融，1989（04）：7-9.
［803］薛智胜，张凡. 中国期货公司治理落后[J]. 董事会，2016（02）：64-65.
［804］闫鸣. 证券公司法人治理结构研究[J]. 证券市场导报，2001（09）：

48-53.
［805］严琛. 浅谈完善城商行公司治理[J]. 中国金融，2022（24）：24-26.
［806］严李浩. 企业集团财务公司内部控制制度建设：存在问题与改进建议[J]. 上海金融，2011（11）：104-107.
［807］严若森. 保险公司治理评价：指标体系构建与评分计算方法[J]. 保险研究，2010（10）：44-53.
［808］阎沭杉，李姗晏. 信托行业风险状况、成因与应对[J]. 新金融，2020（09）：37-41.
［809］晏宗新. 金融业管制与竞争理论研究 兼论中国金融业的管制问题[M]. 合肥：中国科学技术大学出版社，2007.
［810］燕红忠. 浅析我国典当业发展的对策——基于山西典商经验的思考[J]. 经济问题，2008（06）：45-48.
［811］燕艳. 我国私募基金管理人市场准入“放”与“管”的再思考[J]. 金融理论与实践，2021（05）：88-95.
［812］杨彪. 中国第三方支付有效监管研究[M]. 厦门：厦门大学出版社，2013.
［813］杨斌. 我国证券公司股权结构与绩效关系的实证研究[J]. 当代经济科学，2008（04）：105-109+128.
［814］杨闯. 金融资产管理公司监管困境与治理举措[J]. 中国市场，2022（21）：42-44.
［815］杨大楷，刘伟. 论我国证券交易所的公司化战略[J]. 财经研究，2003（11）：61-66.
［816］杨东. 互联网金融治理新思维[J]. 中国金融，2016（23）：43-45.
［817］杨福明. 民间资本与小额贷款公司可持续发展的相关性研究[M]. 北京：经济科学出版社，2016.
［818］杨广. 金融控股公司洗钱风险防范对策[J]. 河北金融，2023（01）：50-54.
［819］杨虎锋，何广文. 治理机制对小额贷款公司绩效的影响——基于169 家小额贷款公司的实证分析[J]. 中国农村经济，2014（06）：74-82.
［820］杨虎锋. 小额贷款公司的制度安排及其绩效评价[M]. 北京：中国金融出版社，2014.
［821］杨纪东. 关于国际金融市场监管问题的探讨[J]. 兰州大学学报，1992（02）：47-51.

[822] 杨军华. 转型与发展：中国金融资产管理公司竞争力分析[M]. 北京：中国金融出版社，2012.
[823] 杨立杰. 推动中国印钞造币高质量发展[J]. 中国金融，2020（Z1）：93-94.
[824] 杨旻. 新疆小额贷款公司风险控制问题研究[J]. 新疆社会科学，2014（02）：48-52.
[825] 杨明奇. 跨国银行境外分支机构的存款保险问题[J]. 上海金融，2010（04）：50-53.
[826] 杨娜. 全球经济治理机制的革新与探索——以 RCEP 的构建为例[J]. 国际经贸探索，2020（12）：67-81.
[827] 杨楠，周林. 社员参与新型农村合作金融影响因素的实证分析——基于山东省农民专业合作社信用互助试点调研情况[J]. 中国农业资源与区划，2019（05）：62-70.
[828] 杨奇明，陈立辉，刘西川. 农村资金互助社的绩效、制度优势与治理困境：国内研究述评[J]. 金融理论与实践，2015（04）：104-110.
[829] 杨曙. 构建我国主权财富基金法律监管体系[J]. 人民论坛，2011（32）：132-133.
[830] 杨席. 金融危机背景下中国证券公司的治理及其完善[J]. 区域金融研究，2009（06）：17-21.
[831] 杨效东. 我国证券公司法人治理结构规范与发展探析[J]. 当代经济科学，2003（01）：68-73+96.
[832] 杨雄胜，谭安杰，李翔，林树，陈浩. 治理结构溢出与投资者利益保护：基于中国基金管理公司的实证研究[J]. 南京社会科学，2008（09）：15-24.
[833] 杨毅. 2018. 典当公司风险控制研究[J]. 经济论坛（08）：55-58.
[834] 杨羽飞，梁山. 深化农村信用社改革若干问题的探讨[J]. 金融研究，2005（03）：169-176.
[835] 杨子晖，陈雨恬，张平淼. 重大突发公共事件下的宏观经济冲击、金融风险传导与治理应对[J]. 管理世界，2020（05）：13-35+7.
[836] 杨宗儒，张扬. 基金治理困境与持有人利益保护[J]. 证券市场导报，2013（06）：69-73.
[837] 尧伟华. 财务公司——企业集团资金集中管理模式优化的新选择[J]. 时代金融，2012（03）：42-43.
[838] 姚德权，王帅. 中国产业型金融控股集团发展模式研究[J]. 财经理

论与实践，2010（11）.

[839] 姚东旻，崔琳，张鹏远. 中国政府治理模式的选择与转换：一个正式模型[J]. 社会，2021（06）：41-74.

[840] 姚丽琼，王英兰. 金融资产管理公司的激励约束机制研究[J]. 北方经贸，2005（08）：100-102.

[841] 姚禄仕，赵佳卉. 区域性股权交易市场融资效率及影响因素研究——基于不完全信息博弈的分析[J]. 华东经济管理，2019（04）：84-89.

[842] 姚壬元. 再保险监管的国际比较及其启示[J]. 财经理论与实践，2003（05）：48-51.

[843] 姚伟，黄卓，郭磊. 公司治理理论前沿综述[J]. 经济研究，2003（05）：83-90+94.

[844] 叶兵，杨奉宇. 经济新常态下内审工作有效服务外汇管理工作探索[J]. 吉林金融研究，2016（08）：71-74+78.

[845] 叶六顺. 按股份制要求规范运作是城市信用社健康发展的关键[J]. 河北金融，2003（01）：42-43.

[846] 叶敏. 无纸化证券登记法律问题研究[J]. 财贸研究，2010，21(01)：148-152.

[847] 叶鹏飞. 秩序与活力：乡村文化治理的问题与反思[J]. 湖北民族大学学报（哲学社会科学版），2021（06）：69-79.

[848] 叶瑶. 基于金融资产管理公司金控视角的集团管控问题探索[J]. 现代管理科学，2018（05）：36-38.

[849] 叶志钧. 期货交易所风险控制模型及其应用[J]. 改革与战略，2005（08）：95-97.

[850] 易华. 关于金融资产投资公司定位和发展的几点思考[J]. 中国银行业，2022（10）：65-68.

[851] 易会满. 以全面深化改革推动资本市场实现结构性改善[J]. 中国保险，2021（04）：4.

[852] 易令正. 试论保险公估机构的外部环境、内部机制和发展战略[J]. 当代经济（下半月），2007（11）：24-26.

[853] 尹丽. 后金融危机时代消费金融创新与风险管理协调发展的逻辑路径——基于消费金融公司的视角[J]. 学术论坛，2013，36（06）：152-155+165.

[854] 尹牧. 关于我国黄金市场的现状及前景——以上海黄金交易所与

“上海金”为例[J]. 金融经济，2018（22）：38-40.

[855] 尹小贝. 商业保理业务发展及监管[J]. 中国金融，2013（24）：41-42.

[856] 游鸿. 我国期货交易所发展历程与公司治理方式探讨[J]. 现代经济信息，2017（04）：270.

[857] 于法稳. “十四五”时期农村生态环境治理：困境与对策[J]. 中国特色社会主义研究，2021（01）：44-51+2.

[858] 于贵瑞，杨萌，陈智，张雷明. 大尺度区域生态环境治理及国家生态安全格局构建的技术途径和战略布局[J]. 应用生态学报，2021（04）：1141-1153.

[859] 于华. 公司治理在金融风险管控中的作用[J]. 中国金融，2022（02）：17-19.

[860] 于君博，戴鹏飞. 中国地方政府数字治理的“过程”与“组织”[J]. 公共管理学报，2023（01）：121-132+174-175.

[861] 于兴波. 融资租赁公司产融结合的案例分析——以平安租赁为例[J]. 财会通讯，2020（14）：111-114.

[862] 于宙. 保险公司内部审计外包管理问题研究[J]. 中国内部审计，2021（04）：31-34.

[863] 余砚新. 谈完善我国信托公司治理机制[J]. 财会月刊，2008（17）：26-27.

[864] 俞伯阳. 我国小额贷款公司的可持续发展探析[J]. 经济与管理，2015（06）：48-52.

[865] 俞德本. 论中资保险公司治理结构创新[J]. 保险研究，2004（11）：16-18.

[866] 俞敏. 党的领导与中小银行公司治理[J]. 中国金融，2020（18）：65-66.

[867] 俞吟艳. 由泛鑫保险代理公司案看我国保险监管机制之完善[J]. 金融经济，2015（10）：49-51.

[868] 郁建兴，樊靓. 数字技术赋能社会治理及其限度——以杭州城市大脑为分析对象[J]. 经济社会体制比较，2022（01）：117-126.

[869] 喻海燕，郝呈祥. 中国主权财富基金资产配置：基于对冲汇率风险视角[J]. 投资研究，2017（05）：15-28.

[870] 袁康. 投资者保护基金先行赔付制度的反思与重构[J]. 中国法学，2023（03）：203-224.

［871］袁乐平，刘力. 证券投资基金管理人的角色再定位研究[J]. 求索，2016（05）：105-108.
［872］袁乐平，余绍山，姚壮龙. 论基金管理人的股东化转型[J]. 财经理论与实践，2013（04）：30-34.
［873］袁琳，张宏亮. 董事会治理与财务公司风险管理——基于 10 家集团公司结构式调查的多案例分析[J]. 会计研究，2011（05）：65-71.
［874］袁琳，张继德. 集团财务公司风险管理的路径设计[J]. 财务与会计，2013（06）：28-29.
［875］袁琳，张伟华. 集团管理控制与财务公司风险管理——基于 10 家企业集团的多案例分析[J]. 会计研究，2015（05）：35-41+94.
［876］袁泽清. 小额贷款公司的公司治理结构评析[J]. 南方金融，2008（06）：61-63.
［877］岳华，赵明. 国际货币基金组织治理机制改革的新设计[J]. 经济问题探索，2012（07）：179-184.
［878］岳志军，周述文，周璐. 保险公司分支机构合规管理评价体系构建研究[J]. 金融监管研究，2018（07）：71-81.
［879］云佳祺. 商业银行理财子公司：国际先进银行的经验及启示[J]. 南方金融，2019（06）：66-73.
［880］云佳祺. 商业银行理财子公司风险管理研究[J]. 上海金融，2020（03）：57-62.
［881］战勇. 中国式金融现代化推进的方法论[J]. 中国金融，2023（05）：13-15.
［882］张宝双. 我国证券公司治理结构研究[J]. 经济问题，2003（07）：40-42.
［883］张保红. 我国证券登记结算制度的缺陷及重构——兼论《中华人民共和国证券法》第七章的修订[J]. 法商研究，2014，31（02）：108-116.
［884］张彪，王利君. 基于小额贷款公司可持续性发展的问题探索[J]. 江淮论坛，2016（05）：65-70.
［885］张波，丁晓洋. 乡村文化治理的公共性困境及其超越[J]. 理论探讨，2022（02）：83-90.
［886］张博，梅莹莹. 全面推进乡村振兴视域下的农村生态环境治理：政策演进与路径选择[J]. 南京农业大学学报（社会科学版），2023（02）：112-120.

［887］张潮，张雪．组织能力、合作网络和制度环境：社区非营利组织参与社会治理的有效性研究［J］．经济社会体制比较，2020（02）：90-99.
［888］张承惠．金融监管框架重构思考［J］．中国金融，2016（10）：46-48.
［889］张承慧．优化融资担保商业模式提升融担体系服务效率［J］．金融论坛，2019，24（07）：3-8+39.
［890］张春煜，肖华，石静雯．大型银行公司治理优化路径［J］．中国金融，2022（07）：54-56.
［891］张东宁．良好公司治理是行稳致远的基石［J］．中国金融，2018（14）：34-35.
［892］张发林．共识与争论——宏观审慎性全球金融治理评析［J］．太平洋学报，2019（02）：50-62.
［893］张发林．全球金融治理体系的演进：美国霸权与中国方案［J］．国际政治研究，2018（04）：9-36+3.
［894］张发林．全球金融治理体系的政治经济学分析［J］．国际政治研究，2016（04）：63-85+4-5.
［895］张发林．全球金融治理议程设置与中国国际话语权［J］．世界经济与政治，2020（06）：106-131+159.
［896］张发林．全球金融治理与中国［M］．北京：中国人民大学出版社，2020.
［897］张刚．我国信托公司上市：制约因素与对策分析［J］．区域金融研究，2018（07）：20-24.
［898］张邯玥，田高良．中国商业银行海外机构经营管理中的存在问题及其对策研究［J］．经济问题探索，2008（05）：98-101.
［899］张亨明，汪天倩，黄修齐．我国区域性股权交易市场发展的现实困境及其路径选择［J］．改革，2020（10）：104-113.
［900］张珩．产权改革会使农信社发生使命漂移吗［J］．山西财经大学学报，2022（12）：47-61.
［901］张宏良．全面提升理财公司内控治理水平［J］．中国金融，2023（07）：67-68.
［902］张宏远，郑绸，孙明贵．我国基金管理公司法人治理结构的问题及其优化途径［J］．经济体制改革，2007（02）：56-59.
［903］张洪发．从新《证券法》实施后的证券服务机构备案说起［N］．中国会计报，2020.

[904] 张辉. 证券无纸化与中国证券登记存管制度检视[J]. 社会科学，2009（03）：109-114+190.
[905] 张吉光，朱柯达. 中小银行公司治理难题[J]. 中国金融，2019(05)：48-49.
[906] 张建波. 关于完善我国证券公司治理结构的探讨[J]. 税务与经济（长春税务学院学报），2003（01）：24-26.
[907] 张杰，顾蓓. 印钞企业危险源管理系统研究[J]. 北京劳动保障职业学院学报，2015（01）：51-54.
[908] 张婕. 商业保理公司监管制度构建[J]. 吉林金融研究，2022（01）：48-50.
[909] 张瑾. 卡塔尔主权财富基金与“一带一路”倡议下的中卡金融合作[J]. 上海师范大学学报（哲学社会科学版），2016（04）：56-66.
[910] 张君. 论我国保险公司的风险管理[J]. 保险研究，2003（03）：10-12.
[911] 张来明，刘理晖. 新中国社会治理的理论与实践[J]. 管理世界，2022（01）：20-35.
[912] 张乐柱，王家传. 农村信用社内部管理体制研究[J]. 农业经济问题，2003（06）：38-43.
[913] 张礼卿，谭小芬. 全球金融治理报告 2015－2016[M]. 北京：人民出版社，2016.
[914] 张立洲. 走向混业经营之路——金融创新、金融结构与经营体制变迁研究[M]. 北京：中国金融出版，2003.
[915] 张丽华，李锦涛. 新冠肺炎疫情对金融业的影响及后疫情时代金融治理体系研究[J]. 工业技术经济，2021（10）：77-85.
[916] 张亮. 浅析我国金融资产管理公司的发展[J]. 东方企业文化，2011（04）：28.
[917] 张林. 在现代企业制度改革中迎接新的未来——访中国印钞造币总公司董事长敖惠诚[J]. 中国金融，2011（10）：70-72.
[918] 张敏锋. 金融资产管理公司转型时期治理改革研究[J]. 江西金融职工大学学报，2007（04）：19-21.
[919] 张明，陈骁. 银行理财子公司的特征与监管[J]. 中国金融，2019（05）：22-24.
[920] 张明波. 新时代边疆民族地区治理现代化：挑战与治理路径——学习习近平总书记关于边疆和民族地区治理的重要论述[J]. 社会主

义研究，2022（02）：84-91.

[921] 张强，张宝. 次贷危机视角下对信用评级机构监管的重新思考[J]. 中央财经大学学报，2009（05）：22-27.

[922] 张强春. 我国财产保险公司多元化经营影响因素的实证分析[J]. 财经论丛，2014（05）：37-44.

[923] 张庆君，陈思. 数字经济发展、银行数字化投入与银行治理[J]. 经济与管理研究，2022（08）：31-55.

[924] 张群群，李江波. 交易技术与交易所治理结构的演变——基于交易组织内部权利框架的比较分析[J]. 财贸经济，2006（02）：74-82+97.

[925] 张群群，刘春江，张浩然. 中国交易所的治理结构问题调查报告[J]. 世界经济，2006（10）：90-94.

[926] 张群群. 交易所的治理结构理论评述[J]. 经济学动态，2005（03）：93-96.

[927] 张瑞婷. 论中投公司政府股东权与管理权之分离——以淡马锡为鉴[J]. 湖北民族学院学报（哲学社会科学版），2012（04）：76-80.

[928] 张世春，高杨，麦忠海. 长尾市场、小额贷款公司与风险控制[J]. 金融理论与实践，2015（11）：47-51.

[929] 张淑彩. 银行会计信息披露与监管治理[J]. 中国金融，2021（01）：95-96.

[930] 张铁军，林勋，傅红艳. 期货市场政府监管模式的国际比较与借鉴[J]. 中国行政管理，1994（04）：8-11+7.

[931] 张铁强. 试论加强我国商业银行的境外机构监管[J]. 南方金融，2003（07）：26-29.

[932] 张榳洪. 我国期货交易所改制的相关研究[J]. 法制与社会，2009（29）：123-124.

[933] 张维. 证券公司的治理结构与经营绩效分析[J]. 南京审计学院学报，2007（04）：41-45.

[934] 张文龙，崔慧敏，沈沛龙. 2015. 公司股权挂牌转让融资效率——基于全国区域股权交易市场的分析[J]. 中南财经政法大学学报（05）：72-77.

[935] 张晓慧. 强化股东在金融企业公司治理中的地位[J]. 中国金融，2020（15）：15-18.

[936] 张晓晶，王庆. 中国特色金融发展道路的新探索——基于国家治理逻辑的金融大分流新假说[J]. 经济研究，2023（02）：20-38.

[937] 张晓梅. 银行与其消费金融子公司的关联风险传染研究[D]. 上海：上海师范大学，2020.
[938] 张晓燕，党莹莹，姬家豪. 金融科技与金融监管的动态匹配对金融效率的影响[J]. 南开管理评论，2023（01）：43-56.
[939] 张兴华. 基于共同代理理论的信托公司治理研究[J]. 东岳论丛，2007（06）：170-173.
[940] 张兴华. 信托投资公司治理研究——兼评标准公司治理理论的适用性[J]. 经济经纬，2006（06）：77-80.
[941] 张扬. 对金融科技监管的认知：变化、差异与方向[J]. 国际经济评论，2022（02）：88-110+6-7.
[942] 张阳，阎维博. 债券市场登记托管结算机构的联通与统合[J]. 证券法律评论，2018（01）：74-86.
[943] 张阳. 农村资金互助社发展困扰：法律父爱主义及其治理[J]. 湖南农业大学学报（社会科学版），2019（02）：1-7.
[944] 张洋洋. 我国汽车金融发展的现状、问题及对策[J]. 农村经济与科技，2017（02）：104+108.
[945] 张怡. 金融控股公司治理结构改革[J]. 中国金融，2019（01）：60-61.
[946] 张援. 国有新型金控公司治理体系建设[J]. 中国金融，2020（21）：85-86.
[947] 张长龙. 论世界银行集团治理结构的改革[J]. 国际观察，2007（06）：27-33.
[948] 张振. 期货公司风险管理业务监管制度研究[J]. 决策探索（下半月），2017（10）：43-45.
[949] 张正华. 金融租赁公司治理实践[J]. 中国金融，2021（21）：53-55.
[950] 张正平，陈杨. 农村数字普惠金融的风险与治理[J]. 中国金融，2021（16）：94-95.
[951] 张正平，唐倩，杨虎峰. 小额贷款公司可持续发展能力影响因素实证分析[J]. 农村经济，2012（12）：55-59.
[952] 张之骧，范博声. 国际清算银行[J]. 中国金融，1995（09）：39.
[953] 张志柏. 金融资产管理公司违规与监管的委托——代理分析[J]. 生产力研究，2007（20）：41-44.
[954] 张志荣，刘永红. 信托业公司治理中的内部审计与风险管理[J]. 金融会计，2005（02）：41-43.

[955] 张智勇. 国际清算银行与中国[J]. 中外法学，1998（05）：31-36.
[956] 张中元. 金融体系中的机制复合体与国际金融治理[J]. 当代亚太，2020，231（03）：119-140+168.
[957] 张卓林，赵丹. 我国第三方支付的风险与监管研究[J]. 甘肃金融，2022（07）：27-30.
[958] 章辉. 论我国信用评级机构的监管完善——兼评美国信用评级危机[J]. 学术交流，2015（06）：116-119.
[959] 章毅. 法律调整视野下的中国主权财富基金[J]. 学术界，2008（06）：78-85.
[960] 赵昌文，杨记军，夏秋. 中国转型期商业银行的公司治理与绩效研究[J]. 管理世界，2009（07）：46-55.
[961] 赵峰，高明华. 中国证券监管治理的国际经验借鉴与评估体系重构[J]. 改革，2012（07）：127-137.
[962] 翟敏，华仁海. 国内外黄金市场的关联研究[J]. 产业经济研究，2006（02）：30-35.
[963] 翟云. 数字政府替代电子政务了吗?——基于政务信息化与治理现代化的分野[J]. 中国行政管理，2022（02）：114-122.
[964] 赵福建. 证券自律监管的国际比较与我国证券自律监管体制的完善[J]. 中国集体经济，2008（15）：80-81.
[965] 赵国旭，牟军. 金融资产管理公司监管中的几个问题[J]. 边疆经济与文化，2005（09）：58-59.
[966] 赵河山，蒋晓全. 我国大宗商品交易市场现状及发展建议[J]. 中国证券期货，2018（06）：49-52.
[967] 赵景琛. 经济全球化视角下中国证券交易所公司制改革法律思考[J]. 商业时代，2012（02）：83-84.
[968] 赵炯. 金融租赁公司治理能力现代化[J]. 中国金融，2021（21）：55-57.
[969] 赵鹏飞，崔惠玲，周国强. 全球证券交易所的制度变革及启示[J]. 金融与经济，2011（09）：49-53.
[970] 赵蒲，孙爱英. 产业竞争、非理性行为、公司治理与最优资本结构——现代资本结构理论发展趋势及理论前沿综述[J]. 经济研究，2003（06）：81-89+96.
[971] 赵全厚，黄蓉. 2019. 中小企业政策性融资担保国际经验借鉴[J]. 地方财政研究（06）：106-112.

[972] 赵万福. 对我国期货交易所组织形式的再认识及改革目标（英文）[J]. China Legal Science，2021（01）：89-114.
[973] 赵骁，金灿荣. 国际金融体系的结构特征与金融安全治理[J]. 福建师范大学学报（哲学社会科学版），2023，238（01）：57-67.
[974] 赵雪梅，王改改. 小额贷款公司运行机制创新研究——基于社会绩效与财务绩效协调发展的视角[J]. 会计之友，2016（02）：29-31.
[975] 赵亚奎. 信托公司的治理结构：现状及问题[J]. 国际金融，2012（02）：74-77.
[976] 赵亚雄，王修华，刘锦华. 绿色金融改革创新试验区效果评估——基于绿色经济效率视角[J]. 经济评论，2023（02）：122-138.
[977] 赵永新. 金融科技创新与监管[M]. 北京：清华大学出版社，2021.
[978] 赵宇，刘文朝，陈可. 金融资产管理公司商业化转型之路的探讨[J]. 西南农业大学学报（社会科学版），2007（05）：5-9.
[979] 赵宇霆. 中国跨国银行法律监管体系建构之探索[J]. 法制与社会发展，2000（03）：91-96.
[980] 赵玉. 私募股权投资基金管理人准入机制研究[J]. 法律科学（西北政法大学学报），2013（04）：165-173.
[981] 赵玉. 私募基金管理人的监管理念与路径[J]. 社会科学战线，2012（12）：189-192.
[982] 郑超愚，蔡浩仪，徐忠. 外部性、不确定性、非对称信息与金融监管[J]. 经济研究，2000（09）：67-73.
[983] 郑红亮，王凤彬. 中国公司治理结构改革研究：一个理论综述[J]. 管理世界，2000（03）：119-125.
[984] 郑建库. 中外政策性银行治理模式比较及启示[J]. 国际金融，2017（05）：20-24.
[985] 郑娟. 我国对银行海外经营的监管实践[J]. 金融理论与实践，2000（07）：37-39.
[986] 郑磊. 去中心化金融和数字金融的创新与监管[J]. 财经问题研究，2022（04）：65-74.
[987] 郑曙光. 小额贷款公司存设的法律价值与制度选择[J]. 河南大学学报（社会科学版），2009（03）：40-45.
[988] 郑伟. 改革开放 40 年的保险监管[J]. 保险研究，2018（12）：73-77.
[989] 郑瑶琦. 艺术品拍卖市场的规范问题研究[J]. 书画世界，2017

（12）：93-94.

［990］郑又源．我国信用评级机构规制与监管问题研究[J]．兰州大学学报（社会科学版），2010（06）：125-130.

［991］郑彧．我国证券交易所法律性质之重塑——兼论证券交易所互助化与非互助化的取舍[J]．法商研究，2008（06）：124-130.

［992］郑志刚．公司治理困境与应对[J]．中国金融，2018（05）：67-68.

［993］郑志刚．金融机构治理：从严监管与高质量发展[J]．当代金融家，2021（05）：56-59.

［994］植凤寅．信用评级机构行为准则和监管制度亟待完善[J]．中国金融，2009（12）：81-85.

［995］中共中央．中共中央国务院印发《党和国家机构改革方案》[N]．人民日报，2023-03-17（001）.

［996］中国人民银行国际司．深入推进金融业高质量开放 积极参与全球经济金融治理[J]．中国金融，2022（20）：16-17.

［997］中国人民银行朔州市中心支行课题组．监管约束及其创新：金融监管绩效的实证分析[J]．金融研究，2002（11）：107-116.

［998］中国外汇交易中心、中国人民银行研究局联合课题组．我国银行间市场的未来发展和交易场所组织模式研究[J]．金融研究，2002（05）：1-15.

［999］中国银保监会．加强自身能力建设 努力打造监管“铁军”[J]．中国金融家，2019（11）：18.

［1000］中央金融委员会办公室，中央金融工作委员会．坚定不移走中国特色金融发展之路[J]．求是，2023（23）：21-25.

［1001］周汉．加强信托投资公司治理的探讨[J]．华东经济管理，2006（04）：62-64.

［1002］周俊杰．信用评级机构监管法律问题研究[M]．武汉：武汉大学出版社，2018.

［1003］周琳静，殷继国．我国证券交易所公司化改革的理性思考[J]．贵州商业高等专科学校学报，2007（02）：29-33.

［1004］周霖，蔺楠．企业政治关联与企业风险投资策略选择研究——不同公司治理机制与风险投资机构特质的调节作用[J]．华东经济管理，2019（02）：128-140.

［1005］周龙，乔引华，韦佳．中、美证监会的会计角色比较[J]．当代经济科学，2001（04）：4.

[1006] 周茂清，王雁飞. 市场失灵、政府介入与金融秩序优化——G20视域下的国际金融治理[J]. 学术交流，2021（05）：93-102.

[1007] 周孟亮，李向伟. 融入社区治理的普惠金融高质量发展新思路[J]. 社会科学，2022（06）：128-136.

[1008] 周妙燕. 推进小额贷款公司可持续发展的思考——以浙江金华为例[J]. 浙江金融，2014（01）：72-74.

[1009] 周善葆，区永纯，冼美玲. 基于SWOT分析的新型农村金融机构可持续发展路径研究：广西梧州视角[J]. 南方金融，2013（07）：55-57.

[1010] 周聖. 国际货币基金组织治理体制缺陷、根源及其改革路径探寻[J]. 国际经贸探索，2019（10）：108-118.

[1011] 周恬. 我国金融资产管理公司有效激励机制的建立[J]. 江苏商论，2004（07）：147-148.

[1012] 周婷，林连莉. 征信机构管理存在的问题及对策建议[J]. 商业经济，2018（12）：16-17.

[1013] 周小川. 金融改革发展及其内在逻辑[J]. 中国金融，2015（19）：11-17.

[1014] 周晓虹. 关于主权财富基金治理的三重追问[J]. 当代法学，2012（06）：127-135.

[1015] 周学东. 内部审计在央行治理中的角色[J]. 中国金融，2012（23）：53-54.

[1016] 朱冰心. 小额贷款公司经营风险研究——以浙江省小额贷款公司为例[J]. 新金融，2013（05）：32-35.

[1017] 朱杰. 我国保险中介市场存在的问题及监管对策[J]. 科技与企业，2014（14）：6+8.

[1018] 朱杰进，胡馨予. 亚投行运营制度与传统多边开发银行趋同的动因分析[J]. 东北亚论坛，2022（02）：81-96+128.

[1019] 朱柯达，孟佳琪. 银行理财子公司的影响、挑战与建议[J]. 浙江金融，2019（09）：22-29.

[1020] 朱科敏. 我国证券公司股权结构理论分析[M]. 上海：上海财经大学出版社，2006.

[1021] 朱磊，唐子琰，王春燕，亓哲. 国企混改对企业价值的影响研究——以中金珠宝为例[J]. 中国资产评估，2021（11）：73-80.

[1022] 朱民. 从管理和治理的双重角度看金融控股公司[J]. 国际金融研

究，2004（09）：4-9.
[1023] 朱明. 小额贷款公司发展的法律问题探讨[J]. 浙江金融，2010（11）：71-74.
[1024] 朱南军，高子涵. 系统重要性保险机构的评估与监管——国际实践与中国探索[J]. 经济体制改革，2017（02）：150-156.
[1025] 朱南军，郝君富. 公司治理是保险集团健康发展的制度基础[J]. 中国金融，2010（21）：59-60.
[1026] 朱南军，王文健. 公司治理与风险承担——来自中国保险业的证据[J]. 经济科学，2017（02）：101-115.
[1027] 朱亚方. 保险经纪公司内部控制问题及对策[J]. 中国中小企业，2020（05）：102-103.
[1028] 朱艳霞. 根除退保黑产需练好"内功"[N]. 中国银行保险报，2022-12-14（04）.
[1029] 朱永德，王家传. 农村信用社产权制度建设研究[J]. 农业经济问题，2002（05）：35-40.
[1030] 祝红梅，郑六江. 中小银行大股东治理与银行风险——一个文献综述[J]. 金融理论与实践，2021（06）：32-38.
[1031] 祝继高，苏嘉莉，黄薇. 股权结构、股权监管与财务业绩——来自中国寿险业股权监管的经验证据[J]. 会计研究，2020（06）：61-74.
[1032] 祝涛. 谈证券投资咨询机构在构建和谐股市中的功能[J]. 财会月刊，2006（06）：41-42.
[1033] 祝元荣，徐苏江. 金融资产管理公司的若干监管问题[J]. 上海金融，2001（08）：25-27.
[1034] 宗磊. 后金融危机时代第三方理财在我国发展的机遇与挑战[J]. 中外企业家，2015（09）：1.
[1035] 邹玲，许丽烨，曾金萍. 我国城市商业银行公司治理与经营绩效关系研究[J]. 江西社会科学，2017（05）：112-119.
[1036] 邹茵. 保险中介的价值研究[J]. 南华大学学报（社会科学版），2012（01）：48-51.